Monica B. – Ich bin nicht mehr eure Tochter

Karin Jäckel (Hrsg.)

Monika B.
Ich bin nicht mehr eure Tochter

Die wahre Geschichte eines Mädchens,
das über zehn Jahre lang sexuell mißbraucht wurde

Scherz

Erste Auflage 1993

Schutzumschlag von Graupner & Partner unter Verwendung
eines Fotos der Bildagentur Bavaria.

Für Georg,
und für das, was er sich mehr als sein Leben wünschte:
das Ende unserer Hölle

Vorwort

von Karin Jäckel

Mit dem Thema sexueller Mißbrauch von Kindern wurde ich erstmals konfrontiert, als ich an einem Buch über Vergewaltigung arbeitete, das 1988 unter dem Titel «Es kann jede Frau treffen» erschien. Die Gespräche mit Frauen, die in ihrer Kindheit vergewaltigt worden waren – meist von Vätern oder Großvätern, Brüdern oder Onkeln –, raubten mir den Schlaf und die innere Ruhe.

Die Schicksale, von denen ich erfuhr, waren teilweise so erschütternd, daß ich zunächst glaubte, es könne sich nur um Ausnahmeerscheinungen handeln. Doch als ich mich mit der Forschungsliteratur zu beschäftigen begann, wurde mir klar: Sexueller Kindesmißbrauch ist geradezu alltäglich; er spielt sich gleichsam vor unseren Augen ab, ohne daß wir es merken. Es dürfte in unserer Gesellschaft das bestgetarnte Verbrechen mit der niedrigsten Aufklärungsquote sein. Denn die Opfer decken oftmals die Täter – aus Liebe.

Mit meinem Wissen wuchs auch mein persönliches Engagement in dieser Sache. Wer von diesen Taten weiß und dennoch schweigt, macht sich mitschuldig. Ich beschloß, mich journalistisch mit dem Thema zu beschäftigen. Gezielte Recherchen und ein wenig auch Freund Zufall brachten mich mit immer mehr Opfern sexuellen Kindesmißbrauchs ins Gespräch. So entstanden 1988 zwei Bücher («Tatort Familie: Inzest», «Du bist doch mein Vater») sowie ein ZDF-Film mit dem Titel «Das kannst du nicht so einfach abwischen».

Durch die Arbeit an dem Film lernte ich auch Monika B. kennen. Rund 17 Jahre sexuellen Mißbrauchs lagen damals hinter ihr. Alle Versuche, dem Zugriff ihrer Familie zu entkommen, waren gescheitert. Nun aber hatte sie die wohl am härtesten erkämpfte und zugleich folgenschwerste Entscheidung ihres Lebens getroffen: Sie zeigte ihren Vater an.

Zu Recht sah die damals 21jährige in dieser Entscheidung die einzige Chance, die Verletzungen zu heilen, die ihr Vater, ihre Mutter und ihre Brüder ihr zugefügt hatten. Die Anzeige, so weiß sie heute, war der letzte ihr verbliebene Schritt, der sie in ein menschenwürdiges, selbstbestimmtes Leben führen konnte.

Dies war beileibe kein Entschluß, der, einmal gefaßt, bleibende Erleichterung verschafft hätte und nie bereut worden wäre. Im Gegenteil, es war ein Entschluß, den Monika bis hin zur Selbstvernichtung ständig neu erkämpfen mußte. Sie durchlitt in diesen Kämpfen alle Abgründe, die ein Kind erfährt, das seinen Vater dem Gericht ausliefert, obwohl es ihn liebt.

Diese inneren Kämpfe waren zuweilen so schwer, daß Monika lieber sterben wollte, als mit den immer massiver auftauchenden Erinnerungen, der Qual der notwendigen Verhöre, Glaubwürdigkeitsgutachten und Therapieversuche sowie der Angst vor der Rache ihrer einstigen Peiniger weiterzuleben.

Als das zuständige Landgericht Monikas Vater im Februar 1992 «wegen sexuellen Mißbrauchs von Kindern in Tateinheit mit sexuellem Mißbrauch von Schutzbefohlenen und Beischlaf zwischen Verwandten zu einer Freiheitsstrafe von acht Jahren» verurteilte – da waren über vier Jahre seit der Strafanzeige vergangen. Nur eine so starke, trotz aller Verzagtheit mutige Persönlichkeit wie Monika B. konnte es schaffen, immer aufs neue und jedesmal entschlossener aus den Phasen tiefster Verzweiflung aufzusteigen, um weiterzukämpfen.

Einen wichtigen Teil ihres Kampfes sehen Sie hier vor sich: unser Buch. Es entstand in Jahre währenden Gesprächen, in deren Verlauf Monika und ich Vertrauen zueinander faßten und Freundinnen wurden. Sie ließ es zu, daß ich in die Tiefe ihres Lebens eintauchte, und erschloß sich mir weiter als je einem Menschen zuvor.

Neben Gerichtsprotokollen, psychologischen Gutachten und dem Gerichtsurteil halfen mir Hunderte von Briefen, die Monika mit ihrem ersten Psychotherapeuten sowie einem Freund wechselte, Zeiträume zu erschließen, Erinnerungen zu ordnen, Zusammenhänge herzustellen – kurz: 25 Lebensjahre neu aufzurollen. Wo trotz aller Bemühungen Lücken klafften, zogen wir ein Tagebuch zu Rate, das Monika über viele Jahre hinweg geführt hatte.

Dieses Buch soll Menschen, die Ähnliches erlebt haben wie Monika B., Mut machen, ihre Vergangenheit aufzuarbeiten. Es soll Müttern die Augen schärfen und ihnen deutlich machen, daß das Undenkbare wahr sein könnte. Es soll Vätern vor Augen führen, wie schnell ein Kinderleben zerstört ist – und die vielen, vielen Väter, die ihre Kinder lieben und nicht mißbrauchen, auf den Plan rufen gegen die Täter.

Wenn dieses Buch auch nur *einen* Kindesmißbrauch verhindert, ist es ein gelungenes Buch.

Brief an meinen toten Bruder

Warum ich dieses Buch für dich geschrieben habe, Georg

Heute ist dein siebter Todestag.

Ich weine noch immer, wenn ich an dich und an dein Sterben denke. Den ganzen Tag weine ich und auch in der Nacht. Ich schäme mich meiner Tränen. Denn obwohl ich inzwischen erwachsen bin und niemand mich mehr schlägt, wenn ich weine, sind Tränen für mich etwas Verbotenes geblieben.

Trotzdem weine ich, Georg. Um dich, um mich, um das, was war, und vor allem um das, was hätte sein können und niemals sein wird.

Ich sehe dich vor mir, Georg – dich und diese Brücke. Wie oft hatten wir in dem Tal gespielt, bevor sich die Brücke darüber spannte. Schön war es dort, still und geheimnisvoll. Ein Stück Kindheit – eine Welt, in der es keine Gefahr, keine Angst, keine Schuld gab.

Seitdem du von dieser Brücke gesprungen bist, kann ich das Tal nicht mehr ertragen. Die Brücke ist inzwischen längst dem Verkehr übergeben. Man sieht ihr an, wieviel Geld ihr Bau verschlungen hat. Manchmal frage ich mich, ob wirklich nicht genug Geld für feste Gitter dagewesen wäre. Für irgend etwas, das dich hätte aufhalten können. Obwohl ich weiß, du hättest dich nicht aufhalten lassen.

Bis heute traue ich mich nicht, die Brücke, deine Brücke zu betreten. Denn ich habe Angst, es dir an dieser Stelle gleichzutun. Ich habe Angst, dir in den Tod nachzuspringen. Angst, meiner Sehnsucht nach Ruhe und Vergessen und nach dir,

Georg, nachzugeben, anstatt endlich das zu tun, was du immer von mir erwartet hast: mich zu wehren, irgendwie.

«Wir rächen uns!» hast du oft gesagt, wenn wir verzweifelt, gedemütigt und geschunden Trost beieinander suchten. «Eines Tages zahlen wir es ihnen heim! Dann sieht jeder, was hier läuft. Dann wird uns jemand helfen. Dann hört das auf!»

Ich werde diesen qualvollen Gedanken nicht los, daß du vielleicht noch leben könntest, Georg, wenn ich mich früher gewehrt hätte. Du hattest mir ja immer wieder gesagt, was ich tun solle. Aber ich setzte deine Idee nicht in die Tat um. Wenn ich auf dich gehört hätte, wäre es vielleicht nicht so weit gekommen: daß du keinen anderen Ausweg mehr sahst, als zu sterben.

Du bist tot, Georg. Trotzdem lebst du. In mir. Solange ich sein werde, wirst du in mir sein. Seitdem du tot bist, hat meine Trauer nicht abgenommen und auch nicht mein Wunsch, dich wiederzusehen. Alle Dinge, die ich von dir bekommen habe, sind für mich heilig, ich möchte sie mit keinem Menschen teilen. Und wenn ich an deinem Grab stehe, spüre ich so sehr deine Gegenwart, daß ich nicht imstande bin, die Erde zu harken oder eine Blume zu pflanzen. Mir ist, als müßtest du das Kratzen fühlen, als störte ich damit deinen Schlaf und verletzte deinen Leib.

Als einmal das Totenlicht auf deinem Grab erlosch, wurde ich krank. Ich hatte das Gefühl, als sei mit dem Licht die letzte greifbare Verbindung zwischen uns ausgelöscht worden, als seist du abermals gestorben. Ich ertrug es nicht, dich nochmals verloren zu haben. Erst als ich soweit gewesen war, dir ein neues Licht anzuzünden, und die lebendige Flamme die Verbindung mit dir wiederherstellen konnte, wurde ich langsam gesund.

In den ersten furchtbaren Monaten nach deinem Tod, als alles, was an dich erinnern mochte, aus der Wohnung verbannt wurde und dein Name bei uns nicht ausgesprochen werden durfte, hatte ich oft Angst, mein Schmerz um dich sei unnatürlich, vielleicht sogar ein Ausdruck von Schwachsinn.

Dann aber schrieb mir ein Freund einen langen Brief, in dem

es unter anderem hieß: «Georg ist zwar tot, aber er ist nicht einfach gegangen. Er ist schon noch da.»

Seither war es mir möglich, an dich zu denken und mit dir zu reden, wann immer mir danach war. Ich hörte auf, mir meine eigene Trauer zu verübeln oder sie zu unterdrücken.

Heute bist du mir vielleicht näher als in den zwölf Jahren, die wir miteinander gelacht, gestritten, geweint und uns gegenseitig getröstet haben.

Draußen ist es kalt, Georg. Es nieselt schon den ganzen Tag. Dein Grab ist weit weg, und doch bin ich dir so nah, wie man einem Menschen nur nah sein kann. Ich habe eine Kerze angezündet. Wenn du wirklich in den letzten sieben Jahren um mich gewesen bist, weißt du, wieviel Kraft es mich kostet, diese Flamme auszuhalten, ohne sie gegen mich zu richten. Aber ich will, daß dieser, dein siebter Todestag ein ganz besonderer ist.

Heute, im Licht deiner Kerze, habe ich beschlossen, aus dem, was ich für mich selbst zur Erinnerung niedergeschrieben habe, ein Buch zu machen. Ich will, daß dein Tod nicht umsonst war, Georg. Ich will, daß jeder weiß, warum du keinen anderen Ausweg mehr gesehen hast. Ich will, daß das geschieht, was dir wichtiger war als dein Leben: daß die Wahrheit über unser Leben ans Licht kommt.

Nur wer selbst durchgemacht hat, was ich bis heute und wohl bis ans Ende meines Lebens durchmachen muß, kann ermessen, wie schwer es fällt zu reden.

Aber ich rede!

Ich rede für dich, Georg. Und ich weiß, irgendwo tief in mir drinnen redest du mit.

Ich bin ein Wunschkind. Immer wieder haben meine Eltern es mir gesagt. Nicht um mich glücklich zu machen oder um auszudrücken, wie glücklich sie mit mir seien. Nein, vorwurfsvoll kam es und anklagend – so als hätte ich nicht verdient, ein Wunschkind zu sein.

Ein Wunschkind mußte ein Wunderkind sein, nicht so ein dickes, unförmiges Kind wie ich, das anscheinend weder das Laufen noch das Sprechen lernen wollte und mit dem nirgendwo Staat zu machen war. An so eine wie mich war der Wunsch verschwendet. So eine wie mich hatten meine Mutter und meine Oma, ihre Mutter, sich nicht erträumt, als sie mich neun Monate lang beschworen, ein Mädchen zu werden. Die Krönung der Kinderschar in der Großfamilie sollte ich sein, das erste Mädchen unter lauter Jungen.

Ich werde wohl niemals begreifen, wie meine Mutter es verantworten konnte, sich so dringlich eine Tochter zu wünschen. Hatte sie wirklich vergessen, was sie doch am eigenen Leib erfahren hatte: daß Mädchen nur «anderer Leute Spielzeug» sind? Hatte sie sich allen Ernstes eingebildet, ich werde dem Teufelskreis entkommen? Konnte sie tatsächlich annehmen, meine Kindheit werde glücklicher verlaufen als ihre eigene? Glaubte sie, mich beschützen zu können? Oder war sie so fest überzeugt, daß mein Vater nie etwas Schlechtes tun werde? Daß er ein echter Vater sein werde, einer, der selbstlos lieben könne?

Zweifellos glaubte sie, mit meinem Vater das große Los

gezogen zu haben. Er hatte ihr bewiesen, daß er sie liebte und achtete, indem er sie zur Frau nahm. Er hatte ihr auch bewiesen, daß er ein Herz für Kinder besaß. Er war lieb zu ihrem Sohn, den sie mit in die Ehe gebracht hatte. Er bemühte sich, ihn mit Vateraugen zu sehen. Er akzeptierte ihn. Ja, er sorgte sogar dafür, daß der Kleine rechtmäßig unseren Nachnamen tragen konnte und so auch nach außen hin voll zur Familie gehörte. Eine Adoption war es zwar nicht – sonst wäre die Alimentenzahlung des leiblichen Vaters entfallen –, aber es machte doch deutlich, daß mein Vater nur das Beste für das Kind wollte. Meine Mutter war glücklich, einen solchen Mann gefunden zu haben. Sah es nicht aus, als wären die schlimmen Zeiten endgültig vorbei? Als ginge es endlich mit Riesenschritten in eine glückliche Zukunft?

Vielleicht wünschte sich meine Mutter eine Tochter, um in dieser sich selbst neu zu erleben. Vielleicht wollte sie erfahren, wie es ist, wenn ein kleines Mädchen glücklich ist. Womöglich bildete sie sich sogar ein, mit einer solchen Erfahrung aus zweiter Hand ihre eigenen Erfahrungen auslöschen zu können. Ich habe nie mit ihr darüber gesprochen.

Ich lernte einmal eine junge Mutter kennen, die in ihrer Kindheit sexuell mißbraucht worden war und zwei Kinder, einen Jungen und ein Mädchen, hatte. Sie identifizierte sich sehr stark mit ihrer Tochter, während sie zu dem Jungen ein viel problematischeres Verhältnis hatte. Sie sagte, sie könne irgendwie nicht natürlich mit ihrem Sohn umgehen. Wenn er zum Beispiel eine Erektion bekäme, was ja schon bei Babys passiert, oder an sich herumspielte – das wären Situationen, in denen sie nicht richtig zwischen dem Kind und dem Mann in ihm unterscheiden könne und in denen sie sich vor ihrem eigenen Kind ekeln würde. Sie hatte Angst, ihren Sohn in so einer Situation zu berühren oder auch nur mit ihm über sein Geschlechtsteil zu reden. Der Grund war nicht nur Ekel, sondern mehr noch die Angst, der Junge könne meinen, sie wolle ihn mißbrauchen.

Für die Frau war dies alles ganz furchtbar. Sie schämte sich wegen ihrer Empfindungen und befürchtete, dem Jungen eine schlechte Mutter zu sein. Sie sagte, sie scheue jede Berührung mit ihm, weil sie ihn zu lieb habe, um ihm schaden zu wollen. Das verstand der Junge aber nicht, wie sollte er auch. Er bildete sich ein, die Mutter hätte ihn nicht so lieb wie die Schwester, und reagierte mit einem ständigen Wechsel von besonderer Verschmustheit und extremer Ungezogenheit.

Das zu beobachten tat mir weh und brachte Erinnerungen an meine eigene Mutter hoch, die uns Kinder auch nie in den Arm genommen hatte.

Ich bin dieser Frau dann aus dem Weg gegangen. Ich hatte keine Lust, mich durch ihre Geschichte zum Nachdenken über meine Mutter zwingen zu lassen. Doch mir wurde damals zum ersten Mal klar, warum ich tatsächlich ein Wunschkind gewesen sein könnte.

Aber vielleicht sollte ich etwas weiter ausholen und der Reihe nach erzählen. Ich will mit der Zeit beginnen, die ich nur vom Hörensagen, von Fotos und aus zusammengeklaubten Bruchstücken meiner eigenen Erinnerung kenne.

Wir sind im «Kohlenpott» zu Hause. Wuppertal, Essen und die Ortschaften in ihrer Umgebung sind die Städte meiner Kinderzeit.

Mein Vater ist das vierte und jüngste Kind einer ordentlichen, gut beleumundeten und beliebten Familie, die seit Generationen in meinem Heimatort ansässig ist. Seine Mutter hatte in ihrer Jugend einen gewissen Wohlstand genossen, und das Haus ihrer Eltern wurde später zu gleichen Teilen ihr und ihrem Bruder vererbt. Dieser zahlte ihr das Erbteil aus und übernahm das ganze Haus. Meine Großeltern wohnten jedoch als Mieter zusammen mit ihm und seiner Familie darin.

Mein Vater war ein echtes Nesthäkchen, ein Nachzügler eben. Seine Geschwister waren bis zu 15 Jahre älter als er. Vor allem die Schwestern wetteiferten darin, welche von ihnen mit ihm spielen oder ihn ausfahren durfte. Mein Vater war wie eine lebendige Puppe für sie – nur viel, viel toller. Und meiner Oma, die mit ihrem großen Haushalt alle Hände voll zu tun hatte, war es natürlich recht, daß die Mädchen ihr das Baby abnahmen.

Mein Vater wurde verwöhnt, verhätschelt, vergöttert. Fehler gab es an ihm nicht, und lief einmal etwas schief, wurde es ohne großes Theater wieder ausgebügelt. Er war einfach der Größte. Was er wollte, war Gesetz. Und wenn jemand nicht wollte wie er, hieß das für ihn sofort: «Du hast mich nicht lieb!» Damit kam er immer durch.

Oma Grete, seine Mutter, schien wie seine beiden Schwestern nur dazu da, meinen Vater zu bedienen und ihm jeden Wunsch von den Augen abzulesen. Zum Beispiel erhielt er als einziges Kind der Familie ein eigenes Zimmer. Dafür hausten die Geschwister zu dritt in einem. Auch später noch, als sein großer Bruder schon aus dem Haus war und seine ältere Schwester sehr viel nötiger ein bißchen Freiraum gebraucht hätte, behielt mein Vater das Privileg des eigenen Zimmers.

Es gibt viele weitere Beispiele. Meine Großeltern hatten ihr Auskommen, aber sie waren nicht reich. Damit es meinem Vater an nichts mangelte, sparte sich der Rest der Familie jeden Bissen vom Munde ab. Keiner hatte je ein Fahrrad besessen – mein Vater bekam eines. Von Urlaub durften die anderen nur träumen – mein Vater verreiste in den Ferien.

Für ihn war das Beste gerade gut genug. Und er nahm es an, als stünde es ihm zu. Alles für ihn zu tun hieß in seinen Augen Liebe. Ich weiß nicht, wie oft er zu mir gesagt hat: «Was heißt: Ich will nicht? Ich denke, du liebst mich? Wenn man jemanden liebt, tut man alles für ihn – alles! Kapiert?»

Vor allem von seiner acht Jahre älteren Schwester Inge, meiner Lieblingstante, ließ mein Vater sich als Kind und auch noch als Mann nach Herzenslust verwöhnen. Sie war eine Art Ersatzmutter für ihn. Ein anspruchsvolles Bürschchen wie er brauchte rund um die Uhr seine Lakaien, seine Streicheleinheiten und geduldigen Zuhörerinnen.

«Mein Ziehkind» nannte meine Tante ihren Lieblingsbruder. Heute glaube ich, sie hat ihn nicht er-, sondern hoffnungslos verzogen. Aber sie war ja auch nicht die Mutter. Sie war ja selbst noch ein halbes Kind und wußte es wohl nicht besser.

Trotz der Affenliebe, die er zu Hause erfuhr, war mein Vater in seiner Jugend wohl ein richtig feiner Kerl, mit dem man

Pferde stehlen konnte. Er war beliebt, hatte viele Freunde. Die Schule bereitete ihm wenig Kopfzerbrechen, die Lehre als Starkstromelektriker auch nicht. Er war gut in seinem Beruf, hatte Ehrgeiz. Ein prima Kerl eben. Als meine Mutter ihn kennenlernte und er sich in sie verliebte, hätte so manches Mädchen gern mit ihr getauscht.

Meine Mutter Lena ist ein paar Monate älter als mein Vater. Heute ist sie so korpulent, daß man nicht mehr erkennen kann, wo der Busen aufhört und der Bauch anfängt. Kleidergröße 56, mindestens. In ihrer Jugend aber war sie zierlich und schlank, mit einem dunklen Lockenkopf.

Zu Hause waren sie fünf Kinder: Meine Mutter hatte drei Schwestern und einen Bruder. Lena war die zweitjüngste Tochter. Gemeinsam mit den Eltern wohnten sie in einem Mehrfamilienhaus in der Innenstadt von Essen zur Miete.

Meine Oma Berta tat alles für ihre Familie. Bei ihr ging Liebe zuallererst durch den Magen. Gegen Kummer schnitt sie ein dickes Stück Kuchen herunter. Pudding, Eis, Schokolade taten es zur Not auch. Wenn wir oder die Familie eines ihrer anderen Kinder zu Besuch kamen, bog sich der Tisch vor Köstlichkeiten. Und zum Geburtstag oder den übrigen großen Festen im Jahr schenkte meine Oma am liebsten Geld für ein schönes Essen zu zweit. Noch als alte Frau kratzte sie von ihrer geringen Rente jeden Pfennig zusammen, damit sie jedem Kind einmal im Jahr fünfhundert Mark schenken konnte.

Sich selbst aber gönnte sie gar nichts. Jeden Pfennig drehte sie dreimal um, ehe sie ihn ausgab. Urlaub kannte sie nicht. Und ein Auto wäre in ihren Augen unerhörter Luxus gewesen. Noch jetzt klingt es mir in den Ohren, wie zornig meine Oma wurde, als ich sie einmal darauf ansprach. «Was brauchen wir ein Auto?» wetterte sie. «Schließlich gibt's die Straßenbahn. Und wo wir nicht hinkommen, da bleiben wir weg.»

Stundenlang konnte Oma Berta nähen, sticken, häkeln oder stricken, damit ihre Kinder öfter einmal etwas Neues anzuziehen hatten. Oft war sie bis in die Nacht hinein damit beschäftigt. Vor allem die Töchter sollten hübsch anzusehen sein und fremden Mädchen nicht nachstehen.

Was im Haushalt gespart werden konnte, legte meine Oma für ihre Kinder beiseite. Diese sollten eine gute Ausbildung erhalten, und das kostete Geld. Sie war bereit, sich aufzureiben und aufzuopfern, damit es den Mädchen einmal bessergehen solle als ihr selbst. Oma Berta war stolz, daß ihre Mädchen das Gymnasium besuchen konnten. «Lernt, lernt, lernt!» spornte sie sie immer wieder an. «Was ihr im Kopf habt, kann euch keiner nehmen. Und was ihr alleine könnt, dafür braucht ihr keinen Mann.»

Als sich herausstellte, wie musikalisch Lena war, erhielt sie nicht nur Klavierunterricht, sondern auch ein eigenes Klavier. Es war ein Bechstein. Wenn meine Mutter später davon sprach, machte sie ein Gesicht wie in der Kirche, und dann weinte sie manchmal im Schlafzimmer, aber heimlich, denn Weinen war uns bei Strafe verboten.

Ich selbst habe nie erlebt, wie meine Mutter Klavier gespielt hat. Auch ihren Bechstein habe ich nie gesehen. Das Klavier war verkauft oder verschenkt, bevor ich geboren wurde. Das schien ein völlig abgeschlossenes Kapitel ihres Lebens zu sein. Sie mochte nicht einmal mehr zuhören, wenn einer im Fernsehen Klavier spielte.

Nur wenn sie «ihre fünf Minuten» hatte, brach alles aus ihr heraus. Dann ging der Vorwurf wie Donnerwetter und Höllenfeuer über uns nieder, daß sie alles nur unseretwegen hatte aufgeben müssen und wir Kinder Schuld an ihrem Elend hätten. Vor allem Stefan, mein ältester Bruder, genauer mein Halbbruder, hatte sehr darunter zu leiden.

Damals, als die junge Lena noch eine vielversprechende Klavierschülerin war, wäre kein Mensch auf die Idee gekommen, daß das Geld für die Musikausbildung zum Fenster hinausgepulvert sein könnte. In ihren Träumen sah meine Mutter sich schon als eine berühmte Konzertpianistin.

Meine Oma unterstützte sie in diesen Ambitionen, indem sie ihr alles abnahm, was nicht mit Schule und Musik zusammenhing. Aufräumen, Putzen, Kochen, der ganze Haushaltskram blieb meiner Mutter erspart. Sie war nur dazu da, ihrem Vater zu gefallen und zu lernen. Hausarbeit hätte ja womöglich den zarten Händen geschadet.

Oma Berta beklagte sich kaum einmal, daß alle Arbeit an ihr hängenblieb. Sie war das Aschenputtel, aber es schien ihr nichts auszumachen. Ich glaube, für sie war es das Höchste, mit anzusehen, wie ihre Töchter etwas Besseres wurden und die Chance erhielten, ein schöneres Leben zu führen als sie selbst.

Ich bin mir nicht ganz sicher, ob meine Mutter tatsächlich studiert hat, nehme es aber an. Als junges Mädchen jedenfalls war sie sehr ehrgeizig. Sie besuchte das Gymnasium, lernte Englisch und Französisch.

Als ich mich später selbst mit Fremdsprachen herumschlug, hagelte es von meiner Mutter Kopfnüsse, wenn ich Fehler machte. «Du bist ja wohl total doof!» schrie sie oft. «Das muß doch so und so heißen! Das weißt doch der Blödste!»

Wenn die Hausaufgaben abgefragt wurden, merkte ich immer wieder, wie gut meine Mutter die Fremdsprachen beherrschte. Vokabeln, Grammatik, alles fiel ihr leicht. Jedenfalls wußte sie viel mehr als ich. Sie hätte mir ohne Probleme helfen können, gute Zeugnisse zu bekommen. Aber ich bekam keine große Hilfe von ihr. Nur Kopfnüsse, Wutausbrüche, Schimpfkanonaden – davon gab es reichlich.

Warum ich glaube, daß meine Mutter zu studieren begonnen hatte? Zunächst einmal deshalb, weil sie uns Kindern immer wieder vorwarf, sie hätte ihre Zukunft für uns geopfert. Eine Riesenkarriere als Konzertpianistin hätte auf sie gewartet. Zumindest aber hätte sie Musiklehrerin werden können. Doch ihr ganzes Leben sei dann durch die Kinder verkorkst worden. Weil in diesem Loch von Etagenwohnung kein Platz mehr für das Klavier gewesen sei und kein Geld vorhanden war, eine größere zu mieten, mußte sie das Instrument hergeben. Wir Kinder würden den Eltern ja die Haare vom Kopf fressen!

Zweitens hat Susanne, die jüngste Schwester meiner Mutter, mir bestätigt, daß Lena studiert hat. Ihr selbst hätte ich es sonst nie abgenommen. Ich hätte nie geglaubt, daß sie das Zeug dazu hatte. Aber Tante Susanne, die selbst Lehrerin und Oberstudienrätin war, sagte, es sei wahr. Sie hat sich jedoch nie näher dazu äußern wollen.

Irgendwann in ihrer Studienzeit lernte meine Mutter dann einen jungen Mann kennen. Ob sie nicht an Verhütung dachte – ich weiß es nicht. Jedenfalls war meine Mutter plötzlich schwanger.

Vielleicht hatte sie angenommen, ihr Freund werde sie nun heiraten. Davon war jedoch keine Rede. Er wollte nur eines: «Laß es abtreiben!»

Er war in der Ausbildung, sie war in der Ausbildung. Beide hatten kein Geld. Für ihn war alles klar: Ein Kind paßte nicht in die Planung. «Du, das Kind und ich – daraus wird nichts», sagte er. «Wir bleiben zusammen, wenn du das Kind los wirst. Du hast die Wahl: entweder das Kind oder ich!»

Meine Mutter war verzweifelt, er war wütend. Und dann kam der Moment, wo er meiner Mutter an den Kopf warf, sie sei selbst schuld an der ganzen Misere. «Eine wie du, die es sich schon von ihrem Vater hat besorgen lassen – von der sollte man annehmen, daß sie wenigstens weiß, wie sie richtig verhütet. Wenn du meinst, daß ich so eine abgehalfterte Alte nehme, nur weil sie ein Kind von mir kriegt, bist du auf dem Holzweg!»

In diesem Moment, sagte meine Mutter einmal zu mir, habe sie beschlossen, dieses Kind auszutragen und zu behalten. Ihr sei auf einmal klargeworden, daß dieser Schuft sie nur benutzt, aber nicht geliebt habe. Sie sei innerlich wie tot gewesen und habe nur noch gewußt, daß sie ihr Kind beschützen müsse, weil der eigene Vater es töten lassen wolle. Sie habe nicht anders gekonnt: Sie mußte ihr Kind gegen den Vater verteidigen.

Meine Mutter trennte sich von ihrem Freund und lehnte jeden weiteren Kontakt mit ihm ab. Als Stefan geboren war, gab sie den Namen des Kindsvaters an. Jahrelang waren die Alimente alles, was sie von diesem Mann verlangte.

Als die Schwangerschaft festgestellt wurde, war meine Mutter gerade 21. Ihr erster Ausbruchsversuch in die Freiheit war gescheitert. Es muß furchtbar für sie gewesen sein, ihren Eltern zu eröffnen, daß sie schwanger war und weder heiraten noch abtreiben wollte.

Ich habe oft darüber nachgedacht, wie es mir wohl ergangen wäre, wenn ich selbst bei meinen Erzeugern hätte ankriechen müssen, um zu beichten, daß ich schwanger bin. Ich hätte mich lieber umgebracht! Mein Vater hätte mich vor Eifersucht glatt erschlagen. Und meine Mutter? Sie hätte sich nur in ihrer Meinung bestätigt gesehen, daß ich die totale Versagerin sei.

Als meine Mutter schwanger war, erging es ihr wohl nicht viel anders. Ich weiß von ihr, daß sie verstoßen und geächtet wurde. Ihre Eltern sagten sich von ihr los. Sie mußte ihre Ausbildung abbrechen, weil die Eltern sie nicht mehr unterstützten und auch für das Kind nicht aufkommen wollten. Ihr Traum von Liebe und Glück, von Konzertreisen und Bilderbuchkarriere oder Lehrerberuf und Freiheit war ausgeträumt.

Wenn meine Mutter gehofft hatte, ihre Eltern im Verlauf der Schwangerschaft gnädig stimmen und ihre Ausbildung trotz des Babys fortsetzen zu können, so wurde sie bitter enttäuscht. Die Eltern verziehen ihr nicht, aus unterschiedlichen Gründen.

Meine Oma fühlte sich irgendwie betrogen. Sie hatte auf so vieles verzichtet, damit meine Mutter vorwärtskommen sollte. Nichts hatte sie sich gegönnt. Alles, was sie sich vielleicht im Leben für sich selbst gewünscht hatte und aus irgendwelchen Gründen nie bekam, all das hatte sie ihren Kindern zu verschaffen versucht. Für ihre Kinder hatte sie alles ertragen, sogar meinen Opa.

Und jetzt? Jetzt sah sie plötzlich, daß ihre Tochter Lena das ganze schöne Geld für Schulausbildung und Musikunterricht nicht wert gewesen war. Statt ihre so teuer bezahlte Chance zu nutzen, hatte diese alles vertan, hatte sich dem erstbesten Kerl an den Hals geworfen und sich zu allem Unglück auch noch ein Kind von ihm «andrehen» lassen. Alle Anstrengungen waren umsonst gewesen! Und als ob es damit nicht schon genug wäre, hatte Lena auch noch Schande über die Familie gebracht. Die Leute zeigten mit Fingern auf sie: «Ach, kocht euer vornehmes Fräulein Tochter also auch bloß mit Wasser?» – «Den dicken Bauch hättet ihr billiger haben können!» – «Das mußte ja so kommen! Ihr mit eurem Bildungsfimmel!»

Für Oma Berta muß das ziemlich schlimm gewesen sein. Sie war immer so stolz gewesen auf ihre klugen Mädchen. Jedem hatte sie erzählt, daß diese es einmal zu etwas bringen und ihrer alten Mutter eines Tages aus Dankbarkeit alles doppelt und dreifach zurückgeben würden. Daß daraus bei meiner Mutter nun nichts mehr würde, war für jedermann ersichtlich.

Eine Zeitlang wagte sich meine Oma kaum mehr unter Leute. Sie schämte sich vor der Verwandtschaft, den Nachbarn und Freunden, haßte deren Besserwisserei und ungebetene Ratschläge.

Ihre ganze Energie hatte sie darauf verwandt, nach außen hin den Anschein einer ordentlichen Familie zu erwecken und aufrechtzuerhalten. Es hatte ihr nichts ausgemacht, deswegen von den Nachbarn für eingebildet und hochnäsig gehalten zu werden. Sie wußte ja, warum und für wen sie sich abrackerte.

Oder wußte sie es nicht?

Hatte Oma Berta wahrhaftig keine Ahnung, was vorging?

Klappte das Versteckspiel ihres Mannes so perfekt, daß sie nie merkte, was er seinen Töchtern antat?

Oder *wollte* sie es nicht merken? Wollte sie von den sexuellen Übergriffen auf die Mädchen nichts wissen, um sich nicht damit auseinandersetzen zu müssen?

Hätte sie es sonst vielleicht nicht ertragen, mit einem solchen Mann verheiratet zu sein?

Ich glaube einfach nicht, daß sie nichts gewußt hat! Eine Mutter merkt, wenn ihr Kind leidet. Eine Mutter sieht, wenn sich ihr Kind verändert, wenn es plötzlich unruhig schläft, viel weint, vielleicht stiehlt oder lügt, Ausschlag bekommt, blaue Flecke hat ... Eine Mutter spürt, was vor sich geht – weiß sie es nicht, so *will* sie es nicht wissen.

Vielleicht weil ihr der Verdacht zu ungeheuerlich erscheint, als daß sie ihn gegen den Vater aussprechen könnte?

Weil sie lieber dem Kind Lügen unterstellt als dem Vater?

Weil sie den Vater mehr liebt als die Tochter?

Weil sie mit einem Mann, der so etwas tut, nicht leben könnte, aber unbedingt mit ihm leben will?

Verschließt eine Mutter deshalb die Augen und ihr Herz vor dem Elend ihrer Kinder?

Wahrscheinlich begreife ich es nie – ganz gleich, wie oft ich darüber nachdenke.

Vielleicht vertraute Lena oder eine ihrer Schwestern sich der Mutter ja sogar irgendwann an. Ich weiß, daß man als Kind die Heimlichkeit kaum ertragen kann. Man versucht, sich zu offenbaren. Man gibt Zeichen, spricht wortlos, weil einem die Worte fehlen. Man hat ja keine passenden Ausdrücke parat. Man hat sie nicht gelernt, weil niemand auf die Idee käme, einem Kleinkind Wörter wie Geschlechtsverkehr oder Sperma beizubringen.

Was man als Kind mitteilt, sind Bilder, unzureichende Umschreibungen. Die muß der andere verstehen wollen. Wer nicht verstehen will, kann sich vielleicht einreden, das Kind habe eine verrückte Phantasie und beziehe nur auf sich selbst, was es in einer Zeitung gesehen habe oder im Fernsehen.

Ich konnte nie in Erfahrung bringen, was meine Oma gewußt, was sie gedacht hat. Selbst während meines Prozesses gegen meinen Vater, in welchem sie trotz ihres hohen Alters als Zeugin befragt wurde, wollte sie von dem, was tatsächlich geschehen war, nichts wissen. So wie sie die sexuellen Übergriffe ihres eigenen Mannes auf seine Töchter nie wahrhaben wollte, so bestritt sie vor Gericht, daß mein Vater mir etwas angetan habe. «So etwas tut mein Schwiegersohn nicht!» sagte sie. Und sie fügte hinzu, man hätte mir öfter mal eine Ohrfeige verpassen sollen, dann wäre es nie so weit mit mir gekommen.

Zumindest bei dieser letzten Aussage hätte ihr das Wort im Hals steckenbleiben müssen. Daß Prügel bei uns an der Tagesordnung waren, wußte die ganze Verwandtschaft genausogut wie die Nachbarn, auch meine Oma.

Ich bin überzeugt, daß Oma Berta zumindest im Unterbewußtsein starke Schuldgefühle wegen der Leiden hatte, die ihrer Tochter zugefügt worden waren. Gefühle liefen bei ihr immer über Geschenke ab. Ob sie nun kochte oder strickte oder Geld schenkte – solche Zuwendungen waren immer die einzige Möglichkeit für sie, Zuneigung zu zeigen. Daher bin ich sicher, daß meine Oma vor allem deshalb auf so vieles verzichtete, weil sie versuchte, an ihren Töchtern etwas gutzumachen. Nach meinem Dafürhalten quälte sie sich zeitlebens ab, die seelischen und körperlichen Schäden, die durch den väterlichen Mißbrauch und ihr eigenes stillschweigendes, vielleicht hilfloses Dulden oder Verleugnen entstanden waren, irgendwie auszugleichen. Wahrscheinlich war es ein Kampf, in den sie ihre ganze Kraft investierte.

Kein Wunder, daß es für sie wie ein Weltuntergang war, als meine Mutter schwanger wurde. «Hätten wir dich mit 14 von der Schule genommen und ans Fließband geschickt, wie andere das mit ihren Gören machen, hättest du uns wenigstens ein paar Kröten heimgebracht, statt bloß Geld zu kosten für nichts und wieder nichts!» schrie sie und schüttelte meine Mutter durch, daß dieser Hören und Sehen verging.

Eine vornehme Frau ist Oma Berta wahrlich nicht. Wenn sie wütend ist, kennt sie kein Pardon. Ich kann mir gut vorstellen, wie sie getobt und lautstark bedauert hat, meiner Mutter nicht oft genug den Hintern versohlt zu haben. Von solchen Erziehungsmitteln hält sie bis heute recht viel.

Auch ihr Mann brach unter der Neuigkeit, bald ein Enkelkind zu bekommen, zusammen – aber aus ganz anderen Gründen. Er war eifersüchtig. Er fühlte sich von der eigenen Tochter betrogen, hintergangen – was weiß ich. Aber vermutlich hatte er längst vergessen, daß Lena seine Tochter war. Wahrscheinlich kam er sich eher wie der Besitzer eines Harems vor, dessen Lieblingsfrau fremdgegangen war.

In einem Buch von Nathalie Schweighoffer («Ich war zwölf... Die erschütternde Geschichte eines sexuellen Mißbrauchs») habe ich gelesen, daß der Vater, der seine Tochter mißbrauchte, froh war, als sie einen Freund hatte, weil er so über jemanden verfügte, dem er eine mögliche Schwangerschaft in die Schuhe schieben konnte. Möglicherweise hatte mein Opa ja ähnliche Erwartungen an die Beziehung meiner Mutter zu ihrem damaligen Freund. Oder vielleicht hatte er – wie Nathalie Schweighoffers Vater – gehofft, der fremde Mann werde meine Mutter erlebnisfähiger in Sachen Sex machen, so daß er selbst mit ihr mehr Vergnügen hätte als bisher.

Mein Opa starb, als ich noch ein kleines Kind war. Ich hatte nie Gelegenheit, mit ihm über sein Verhalten zu reden. Doch wie ich mich kenne, hätte ich ihn auch dann nicht zur Rede gestellt, wenn er nicht so früh gestorben wäre.

Meine Mutter deckte nur ein einziges Mal mir gegenüber die Karten auf. Nur dieses eine Mal gestand sie mir, daß ihr Vater sie ebenso mißbraucht hätte wie mein Vater später mich. Einzelheiten erzählte sie mir damals nicht. Die kannte ich ja aber vielleicht sowieso besser als sie selbst. Ich fragte sie auch nicht danach. Im Grunde wollte ich gar nichts über den Opa wissen. Ich wollte ihn vergessen und hatte es getan.

Meine Mutter erzählte mir nie, wie sie die Monate bis zur Entbindung überstand. Ich weiß nicht, ob sie eine andere Ausbildung begann oder aufgrund ihrer Vorbildung irgendeine Beschäftigung bekam. Ich weiß nur, daß sie später, als wir Kinder alle längst auf der Welt waren, als Bürokraft Geld verdiente und sehr gut, fehlerfrei und schnell an der Schreibmaschine arbeiten konnte.

Die Einstellung meiner Großeltern gegenüber der mißratenen Tochter änderte sich nach Stefans Geburt nicht. Noch immer hatte meine Mutter Hausverbot.

Das Baby aber war merkwürdigerweise mehr oder weniger willkommen. Warum, weiß ich nicht mit letzter Sicherheit zu sagen. Allerdings wurde ich eine Zeitlang – vor allem, seit ich von meiner Mutter wußte, was ihr Vater ihr angetan hatte – den Verdacht nicht los, daß Stefan in Wirklichkeit das Kind meines Opas sei und deshalb von ihm akzeptiert wurde. Auf Fotos, die meinen Opa als Jungen zeigen, ist die Ähnlichkeit mit Stefan nicht zu übersehen. Außerdem hingen sie sehr aneinander. Mein Bruder wurde von seinem Großvater abgöttisch geliebt, und für Stefan wiederum war Opa einfach der

Größte, dessen früher Tod den Jungen sehr stark traf. Trotzdem kam ich von der Idee, Stefans Großvater sei zugleich sein Vater, schließlich wieder ab. Immerhin gab es einen Mann, der Alimente für meinen Bruder zahlte. Das hätte er sicher nicht getan, wenn die Vaterschaft nicht zweifelsfrei festgestanden hätte. Oder?

Noch immer beschleichen mich manchmal Zweifel. Wurde denn überhaupt ein Vaterschaftstest gemacht? Oder hat der damalige Freund meiner Mutter auf Treu und Glauben vertraut?

Wie dem auch sei, meine Mutter arrangierte sich nach Stefans Geburt mit ihren Eltern. Wenngleich sie selbst in ihrem Elternhaus nicht mehr willkommen war und damit ihr Zuhause verloren hatte, so durfte der Kleine doch bleiben und wuchs zum Augapfel meines Großvaters heran.

Meine Mutter war – das erklärte sie uns Kindern immer wieder – ihren Eltern zutiefst dankbar, daß sie ihr trotz des Kummers und der Enttäuschung, die sie ihnen bereitet hatte, das Kind abnahmen. Sie wußte, der Kleine war bei ihnen gut aufgehoben. Als Junge hatte er nichts zu befürchten.

Die Unterbringung Stefans war für meine Mutter um so wichtiger, als sie endlich eine Arbeit gefunden hatte, die ihr Freude bereitete und eine Perspektive für die Zukunft eröffnete. Sie hatte nämlich eine Stelle in einem Kinderheim angenommen.

Ich weiß nicht, welche Aufgaben sie dort hatte. Vielleicht war sie als Bürokraft eingestellt. Das wäre denkbar, weil sie im Maschinenschreiben perfekt war. Vielleicht betreute sie aber auch Kinder. Später, als ich in der Schule Schwierigkeiten hatte, erklärte sie einmal einer Lehrerin, «Ahnung in Psychologie» zu haben und mich schon wieder in den Griff bekommen zu können. Das könnte darauf hinweisen, daß sie tatsächlich als Betreuerin oder Erzieherin gearbeitet hat.

Meine Mutter – eine Kindererzieherin? So seltsam es sich für mich heute auch anhört: Damals liebte meine Mutter Kinder.

Für eine Frau, die in ihrer Kindheit mißbraucht wurde, ist dies nichts Außergewöhnliches. Ich weiß es von mir selbst.

Wer erlebt hat, daß jede Zärtlichkeit, jede Umarmung eines Erwachsenen in Sex mündet und auf dieser Ebene Bezahlung fordert, genießt die Unschuld von Kindern doppelt. Wenn sie dich umarmen und küssen, ist das so rein, so ganz ohne Gewalt und Druck und Schuld. Es ist einfach nur zärtlich und lieb. Ich kann es nicht besser ausdrücken.

Auf jeden Fall bin ich sicher, daß meine Mutter in diesem Kinderheim glücklich war. Und sie muß auch wieder angefangen haben, Zukunftspläne zu schmieden. Sie war jung, knapp über zwanzig erst, hübsch und gescheit. Warum sollte sie nicht noch mal ganz von vorn beginnen?

Wann meine Eltern einander kennenlernten, weiß ich nicht genau. Es muß auf jeden Fall irgendwann zwischen Stefans Geburt im Jahre 1964 und ihrer Hochzeit im Sommer 1966 geschehen sein. Meine Mutter arbeitete noch im Kinderheim. Mein Vater war als Starkstromelektriker beschäftigt. Zum Zeitpunkt der Heirat war er gerade 23, meine Mutter knapp 24 Jahre alt.

Als ich das hübsche, schlanke Paar, das sie damals waren, zum ersten Mal auf Fotos sah, habe ich sie anfangs gar nicht erkannt. Wie verliebt sie waren! Wie meine Mutter meinen Vater anhimmelte!

«Er war ihr Retter!» sagte Oma Berta, als sie mir die Bilder zeigte. «Sie muß dankbar sein, daß sie so einen netten Mann bekommen hat. Eine mit einem unehelichen Balg nimmt nicht jeder. Aber das verstehst du nicht. Du bist noch zu klein.»

Damals begriff ich wirklich nicht, was es für meine Mutter bedeutet haben mag, dankbar sein zu müssen, daß sich ein ordentlicher, gesunder junger Mann herabließ, sie trotz ihres unehelichen Kindes zu heiraten. Das Selbstwertgefühl einer sexuell mißbrauchten Frau ist ja total vernichtet. Wenn sie überhaupt wenigstens ein Stück davon wiedererlangen kann, dann meist nur durch außergewöhnliche Leistungen und Erfolge. Solche Leistungen hatten meine Mutter vielleicht durch ihre Kinderzeit gerettet. Doch dann brach mit der ungewollten Schwangerschaft und dem Abbruch der Traumausbildung alles wie ein Kartenhaus in sich zusammen.

Einmal sagte sie mir, man habe sie wegen des unehelichen Kindes in eine totale Versagerrolle gedrängt, so daß sie nicht mehr imstande war, frei zu handeln. Ich glaube nicht, daß diese Äußerung nur den verlorenen und nie verschmerzten Beruf betraf. Vielmehr bin ich sicher, daß sie damit auch auf ihre Ehe anspielte.

Hätte meine Mutter sich auch dann in meinen Vater verliebt, wenn sie nicht dieses für wertlos erklärte «gefallene» Mädchen gewesen wäre? Oder akzeptierte sie ihn nur deswegen, weil sie nichts Besseres mehr zu erwarten hatte als einen kleinen Handwerker?

In der Zeit zwischen 1964 und 1971 nahm mein Vater irgendwann an einem Meisterkurs teil. Den kaufmännischen Teil klammerte er in der Abschlußprüfung zwar aus, alles andere aber bestand er mit Erfolg. Kam dieser Ehrgeiz, sich zum Meister fortzubilden und in der Folgezeit immer verantwortungsvollere Posten zu übernehmen, aus meinem Vater selbst? Als Schüler war er zwar begabt, aber alles andere als fleißig gewesen. Hatte mein Vater sich so verändert? Oder war sein plötzlicher Ehrgeiz auf den Einfluß meiner Mutter zurückzuführen, die immer noch höher hinaus und ihren Eltern beweisen wollte, daß sie doch keine Versagerin war? Trieb meine Mutter meinen Vater damals ebenso an wie später uns Kinder, damit wir lernten und nochmals lernten?

Vermutlich werde ich nie begreifen, was damals in meiner Mutter vorging. Ich gebe mir, ehrlich gestanden, auch keine Mühe. Ich will diese Frau letztendlich nicht verstehen.

Lena B. hat mich geboren. In meinen Papieren, die sie mir bis heute verweigert, steht geschrieben, sie sei meine Mutter. Aber sie ist es nicht wirklich. Diese Frau hat mich verraten, verlassen und verkauft. Sie hat mich gedemütigt und benutzt. Es war ihr gleichgültig, was aus mir wurde. Noch heute wünscht sie mir nur Böses, das Schlechteste der Welt. Selbst vor Gericht, als ich sie trotz ihrer Mitschuld an meinem Elend als Zeugin meines Vaters wiedersah, schrie sie mir im langen Wartekorridor zu: «Ich wünsche dir, daß du bis an dein Lebensende für das leiden mußt, was du uns hier antust!»

Nichts hat diese Frau gelernt – nichts aus ihrer eigenen Vergangenheit, nichts aus meiner. Wofür sollte ich sie lieben?

Dafür, daß sie nach außen alles abgestritten hat, obwohl sie wußte, daß ich als kleines Kind die Wahrheit sagte? Dafür, daß sie mich nie um meiner selbst willen beschützt hat? Mich nie in den Arm genommen, nie getröstet hat? Nicht im entferntesten ist es ihr in den Sinn gekommen, einmal für mich einzutreten. Statt dessen hat sie mich geschlagen, mit Händen und Füßen verprügelt, sogar auf offener Straße.

Ich hasse und verachte diese Frau. Nichts an mir soll sein wie sie. Warum also sollte ich versuchen, sie zu verstehen?

Wenn ich von ihr erzähle, dann nur, weil sie ein Stück meiner Vergangenheit und meiner Erinnerungen ist. Ein Stück, auf das ich liebend gern verzichten würde, wenn ich könnte.

Diese innere Distanz zu meiner Mutter war vermutlich der Grund dafür, daß es mir damals keineswegs merkwürdig vorkam, als Oma Berta mir angesichts des aufgeschlagenen Fotoalbums sagte, mein Vater sei der Retter ihrer Tochter Lena.

Für mich war mein Vater viel mehr als nur ein Retter und netter Mann. Für mich war er der wunderbarste Mensch der Welt, die Mitte meines Lebens, meine Zuflucht, mein Trost, mein Schutz. Ich liebte ihn, wie ich nie wieder einen anderen lieben werde. Und ich liebe ihn voller Verzweiflung noch heute.

Für meinen Vater war ich keine Enttäuschung, kein widerwärtig mißratener Wechselbalg. Für ihn war ich genau das Kind, das er haben wollte. Seine Beste war ich, sein ein und alles, seine Liebste, seine Geliebte. Ja, auch das: seine Geliebte.

Seine Liebe hat mich zerstört, innerlich und äußerlich. Sie hat mich gebrandmarkt, mich gezeichnet für immer. Und doch hätte ich ohne seine Liebe meine Kindheit nicht überlebt. Ich brauchte das Gefühl, von ihm geliebt zu werden, um zu ertragen, daß meine Mutter mich nicht liebte. Wenn er mich im Arm hielt, wenn er mich streichelte und küßte, dann war mir egal, daß ich dafür bezahlen mußte und was er von mir verlangte. Er war die einzige erwachsene Person, die mir Zuwendung und Zärtlichkeit gab. Gefühle, die ich so dringend brauchte. Ob ich mehr davon brauchte als andere Kinder? Ich weiß es nicht. Ich weiß nur, daß ich hungrig danach war, gestreichelt, im Arm gehalten, zärtlich geküßt zu werden. Zum Leben zuwenig, zum Sterben zuviel – ein anderes Maß lernte ich nie kennen.

Die Liebe, die mein Vater mir zunächst schenkte und später dann, Zug um Zug, verkaufte, war nicht die Liebe eines Vaters. Kein Lächeln, kein Zuhören, keine zärtliche Geste – nichts war umsonst. Für alles mußte ich bezahlen. Und ich gewöhnte mich daran zu zahlen – aus Dankbarkeit, aus Schuldigkeit.

Nein, die Liebe eines Vaters war es nicht. Ich begriff es schon früh. Aber es war die einzige Liebe, die ich bekommen konnte.

Hätte meine Mutter mich geliebt, hätte sie sich nur einmal für mich stark gemacht – ich weiß, alles wäre anders gekommen.

Dabei fing doch alles so vielversprechend an zwischen meinen Eltern! Sie heirateten wirklich aus Liebe. Kein Baby war im Anmarsch, es gab keinerlei Zwang. Alles lief ganz in Ehren ab.

Mein Vater vergötterte meine Mutter. Es machte ihm nichts aus, daß sie einen zweijährigen Sohn in die Ehe mit eingebracht hatte. Im Gegenteil, er achtete meine Mutter dafür, daß sie allen Schwierigkeiten getrotzt und standgehalten hatte, daß sie den Kleinen weder abgetrieben noch zur Adoption freigegeben hatte. Mein Vater sah darin einen Beweis, wie stark seine Frau war und wie kinderlieb. Und um ihr zu beweisen, daß er ihre Entscheidung, zu dem Kind zu stehen, mittragen wollte, nahm er Stefan als vollwertiges Mitglied in die Familie auf, ermöglichte es sogar, daß der Junge seinen eigenen Familiennamen annehmen konnte. Die uneheliche Geburt meines Bruders und die Schande meiner Mutter waren damit ein für allemal getilgt.

Kein Wunder, daß meine Großeltern meinem Vater innerlich einen Altar errichteten und vor Dankbarkeit zerflossen, weil ihre Tochter Lena, das schwarze Schaf der Familie, durch die Ehe quasi mitsamt Schäfchen ein Tauchbad nahm und blütenweiß gewaschen wurde.

Auch meine Mutter brachte meinem Vater dafür Liebe oder Dankbarkeit entgegen. Wagte sie wohl jemals, ihrem wunderbaren Mann ein Nein entgegenzusetzen, anderer Meinung zu sein als er? Mußte sie nicht ständig in Angst leben, ihn zu verlieren, weil sie ja gar nicht wert war, einen Mann wie ihn bekommen zu haben?

Meinem Vater hingegen fiel die dankbare Ergebenheit, die sklavische Liebe seiner Frau wahrscheinlich gar nicht auf. Er war es ja von seinen Schwestern, seiner Mutter her gewöhnt, daß man ihn verherrlichte und ihm jeden Wunsch von den Augen ablas. Ich glaube, er dachte nicht eine Minute darüber nach, ob meine Mutter nicht vielleicht zu fügsam und erstaunlich oft mit ihm einer Meinung war. Für ihn war dies nur selbstverständlich. Er kannte und wollte es nicht anders.

Als meine Mutter ein halbes Jahr nach der Hochzeit mit mir schwanger wurde, trug mein Vater sie vor Stolz und Liebe geradezu auf den Händen. Alles schien ihnen zu gelingen, selbst die Familienplanung. Ein zweites Kind, darin waren sich meine Eltern immer einig gewesen, würde ihre kleine Familie erst komplett machen.

Und so strotzten meine Eltern vor ehelichem Glück, während ich mich in meinen Zellen teilte, meiner Mutter allmorgendlich Übelkeit bescherte und in der dunklen Höhle ihres Bauches zum ersten und zum letzten Mal in meinem Leben Sicherheit genoß . . .

Schon vor meiner Geburt war klar, daß ich eine Art Besitzgegenstand war. Meine Mutter produzierte mich in ihrem Bauch, um mich ihrem Mann zu schenken.

Ich weiß, das ist eine Redensart. Sie besagt normalerweise, daß die Mutter den Vater in die Einheit mit einbezieht, die sie vor der Geburt mit ihrem Kind gebildet hat. Wie jeder, der ein wertvolles Geschenk annimmt, wird der Vater verantwortlich dafür und verpflichtet sich, dafür zu sorgen, daß es unversehrt bleibt.

Für meine Eltern aber war ich ein Geschenk in noch engerem Sinn. Mein Vater wünschte sich zu dem Kind, das seine Frau in die Ehe eingebracht hatte, ein eigenes, eines aus seinem Fleisch und Blut.

«Eins für dich, eins für mich», hatte er gesagt und dabei gelacht. Aber es war kein Scherz.

Wie ernst es beiden mit dem Gedanken des Geschenks war, beweist unter anderem mein Name. Ich heiße Monika. Da meine Eltern streng katholisch sind und aktive Gemeindemitglieder ihrer Kirche, kam für sie nur ein Heiligenname in Betracht. Der Name Monika indes wurde nicht etwa ausgewählt, weil er angenehm klingt oder weil mit meiner Namenspatronin eine herausragende Geschichte verbunden wäre. Nein, ich heiße Monika, weil dies der einzige Name einer weiblichen Heiligen ist, der im offiziellen katholischen Namensverzeichnis des Kirchenjahres in unmittelbarer Nähe des Geburtstages meines Vaters am fünften Mai aufgeführt ist.

Hätte es einen Mädchennamen für den fünften Mai gegeben, hätten mich meine Eltern selbstverständlich liebend gern auf diesen Namen getauft.

Aber irgendwie war ich wohl schon von Anfang an auf Widerstand gepolt. Ich kam nicht im Wonnemonat Mai auf die Welt, um Papa zum Geburtstag zu beglücken, sondern an einem trüben, naßkalten Wintertag, unmittelbar nach Nikolaus. Ja, selbst meinen Namenstag verweigerte ich meinem Vater zu seinem Geburtstag um vierundzwanzig Stunden.

Als ich irgendwann als junger Teenager zum ersten Mal darüber nachdachte, fing ich an, meinen Namen zu lieben. Die Vorstellung tröstete mich, daß diese Zeitverschiebungen meine eigenen inneren Widerstände dagegen symbolisierten, total in das Leben meines Vaters aufgesogen und darin vernichtet zu werden.

Doch dies änderte natürlich nichts an der Einstellung meines Vaters. In seinen Augen war ich als sein Eigentum auf die

Welt gekommen. Ich war sein Geschöpf. Ihm gehörte ich. Ohne ihn war ich nichts und hatte nichts, nicht einmal einen Namen.

Wie oft erzählten mir später Oma Berta oder Tante Inge von dem rauschenden Fest anläßlich meiner Taufe. «Als ob du eine Prinzessin gewesen wärst!» erinnerte sich die Schwester meines Vaters. «Das erste Mädchen in unserer Familie. Alle hatten Jungen, und da kam ausgerechnet unser Junior und brachte so etwas Süßes fertig wie dich. Wenn das kein Grund zum Feiern war! Das Fest war doppelt, ach was, fünfmal so toll wie bei den Jungen. Wir waren alle total aus dem Häuschen, so haben wir uns gefreut.»

«Damals warst du noch richtig süß», sagte meine Oma. «Ein niedlicher Fratz, etwas zum Knuddeln, ein richtiger kleiner Speckengel. Dein Taufkleid habe ich selbst genäht und bestickt. Wochenlang habe ich daran herumgestichelt. Das habe ich mir nicht nehmen lassen. Schön sahst du darin aus mit deinen großen blauen Augen. Wer hätte gedacht, daß mal ein solches Trampeltier aus dir wird mit Schuhgröße 44!»

Speckengel, Trampeltier ... In den Augen von Mutter und Oma Berta war ich kein Kind zum Vorzeigen. Sie schämten sich, mit mir Pummelchen im Kinderwagen loszuziehen. In den ersten Monaten nach meiner Geburt ging es noch. Da war es winterlich kalt. Man konnte mich dick anziehen und gut zudecken. Wenn einer in den Wagen schaute, sah er nur ein kleines Mondgesicht in den Kissen. Bis zum Frühjahr, so hoffte meine Mutter, würde ich schon etwas weniger speckig aussehen.

Das Frühjahr kam, doch meine Speckfalten blieben. Als andere Kinder meines Alters zu krabbeln begannen, traf ich keine Anstalten dazu. Ich rollte mich lieber auf dem Boden herum und kam auch so ans Ziel. Daß Füße zu etwas anderem als zum An-den-Zehen-Spielen dasein könnten, fiel mir auch nicht ein, als die gleichaltrigen Kinder von Nachbarn und Freunden meiner Eltern laufen lernten. Selbst zum Sitzen war ich offensichtlich zu faul oder zu fett oder beides.

Meinen Vater störte das alles nicht. «Kommt schon noch», sagte er. «In meiner Familie sind die Kinder alle groß und schwer. Da dauert es eben ein bißchen länger, bis die Muskeln stark genug sind.»

Er trug mich auf dem Arm. Er schmuste mit mit. Er spielte mit mir «Hoppe, hoppe Reiter», sang mir Lieder und baute mir Bauklotztürme, die ich mit beiden Händen wieder umstieß.

War er unterwegs, brachte er mir etwas mit. Und ganz egal, ob ich bei seiner Heimkehr schlief oder gerade gefüttert wurde – er mußte mich aufnehmen, abküssen, mußte spüren, welche Freude ich an seinem Geschenk hatte.

«Und ich?» fragte meine Mutter oft, wenn sie ihm zusah. «Kriege ich nichts?»

«Doch, einen Kuß!» sagte mein Vater dann und nahm meine Mutter in den anderen Arm. «Reicht das nicht?»

Heute glaube ich, daß meine Mutter schon damals anfing, eifersüchtig auf mich zu werden.

Oder sollte es stimmen, was eine Freundin, der ich später davon erzählte, einmal sagte: daß meine Mutter damals versucht habe, meinen Vater von mir abzulenken, weil ihr seine Liebe zu mir angst machte? Sollte sie tatsächlich mißtrauisch geworden sein – und gleichzeitig vielleicht voll Sorge und Scham gewesen sein, derartige Gedanken überhaupt zuzulassen und einem so wunderbaren Ehemann und Vater damit heimlich Unrecht zu tun?

Ich selbst habe von einer solchen Angst um mich nichts bemerkt – in meiner Kindheit nicht und später erst recht nicht. Vielmehr zeigten mir bestimmte Bemerkungen, die meine Mutter im Streit, in der Wut fallenließ, daß sie mich schon in den ersten beiden Jahren meines Lebens immer stärker abzulehnen begann.

Wollte ich von ihr auf den Arm genommen werden und streckte ihr die Arme entgegen, nahm sie mich selten auf. Meist schüttelte sie den Kopf und sagte: «Bei mir kommst du damit nicht durch! Heb endlich deinen dicken Hintern, und beweg dich!»

Wenn Freunde kamen, hätte meine Mutter mich damals am liebsten versteckt. Es war ihr peinlich, wenn jemand spöttelte, was für ein gut entwickeltes Kind ich doch sei, oder ihr Diätratschläge für Babys erteilte. Und zu allem Unglück schien ich nicht nur körperlich eine Null zu sein, sondern auch geistig. Ich sprach nämlich lange nicht.

Nur mein Vater verstand mich. Mit einer Kombination von Gesten und Babykauderwelsch konnte ich mich ihm mitteilen.

Vor Jahren erzählte meine Lieblingstante Inge mir, mein Vater habe damals so gut meine Sprache nachahmen und mit mir «reden» können, daß alle sich vor Lachen gebogen hätten. Alle – nur meine Mutter nicht. Sie wollte, daß ich richtig sprach. Nur geübt, sagte meine Tante, habe meine Mutter nicht mit mir . . .

«Ein normales Kind lernt von allein reden», sagte meine Mutter einmal zu ihr. «Glaubst du denn, ich habe nichts Besseres zu tun, als ihr alles vorzukauen? Die Moni ist ein Dickkopf, die redet bloß deshalb nicht, weil sie merkt, wie gern wir das möchten. Aber ich lasse mich damit nicht unter Druck setzen. Nicht von so einem kleinen Kind!»

Tante Inge war zwar anderer Meinung als meine Mutter, aber sie äußerte sich nicht weiter dazu. Sie wollte sich nicht in die Familienangelegenheiten meiner Eltern einmischen, zumal ihr nicht verborgen blieb, daß der Haussegen bei ihnen immer öfter einmal schief hing.

Meine Mutter war nämlich alles andere als eine gute Hausfrau. Woher auch? Als Mädchen hatte sie kaum im Haushalt helfen müssen, weil ihre Mutter ihr alles vom Hals gehalten hatte, damit sie Zeit zum Lernen fand. Nur auf sich selbst gestellt, erledigte sie die Hausarbeit mit größtem Widerwillen. Schon in den ersten Ehemonaten, als sie sich noch redlich Mühe gab, breitete sich immer mehr Chaos im Haus aus.

Mein Vater indes war auf seine Weise mindestens ebenso verwöhnt wie meine Mutter. Er war immer von hinten und vorne bedient worden. Gebügelte Hemden und Hosen, eine saubere Wohnung, ein tadellos gedeckter Tisch – für ihn war das alles selbstverständlich. Daß seine Frau diesen Ansprüchen nicht gerecht wurde, war eine böse Überraschung für ihn.

Ratlos vertraute er sich seiner Schwester Inge an. Diese beruhigte ihn jedoch. «Das gibt sich», sagte sie. «Alles ist noch so neu. Hilf ihr ein bißchen, zeig ihr, wie sie es machen soll. Ich helfe ihr auch. Dann klappt es schon. Du wirst sehen, sie lernt alles ganz schnell.»

Doch leider zeigte meine Mutter sich wenig anstellig. Immer öfter und immer selbstverständlicher half meine Lieblingstante aus, damit das Tohuwabohu im Haus einigermaßen erträglich blieb. Sogar Oma Berta, Mutters Mutter also, sprang ein.

Trotzdem zeigte mein Vater allmählich Nerven und verlor die Geduld, wenn wieder einmal keine frischen Socken zu finden waren, kein gebügeltes Hemd mehr im Schrank war oder seit Wochen niemand mehr das Bad geputzt hatte.

Wieder einmal fühlte sich meine Mutter als Versagerin – oder doch in eine Versagerrolle hineingedrängt. Ihr Mann nörgelte an ihr herum, und ihre eigene Mutter warnte: «Wenn du dich nicht zusammenreißt, läßt er dich sitzen. Dann kannst du sehen, wo du mit deinen zwei Gören bleibst! So eine Lumpenwirtschaft läßt sich kein Mann auf Dauer bieten.»

Daß meine Oma im Unrecht sein könnte, fiel meiner Mutter nicht ein. Sie ließ sich psychisch unter Druck setzen. Es kam ihr nicht in den Sinn, sich selbst trotz ihrer Schwächen liebenswert zu finden. Und sie konnte sich auch nicht vorstellen, daß mein Vater sie um ihrer selbst willen liebte – und nicht nur als Hausfrau. Immer öfter und immer angstvoller rechnete sie selbst sich ihre Fehler vor.

Daß Stefan keinen Pluspunkt für meine Mutter darstellte, lag auf der Hand. Mein Vater akzeptierte ihn zwar, aber so wie mich vergötterte er ihn nicht. Er war eben nicht *sein* Kind. Seit meiner Geburt zeigte es sich ganz deutlich.

Und ich? Ich war auch nicht die alle anderen Minuspunkte wiedergutmachende Superleistung geworden. Mit mir war kein Blumentopf zu gewinnen. Die Anfangsfreude war schnell in Enttäuschung umgeschlagen. Wer mich mopsrundes Faultier jetzt sah, kam nicht mehr auf die Idee, meinen Vater um die Frau zu beneiden, die ihm ein solches Prachtexemplar von Tochter geschenkt hatte.

In meiner Mutter, die als Kind immer nur wegen ihres Körpers oder aber wegen ihrer Leistung geliebt worden war, aber nie um ihrer ganzen Person willen, muß eine solche Ehebilanz Panik ausgelöst haben. Ich stelle mir vor, daß sie nach jedem Krach schreckliche Angst bekam, mein Vater werde eines Tages so unzufrieden mit ihr sein, daß er sie zu lieben aufhören oder sie sogar verlassen würde.

Je größer diese Angst wurde, desto unerträglicher wurde es für meine Mutter wohl, mit ansehen zu müssen, wie närrisch mein Vater mich liebte. Da sie nie erfahren hatte, daß ein Vater in seiner kleinen Tochter normalerweise immer nur das Kind, nie aber die Frau liebt, empfand meine Mutter mich als weibliche Konkurrenz. Sie fürchtete, ihren eigenen Mann an mich zu verlieren.

Um dies zu verhindern, ließ sie sich zweierlei einfallen. Erstens steigerte sie das eheliche Sexleben erheblich, um ihren Mann wenigstens in diesem Punkt nicht zu enttäuschen. Daß sie hier Superleistungen erbringen konnte, wußte sie. Daß diese dazu geeignet waren, sich Liebe zu erkaufen, wußte sie auch. Wenn es schon in allen anderen Bereichen Probleme gab, sollte es wenigstens hier hundertprozentig klappen. Sex wurde so für meine Mutter zum Leistungsbeweis. Aber das war ihr vielleicht nicht einmal klar.

Aus meiner eigenen Erfahrung heraus begreife ich, daß meine Mutter Liebe immer nur körperlich erfahren hatte und daher auch nur körperlich ausdrücken konnte. Da sie Liebe einzig als Sex kannte, sah sie nur die Möglichkeit, ihrem Mann sexuell mehr zu bieten als bisher, wenn sie ihm beweisen wollte, daß sie ihn liebte. Eine andere Möglichkeit kannte sie ja nicht.

Als zweiten Rettungsanker für ihre Ehe sah meine Mutter ein weiteres Kind. Mit ihm wollte sie vor allem wohl meinen Vater noch enger als bisher in die Familie einbinden, um noch stärker darauf bauen zu können, daß er diese nicht im Stich ließ.

In ihrer Verzweiflung und Angst hatte meine Mutter sich mit

ihrer Mutter beraten. Ich weiß nicht, ob sie ihr die ganze Wahrheit sagte und ihre Eifersucht auf mich gestand. Auf jeden Fall sagte mir Oma Berta einmal, meine Mutter sei nur deshalb mit meinem zweiten Bruder schwanger geworden, weil ich meinen Vater so mit Beschlag belegt hätte.

Im Klartext heißt das ja wohl, daß meine Mutter versuchte, die Liebe meines Vaters von mir auf das neue Kind zu lenken, damit ich nicht länger im Mittelpunkt seines Interesses stünde.

Glaubte sie wirklich, dadurch für sich selbst etwas erreichen zu können?

Mein Bruder Stefan und ich, der Haushalt und ein Mann, der wie ein König bedient werden wollte – das war schon weit mehr, als meine Mutter bewältigen konnte. Mit der neuen Schwangerschaft überschritt sie endgültig ihre Grenzen.

Doch sie entdeckte ein Mittel, das sie künftig immer dann anwandte, wenn ihr etwas über den Kopf wuchs oder einfach keinen Spaß machte: Sie wurde krank und mußte sich schonen.

Selbstverständlich war die ganze Familie bereit, auf meine arme Mutter Rücksicht zu nehmen. Vor allem Tante Inge, aber auch die beiden Omas nahmen ihr die Kinder ab, sooft es nötig schien. Und auch beim Einkauf oder Hausputz sprangen die Frauen wegen der immer häufigeren Ruhebedürftigkeit meiner Mutter immer öfter ein.

Da meine Mutter sich dadurch tagsüber stundenlang schonen und ausruhen konnte, war sie abends fit für meinen Vater. Diesem war es nur recht, daß seine junge Frau voll für ihn da war. Daß seine Schwester zeitweilig seinen halben Haushalt mit erledigte, schien ihm nicht einmal der Rede wert. Schließlich war es immer so gewesen, daß die Schwester alles für ihn tat. Warum also nicht auch jetzt?

Mein Vater tat alles, seine liebe Frau von ihren Problemen abzulenken, damit sie auf andere Gedanken kam und nicht in den eigenen vier Wänden versauerte. Dadurch daß mein Vater nie seinen Wohnort gewechselt hatte, kannte er Hinz und

Kunz in unserer Stadt. Irgendwo war immer etwas los, und wenn meine Eltern ausgehen wollten, brauchten sie sich über Mangel an Gesellschaft nicht zu beklagen.

Oma Berta nähte sich die Finger wund, damit meine Mutter schöne Kleider zum Ausgehen hatte. Genäht hatte sie zwar schon immer für sie, aber jetzt artete es in Arbeit aus, denn der Bauch meiner Mutter wurde von Woche zu Woche dicker.

Als Boris, mein zweiter Bruder, geboren wurde, war ich fast auf den Tag genau 19 Monate alt. Nun waren wir schon zu dritt im gemeinsamen Kinderzimmer.

Nur mit Mühe bewältigte meine Mutter die Erziehung von uns dreien. Der Haushalt lief mehr schlecht als recht. Geld war Mangelware. Aber abends gingen meine Eltern «auf Jück». Da waren wir Kinder reichlich unbequem.

Meine Lieblingstante Inge hatte nicht immer Zeit, uns zu beaufsichtigen. Ihre eigenen Kinder waren zwar älter als wir, aber immer noch klein, deshalb stand sie nicht sehr häufig zur Verfügung, auch noch die Kinder ihres Bruders zu hüten.

Auch Oma Grete hatte abends häufig eigene Pläne und keine Lust, auf ihre Enkelkinder aufzupassen. Ihr Mann, also der Vater meines Vaters, war kurz nach der Hochzeit meiner Eltern verstorben. Meine Oma hatte sehr unter seinem Tod gelitten, aber allmählich baute sie sich nun ein eigenes Leben auf. Dies habe ich später immer sehr an ihr bewundert. Mit ihrer geistigen und körperlichen Beweglichkeit wurde sie mir zum Vorbild. Sie erschien mir so viel jünger und lebendiger als meine eigene Mutter, die mir wegen ihrer Trägheit wie eine Lebendig-Tote vorkam.

Wenn die Familie meines Vaters abends keine Zeit hatte, uns Kinder zu beaufsichtigen, brachten meine Eltern uns zu Oma und Opa nach Essen. Eine Zeitlang ging dies gut. Doch von irgendeinem Zeitpunkt an begann ich, sobald ich dort schlafen sollte, markerschütternd zu brüllen.

Besonders die erste Brüllszene scheint sich der ganzen Familie eingeprägt zu haben. Tante Inge erzählte sie mir mit

Lachen, Oma Berta und meine Mutter voller Zorn und Ärger, mein Vater mit stolzgeschwellter Brust.

Meine Eltern waren an diesem Abend zu einer Party im Freundeskreis eingeladen. Da man voraussichtlich erst am nächsten Morgen ins Bett käme, schien es vernünftiger, uns Kinder kurz auszuquartieren. Das war ja auch nichts Neues für uns. Neu war nur das Theater, das ich beim Zubettgehen veranstaltete.

Oma Berta versorgte den erst wenige Wochen alten Boris und sah gleichzeitig nach Stefan, der voller Stolz verkündete, er sei ja schon groß genug, sich allein zu versorgen.

Mein Opa kümmerte sich indessen um mich. Er setzte mich auf den Topf, badete mich und cremte mich ein. Schließlich brachte er mich zu Bett.

Und da plötzlich fing ich an zu schreien. Nein, ich schrie nicht, ich *brüllte.* Ich brüllte, bis ich keine Luft mehr bekam und blau anlief. Ich brüllte, obwohl mein älterer Bruder mich zu trösten versuchte und meine Oma mich halb erschrocken, halb zornig schüttelte. Ich brüllte und hörte nicht auf – bis endlich mein Vater kam und ich in seinem Arm sicher war.

Oma Berta hatte ihn per Telefon aus der Party geholt, weil sie Angst bekommen hatte, was die anderen im Haus wohl denken würden, wenn in ihrer Wohnung jemand wie am Spieß brüllte. «Hau ihr endlich mal den Hintern voll!» schimpfte sie, als mein Vater wütend und zugleich aufgeregt zur Tür hereinstürmte. «Wenn du nicht durchgreifst, tanzt sie dir bald auf der Nase herum!»

Aber mein Vater schlug mich nicht. Mein Weinen und das kleine verquollene Gesicht gingen ihm zu Herzen und machten ihm zugleich auch angst. «Was hat Papas Engelchen denn?» fragte er. «Was ist denn passiert?»

Aber ich antwortete nicht. Ich brachte vor Schluchzen kein Wort heraus, nicht einmal eines in meiner damaligen Babysprache.

Auch meine Oma konnte keine Erklärung geben. Und mein Opa blieb ganz still. Er hielt Stefan an der Hand. Es muß ein herzerweichendes Bild gewesen sein.

Mein Vater befühlte meine Stirn. Sie war heiß, das Haar verschwitzt. Vielleicht brütete ich ja eine Krankheit aus? Immer noch ärgerlich, daß er meinetwegen die schöne Feier verlassen mußte, schimpfte er zwar, meine Mutter habe recht, ich sei wirklich ein Dickschädel. Aber er war auch gerührt, wie sehr ich ihn doch vermißt hatte und daß ich nun sofort ruhig wurde, nur weil er mich in die Arme nahm.

Nachdem mein Vater eingesehen hatte, daß ich mich sogar von ihm nicht bei Oma und Opa zu Bett bringen lassen wollte, nahm er mich kurz entschlossen zu den Freunden mit. Schon im Auto schlief ich ein. Solange er nur in meiner Nähe war, schlief ich überall.

Die schönen Zeiten, da man meine Brüder und mich bedenkenlos bei Freunden oder Verwandten abliefern und sicher sein konnte, einen ruhigen Abend verbringen zu können – diese Zeiten waren für meine Eltern vorbei. Endgültig!

Daß für mich viel mehr vorbei war, wußte höchstens meine Mutter. Aber sie schwieg.

Seit meiner ersten «Brüllorgie», wie Oma Berta es nannte, hatten meine Eltern es schwer. Die abendfüllenden Vergnügungen entfielen weit häufiger als zuvor, weil ich massive Schlafstörungen entwickelte, auch zu Hause. Meist schrie ich schon, sobald zum Schlafen das Licht ausgeschaltet wurde.

«Was ist denn bloß los mit ihr?» fragte mein Vater.

«Was soll schon los sein?» fragte meine Mutter zurück. «Viele kleine Kinder kriegen plötzlich Angst im Dunkeln. Das weiß doch jeder. Bring ihr am besten eine Nachtlampe am Bett an, dann schläft sie bestimmt wieder ruhiger.»

Meine Mutter behielt recht. Das schwache Licht dämpfte meine Angst. Instinktiv verband ich das, was mich bei meinen Großeltern erschreckt und mir weh getan hatte, mit der Dunkelheit, in der es mir widerfahren war. Solange es leidlich hell um mich war, schlief ich irgendwann auch ein. Aber durchschlafen wie früher konnte ich nicht mehr. Immer wieder wachte ich schreiend auf und wollte mich nur von meinem Vater trösten lassen.

Natürlich gefiel meinen Eltern diese Veränderung absolut nicht. «Verdammtes Geschrei!» schimpfte mein Vater. «Soll das heißen, daß wir nichts mehr unternehmen können?»

«Kleine Kinder in ihrem Alter fangen nun mal an zu träumen», sagte meine Mutter. «Was soll ich denn machen? Ich kann's doch nicht ändern!»

«Was heißt das: Du kannst nicht? Kannst du mit Kindern umgehen oder nicht? Gewöhn ihr das ab – und zwar schnell!»

«Wenn wir uns nicht darum kümmern, hört sie irgendwann von selbst damit auf», sagte meine Mutter. «Sie ist eben verwöhnt. Du schleppst sie ja bei jeder Gelegenheit auf dem Arm herum. Hättest du auf mich gehört...»

«Wer erzieht denn hier die Gören?» giftete mein Vater zurück. «Du oder ich? Wer tönt denn immer, wie perfekt er darin ist? Ich etwa?»

Meine Mutter gab keine Antwort mehr. Aber die Liebe zu mir war durch diesen Krach ganz sicher nicht größer geworden.

Tante Inge erzählte mir noch oft, wie anstrengend ich als Kleinkind war. Meine Eltern verzweifelten fast an mir. Stefan war brav wie ein Lamm. Man konnte ihn einfach irgendwo hinsetzen, und er war ruhig. Und ich? Egal, wo ich war, ob bei Verwandten oder Bekannten, ich blieb nur bis zu dem Moment friedlich, da jemand mich schlafen legen wollte. Spätestens dann brüllte ich alle Welt zusammen und hörte nicht auf, bis mein Vater wieder in der Tür stand und mich mitnahm.

Er fand sich damit ab, daß mich niemand mehr behalten wollte. Ich gewöhnte mich daran, in jeder Kneipe, unter jedem Tisch, in jeder Ecke zu schlafen, wenn er nur in der Nähe war.

Meine Mutter aber verzieh mir nie. Sie wollte ausgehen, sich amüsieren, etwas vom Leben haben, wenigstens für ein paar Stunden aus ihrer kleinbürgerlichen Enge ausbrechen. Außerdem bekam sie immer häufiger von meinem Vater zu hören, daß es mit ihren Erziehungskünsten ja wohl doch nicht so weit her sei.

Der einzige Ausweg, der meiner Mutter einfiel, war, mich bei jeder passenden Gelegenheit nach Essen zu ihren Eltern zu bringen. Ihre Mutter hatte immer alles für sie getan; sie würde auch mit einem Schreihals wie mir fertig werden. Daß ich schon weinte und mich an meinen Vater klammerte, wenn ich nur das Haus der Großeltern sah, schreckte meine Mutter nicht. Es kümmerte sie auch nicht, was sie mir mit diesen Besuchen antat. Hauptsache, sie selbst bekam, was sie wollte. Hauptsache, mein Vater war wieder zufrieden mit ihr.

Zum damaligen Zeitpunkt begriff mein Vater wohl absolut nichts. Er sah zwar, daß der Versuch meines Opas, mich zu begrüßen, ausreichte, mich in Panik zu versetzen. Er sah auch, daß ich weder auf Opas Arm noch auf seinen Schoß wollte. Aber warum?

«Bringt sie am besten gar nicht mehr her», sagte meine Oma. «Sie lehnt uns eben ab. Sind dem vornehmen Fräuleinchen wohl nicht fein genug.»

«Unsinn!» meinte mein Vater. «Sie ist doch noch klein. Es fällt ihr eben schwer, sich von mir zu trennen.»

«Verhätschel sie nur noch mehr!» rief meine Mutter. «Sie merkt doch ganz genau, daß du dann wachsweich wirst. Sie tanzt dir doch bloß auf der Nase herum. Das ist genau wie am ersten Kindergartentag: Da heulen die meisten Kleinen und wollen der Mutter am liebsten hinterher, wenn sie gehen will. Doch kaum sind sie dann mit der Erzieherin und den anderen Kindern allein, ist der Kummer vorbei. Kinder vergessen so schnell. So ein paar Tränen sind nicht weiter schlimm.»

Mein Vater mochte das alles nicht so recht glauben. Er war verärgert, daß ich ihm diesen Ärger einbrockte – aber ich tat ihm auch leid, und gerührt war er sowieso: Sein Engelchen, wie lieb es ihn doch hatte!

Trotzdem gab er sich einen Ruck und brachte mich wieder zu Oma und Opa. Schließlich hatte meine Mutter in einem Kinderheim gearbeitet. Sie mußte ja wohl am besten wissen, was gut für ihre eigene Tochter war.

So kam es, daß ich immer wieder in Essen schlafen mußte. Zwar schrie und weinte ich jedesmal bitterlich, aber es half nichts: Meine Eltern fuhren fort und ließen mich da. Und Opa paßte auf mich auf.

Ich wünschte, ich könnte seinen nach Zigarrenrauch stinkenden Mund, sein kratziges Kinn an meinem Bauch und seine Hände vergessen, die so grob waren und mir so weh taten, wenn sie mich überall streichelten und drückten. Noch heute wird mir übel, wenn jemand in meiner Nähe eine Zigarre raucht oder ein dicker alter Mann nach kaltem Rauch stinkt.

Die gräßlichen Bilder der Erinnerung in meinem Kopf! Ich will sie nicht! Fort mit ihnen! Aber sie tauchen auf, immer wieder. Opa mit offener Hose vor meinem Gesicht. Etwas in meinem Mund, woran ich fast ersticke. Und immer diese böse, rauhe Stimme, die mir angst macht: «Still! Sonst schimpft Opa!»

Einmal im Winter kehrte ich von einem Besuch in Essen krank nach Hause zurück. Wie immer hatte mein Vater mich abgeholt. Wie immer hatte ich mich an ihn geklammert und ihn vor Freude umarmt. Alles schien wie immer. Doch an diesem Abend begann ich plötzlich, nach Luft zu ringen und zu husten wie nie zuvor. Mein Vater erzählte, dieser Anfall sei ohne Vorwarnung gekommen. Er habe mit mir Schlaflieder gesungen und gebetet, als ich mich auf einmal mit einem Ruck im Bett hochsetzte und loshustete. «Wie ein Metzgerhund», sagte er. «So richtig hohl und laut.»

Am meisten erschreckte ihn aber wohl mein Atmen. Ich quälte mich so sehr ab, genügend Luft zu bekommen, daß alle Rippen hervortraten und mein Bauch wie ein leerer Blasebalg einfiel.

Meine Mutter kam schließlich mit einem Buch über Kinderkrankheiten an. «Wahrscheinlich Krupp», sagte sie. «Ich habe den Arzt angerufen. Hier steht, er befällt vor allem gedrungene, überernährte, oft auch aufgeschwemmte Kinder. Habe ich nicht oft genug gesagt, die Moni ist zu speckig?»

Der Arzt war schnell zur Stelle. «Mit Krupphusten ist nicht zu spaßen», meinte er und horchte mich gründlich ab. «Die Kleine muß ins Krankenhaus. Ich kann sonst keine Garantie übernehmen. Es gibt Fälle, wo Krupp zum plötzlichen Tod des Kindes führt. Ich möchte kein Risiko eingehen. Ihre Tochter ist mir einfach zu jung für eine Behandlung zu Hause. Kommen Sie, es eilt!»

Bis zu diesem Zeitpunkt war ich allenfalls mal über Nacht von zu Hause fort gewesen. Und nur in unseren eigenen vier Wänden fühlte ich mich sicher. Dennoch fiel diesmal meinen Eltern, die mich sonst so bereitwillig abschoben, die Trennung schwerer als mir. Ich war viel zu sehr damit beschäftigt, zu atmen und zu überleben. Ich merkte kaum, was mit mir geschah, so schwer war der Kruppanfall.

«Du sahst so winzig aus in diesem fremden Bett», sagte mein Vater irgendwann, als er mir aufzählte, wann und wie oft er schon etwas für mich getan hätte, wofür ich ihm zu Dank verpflichtet sei. «Jede Menge Leute wuselten da um dich herum, jeder wollte was von dir, jeder faßte dich an. Ich hatte eine Riesenangst um dich. Du warst doch mein Engelchen! Was hätte ich denn gemacht ohne dich?»

Ja, mein Vater konnte sich nicht vorstellen, ohne mich zu sein. Aber noch weniger konnte ich ohne meinen Vater sein.

Ich war vielleicht zehn, als er mir von diesem ersten Krupphusten erzählte. Ob ich spürte, wie glücklich er sei, daß er mich habe, fragte er mich eindringlich. Und ob ich ihn denn auch so liebhabe wie er mich? Seine Hände waren überall auf meiner Haut. Ich war müde, furchtbar müde. Aber ich durfte nicht schlafen. Wenn mir die Augen zufielen, bekam ich «eine geballert». Also riß ich sie auf, als hätte mir jemand die Lider oben und unten angenäht. Wäre ich doch nur gestorben bei diesem Kruppanfall!

Das Krankenhaus, in dem ich damals lag, ist mittlerweile in einen erweiterten, modernisierten Klinikbetrieb umgewandelt worden. Dort bewahrt man mit den übernommenen Archivmaterialien auch meine Befunde auf. Aus ihnen geht unter anderem hervor, daß ich rund vier Wochen in der Klinik verbleiben mußte.

Es waren Wochen, die mich in meiner Entwicklung einen mächtigen Sprung nach vorn brachten. Ich weiß nicht, wie es dazu kam, aber ich lernte in dieser Zeit sowohl laufen als auch sprechen.

Tante Inge konnte mir gar nicht oft genug beschreiben, wie meine Veränderung damals auf die Familie wirkte: «Als sie dich hinbrachten, sahst du aus wie einer dieser kleinen nackten Engel in Kirchen: überall Speckfalten und Grübchen und irgendwie aufgepustet. Deine Mutter nudelte dich ja auch. Wenn du bloß piep sagtest, gab sie dir gleich etwas zu futtern. Na ja, ich will nichts gesagt haben. Jedenfalls hatte ich immer den Eindruck, deine Füße wären zu klein für deinen Körper und würden dich wohl nie tragen. Aber die im Krankenhaus, die merkten wohl gleich, wo bei dir der Hase im Pfeffer lag. Du bekamst die ersten Tage bloß Nährlösung oder Heilnahrung, was weiß ich. Und dann setzten sie dich auf Diät. Kleine Kinder nehmen ja schnell ab. Als du soweit okay warst, daß du nach Hause durftest, warst du deutlich dünner geworden. Wir hatten dich in dieser Zeit ja nicht besuchen dürfen. Die Ärzte hatten es verboten, weil du so furchtbar geweint hast, als dein Papa wegging. Sie meinten, die Aufregung würde dich zu sehr belasten, und deine schwere Krankheit machte sie sehr vorsichtig. Daher waren wir, als du aus dem Krankenhaus kamst, völlig überrascht, wie sehr du dich in den paar Tagen verändert hattest.»

Tante Inge holte mich zusammen mit meiner Mutter ab. «Wir waren ganz aufgeregt», erzählte sie mir immer wieder. «Wir also angeklopft, die Tür langsam auf – und da sahst du uns auch schon. Du hattest an einem Tisch gestanden und gespielt. Mit einem Mal fingst du an zu laufen, um den ganzen Tisch herum, auf uns zu. Und dabei riefst du ganz laut und ganz deutlich: ‹Mama! Mama! Meine Mama!› Deine Mutter nahm dich in die Arme, und wir haben vor Freude geheult, alle drei.»

Von nun an sprach ich also. Statt einzelner Wörter bildete ich ganze Sätze. Daß ich stark lispelte und zeitweilig auch ins Stottern geriet, störte niemanden. Alle waren ja froh, daß ich überhaupt etwas sagte. Vielleicht glaubten sie auch, daß ich irgendwann von allein zu lispeln aufhören würde. Viele Kinder lispeln ja, wenn sie sprechen lernen.

Ich selbst empfand meinen Sprachfehler damals gar nicht als unangenehm. Denn mein Vater fand es unheimlich süß, wie ich sprach. Er ahmte mich liebend gern nach – was später zu meinem Leidwesen auf meine Brüder abfärbte –, und Sprüche wie «Moni, sag doch einmal: Süße Sahne!» waren bei ihm an der Tagesordnung. Wahrscheinlich hörte ich nur deshalb nie auf zu lispeln, weil mein Vater so viel Spaß daran hatte. Ich hätte alles getan, damit er mich liebt. Ich *tat* alles.

Wie gesagt, zu laufen begann ich damals auch. Ich war sicherlich ein Spätzünder, aber zurückgeblieben, wie meine Mutter mir immer vorwarf, war ich nicht. Alles, was ich zuvor versäumt hatte, holte ich jetzt nach. Ich war ein gesundes, strammes kleines Mädchen, neugierig auf die Welt.

Mein Vater war glücklich über meine Entwicklung. Anders als meine Mutter es geplant und erwartet hatte, war mein kleiner Bruder nicht an meine Stelle gerückt. Mein Vater hatte ihn zwar lieb und beschäftigte sich gern mit ihm, aber sein Liebling blieb ich. Mit mir konnte er ja nun auch schon so viel mehr unternehmen als mit dem kleinen Boris. Wie zuvor spielte und schmuste er mit mir herum. Wie zuvor war ich sein Engelchen.

Meine Mutter jedoch wurde immer abweisender mir gegenüber. Sie entdeckte, daß ihre Söhne tausendmal besser waren als ihre verblödete Tochter. Ihre Söhne waren weder fett auf die Welt gekommen noch zu faul, sich zu bewegen. Ihr Ältester war zwar unehelich geboren, und es war seine Schuld, daß meine Mutter Schiffbruch mit ihren Zukunftsplänen erlitten hatte. Aber er war gescheit und machte ihr keine Schande. Allmählich fand sich meine Mutter mit den an ihn geknüpften schweren Erinnerungen ab und entwickelte wohl neue Vorstellungen von ihrer Zukunft.

Ihr jüngster Sohn war sogar ein voller Erfolg; mit ihm durfte sie zufrieden sein. Es war nicht peinlich, sich mit ihm in der Öffentlichkeit zu zeigen. Immer wieder hörte sie, wenn jemand in den Kinderwagen schaute, das Kompliment: «Das ist aber ein strammes Kerlchen!» Ja, diese Söhne waren es wert, geliebt zu werden – von Anfang an.

Hinzu kam, daß meine Mutter schnell erkannte, daß Söhne ihr nicht den Rang ablaufen konnten. Wenn mein Vater einen von ihnen umarmte, empfand sie keine Verlustängste, keine Eifersucht. Sie sah dann nur einen zärtlichen Vater mit seinen Kindern.

Ich hingegen war kein Kind, ich war eine Frau. Da mußte sie wütend sein und eifersüchtig und Angst haben, sie käme zu kurz wegen mir. Oder?

Mein Halbbruder Stefan war mittlerweile bald schulpflichtig. Meine Mutter konnte es kaum erwarten. Während der Jahre mit uns Kindern war ihr immer stärker klargeworden, daß ihr Hausfrauendasein sie nicht ausfüllte. Sie wollte unbedingt wieder arbeiten, Erfolg haben, eigenes Geld verdienen und davon vielleicht sogar eine Haushaltshilfe bezahlen.

Nach der Einschulung des Ältesten könnte ich ja gut in den Kindergarten gehen. Dann wäre nur noch Boris, der Jüngste, ganztags zu Hause. Doch der wäre auch bald aus dem Gröbsten heraus und könnte vielleicht stundenweise von Oma oder Tante Inge betreut werden.

So oder ähnlich werden die Pläne meiner Mutter gewesen sein. Es ist für mich heute natürlich nicht leicht, das alles zu rekonstruieren. Je länger ich, während ich hier sitze und schreibe, über meine Vergangenheit nachdenke, desto mehr Erinnerungsfetzen kommen, die ganz zuunterst irgendwo verschüttet waren.

Auf jeden Fall weiß ich, daß meiner Mutter damals ein Halbtagsjob vorschwebte. Sie schrie uns Kindern noch jahrelang ihre Enttäuschung darüber ins Gesicht, daß daraus nichts geworden war. Reihum machte sie uns für die schlimmen Enttäuschungen ihres Lebens verantwortlich.

Eine der schlimmsten Enttäuschungen für meine Mutter war mein jüngster Bruder: Georg. Er kündigte sich an, als für meine Mutter ihr neues Wunschziel zum Greifen nahe war.

Mein ältester Bruder war soeben zur Schule gekommen, für mich stand ein Kindergartenplatz bereit. Ein schönes Weihnachtsfest unter glücklichen Leuten, die ihr Leben fest im Griff hatten, stand bevor, denn im neuen Jahr würde meine Mutter wieder voll durchstarten und endlich mithelfen, Geld in die Kasse zu bringen.

Als ihre Regelblutung im November ausblieb, brach meine Mutter zusammen. Zum zweiten Mal wurde sie durch eine absolut unerwünschte Schwangerschaft aus der Bahn geworfen. Alle Anstrengungen, aus dem Elend ihrer Kindheit durch Leistung aufzusteigen, waren umsonst gewesen. Nichts, nichts hatte sich gelohnt. Nie mehr – in ihrer Verzweiflung muß meine Mutter es wohl so empfunden haben – würde sie es schaffen, vor sich selbst, vor meinem Vater, vor allen anderen erfolgreich und anerkannt dazustehen. Schon wieder hatte sie versagt, schon wieder ihre Chance vertan. Und was war schuld? Der Sex, immer wieder nur der Sex!

Mein Vater nahm die neue Schwangerschaft weniger tragisch. Er verdiente zwar nicht gerade üppig, große Sprünge konnten sie nicht machen. Aber das Geld reichte, um über die Runden zu kommen. «Kopf hoch, Schatz!» sagte er. «Davon geht die Welt nicht unter. Wo fünf satt werden, reicht's auch für sechs. Wir waren auch vier Gören zu Hause, bei euch waren es sogar fünf. Keiner ist verhungert. Und außerdem klingelt es sowieso bald lauter in der Kasse. Oder meinst du, ich hätte den Meister bloß aus Jux und Dollerei gemacht?»

Aber so leicht ließ sich meine Mutter nicht beruhigen. «Und ich?» schrie sie. «Was ist mit mir, mit meinen Wünschen? An mich denkst du wohl gar nicht! Soll ich etwa zwischen schmutzigen Windeln und dreckigen Töpfen versauern? So habe ich mir das nicht vorgestellt mit dir! Alle paar Monate ein Kind – ist es das, was du willst? Ich nicht!»

«Wessen Bauch ist es denn, verdammt noch mal?» brüllte mein Vater zurück. «Bist du die Frau oder ich? Du hast doch ausgerechnet, an welchen Tagen es ungefährlich war.»

«Ja», sagte meine Mutter, «ich habe gerechnet, und du hast dich nicht daran gehalten!»

Über Abtreibung wurde trotzdem nicht gesprochen. Mein Vater hätte es nie geduldet. Meine Mutter hätte es nie gewagt. Als strenggläubige Katholiken und aktive Gemeindemitglieder, die jeden Sonntag in die Messe und regelmäßig zur Beichte gingen, war es meinen Eltern nicht einmal möglich, wirksam zu verhüten – geschweige denn abzutreiben. Außer den vom Papst gebilligten natürlichen Methoden wie Knaus-Ogino oder Verkehr während der Monatsblutung war nichts erlaubt. Alles andere war Sünde. Abtreibung wäre der ewigen Verdammnis gleichgekommen. Schon der Gedanke daran war sündhaft.

Ob meine Mutter, als sich Georg ankündigte, diesen sündhaften Gedanken nicht vielleicht doch hegte? Sie mußte sich ja klarmachen, daß sie Mitte Dreißig sein würde, wenn dieses vierte Kind zur Schule kam. In ihren Augen zu alt, um nochmals von vorn anzufangen oder in den alten Beruf zurückzukehren. Die einzige Alternative aber war die ungeliebte Hausarbeit: kochen, bügeln, putzen. So ganz ohne Hoffnung auf andere, auf bessere Zeiten!

Gleichgültig, was meine Mutter insgeheim dachte – ihr Bauch wurde dicker, die Schwangerschaft schritt voran. Meine Mutter gab alle Hoffnungen auf. Sie begriff, daß der Schmutz und die Erniedrigung ihrer Kindheit und Jugend sich nicht so einfach abstreifen ließen. Ihr Leben war verpfuscht, seit ihr Vater sie mißbraucht hatte. Sie hatte alles versucht, es zu ändern. Nichts war gelungen.

Jahre später sagte meine Mutter einmal zu mir: «Frauen wie wir erreichen nichts im Leben. Das wirst du auch noch merken. Ich habe es irgendwie nie geschafft, da rauszukommen.»

Und sie führte aus: «Mich hat doch jeder bloß benutzt: mein Vater, mein erster Freund, mein Mann, andere Typen, fremde Weiber, sogar ihre Kinder. Jeder hat meinen Bauch benutzt. Und keiner hat gefragt, ob ich will. Jetzt ist es mir schon egal.»

Ich denke, daß meine Mutter sich in diesem November innerlich vom Leben verabschiedet hat. Ich kann es schlecht erklären. Sie versuchte nicht mehr, die Vergangenheit zu überwinden. Sie ließ sich innerlich fallen, wehrte sich nicht mehr. Sie nahm hin, daß man sie benutzt hatte, noch immer benutzte und weiterhin benutzen würde. Sie gab sich auf.

Die vierte Schwangerschaft setzte meiner Mutter hart zu. Wahrscheinlich ist es für keine Frau ein Zuckerlecken, innerhalb von vier Jahren drei Kinder zu gebären. Trotzdem gingen meine Eltern weiterhin so oft wie möglich abends aus und verteilten uns Kinder bei allen Verwandten, die Zeit für uns hatten.

An einen dieser Abende erinnere ich mich mit schrecklicher Klarheit. Es ging darum, wo man mich hingeben könnte.

«Wo soll ich denn hin mit ihr?» schrie mein Vater seine Frau an und starrte wütend auf mich. «Meine Mutter kann sie nicht nehmen. Sie hütet die Kinder meiner Schwester. Die Patentante hat auch keine Zeit, weil sie ein krankes Kind im Haus hat. Und bei deinen Alten schläft sie doch nicht. Weiß der Geier, was die mit ihr anstellen!»

«Ich hab's dir ja schon tausendmal gesagt!» schrie meine Mutter zurück. «So wie du sie verwöhnst, ist es kein Wunder, daß sie dir auf der Nase herumtanzt. Und ich – ich muß dafür auf alles verzichten! Was hab' ich denn von meinem Leben? Du bist den ganzen Tag unter Leuten, dir geht ja nichts ab. Aber ich? Ich kann hier verkommen. Das ist dir scheißegal! Hauptsache, dein Fräulein Tochter vergießt keine Krokodilstränen.»

Mein Vater steckte zurück. Zusammen mit meinen Brüdern packten mich meine Eltern ins Auto, und ab ging es in Richtung Essen. Still weinte ich auf dem Rücksitz vor mich hin.

«Die Moni heult!» petzte Stefan prompt.

«Hör bloß auf, du verdammte Heulsuse!» schimpfte mein Vater. «Oder willst du, daß ich rechts ranfahre und dir eine ballere, damit du auch Grund zum Heulen hast?»

«Ich heule ja gar nicht», sagte ich und rieb mit den Fäusten meine Augen trocken. «Ich hab' ja bloß etwas ins Auge bekommen. Bestimmt, Papa! Ich heule nicht, gar kein bißchen, Papa!»

«Und doch heulst du!» zischte Stefan. Aber als ich ihm gegen das Schienbein trat, hatte er erst mal andere Sorgen.

Oma und Opa warteten schon auf uns.

«Da ist ja mein Prinzeßchen!» sagte mein Opa und nahm mich auf den Arm. Meine Eltern stiegen gar nicht erst aus dem Auto.

«Papa!» kreischte ich. «Papa!»

Aber mein Vater schlug die Autotür zu und fuhr los.

Ich weiß nicht mehr, was an diesem Abend lief. Ich will es auch gar nicht wissen. So lange habe ich mich gegen die Erinnerungen gewehrt. So lange habe ich sie verdrängt, daß sie fast vergessen sind. Genauso vergessen wie der alte Mann, der nun schon so lange tot ist. Doch jetzt, beim Schreiben, quellen die Bildfetzen in mir auf: dieses schrecklich verzerrte alte Gesicht – dieses immer härter werdende Stinkding in meinem Mund – dieses Stöhnen – er stirbt, dachte ich, er stirbt – seine Hände, die mich festhielten, mir weh taten – dieses «Lutschen, Moni, lutschen!»

Nein, ich halt's nicht aus. Noch heute ist mir nach Schreien zumute, wenn ich daran denke, wie ich damals würgte und keuchte und spuckte und schrie, als ich endlich wieder Luft bekam, und wie der alte Mann sich befriedigt neben mir aufs Bett fallen ließ. Zufrieden, entleert.

Mir ist, als weinte meine Oma, während sie mich wusch. Aber vielleicht wünschte ich mir nur, sie würde weinen, damals, als sie meinen Mund eincremte – ganz vorsichtig, weil die Mundwinkel schmerzten.

Trotz all dem Schmerz, den mir Opa zufügte, trotz meiner Angst – damals war meine Welt noch in Ordnung. Ich wußte, wenn ich nur lange und laut genug schrie, würde mein Papa kommen und mich holen, und alles wäre wieder gut. Nur meinen Papa brauchte ich, um wieder glücklich zu sein.

Und wirklich, er ließ mich auch diesmal nicht im Stich. Zusammen mit meiner Mutter kam er zurück, als meine Oma ihn anrief und ihm sagte, ich brüllte wieder mal das Haus zusammen. Jetzt sei es genug, jetzt sei ihre Geduld am Ende.

Mein Vater war wütend, wie er jedesmal wütend war, wenn ich ihm wieder einmal seine Pläne über den Haufen geworfen hatte. Aber es machte mir nichts aus. Ich war so froh, bei ihm zu sein. Auch wenn er diesmal seine Wut nicht für sich behielt, bis wir im Auto und allein waren, sondern Oma Berta anschrie: «Was macht ihr denn mit ihr, daß sie jedes-, aber auch wirklich jedesmal diesen Zirkus bei euch macht?»

«Nichts!» antwortete meine Oma. «Du weißt doch, sie kann uns nicht leiden.»

«Aber dieses Gebrüll muß doch einen Grund haben!»

«Was sollen wir schon machen mit ihr?» knurrte mein Opa und paffte an seiner Zigarre. «Wir spielen ein bißchen mit ihr rum, das ist alles.»

«So wie du mit mir gespielt hast, ja?» schrie nun meine Mutter und zog meinen Vater am Ärmel mit sich. «Komm, laß uns fahren. Wir verpassen ja alles!»

Mein Vater war immer noch wütend. Ich spürte es an der Art, wie er mich festhielt. «Die Jungs schlafen, ja?» fragte er. »Oder gibt's da auch Probleme?»

«Quatsch!» sagte meine Mutter. «Die machen schließlich nie Theater. Jetzt komm schon!»

Schon als mein Vater mich zum Auto trug, versuchte ich so zu tun, als sei ich eingeschlafen. Es war nicht schön, von ihm ausgeschimpft zu werden oder gar einen Klaps zu bekommen. Wenn ich schlief, ließ er mich in Ruhe. Oft genug hatte ich es ja ausprobiert. Da meine Brüder diesmal nicht im Auto waren, hatte ich die ganze Rückbank für mich. Mein Vater warf eine Decke über mich, dann fuhren wir los.

Irgendwann unterwegs fragte mein Vater unvermittelt seine Frau: «Was hast du vorhin gemeint mit deinem ‹So wie du mit mir gespielt hast›?»

Meine Mutter lachte: «Wird ihr schon nicht groß schaden. Ich hab's schließlich auch überlebt.»

«Und was?»

«Bist du blöd, oder tust du nur so?» Meine Mutter guckte nach hinten, ob ich auch wirklich schliefe. «Was wird er schon machen, der alte Sack? Ein bißchen spielen, ein bißchen fummeln, was weiß ich. Nichts Schlimmes, Kleinkram eben.»

Mein Vater bremste so stark, daß ich fast von der Rückbank fiel. «Soll das heißen, dein Vater hat sich an unserer Tochter vergangen – an so einem kleinen Kind? Und du weißt das? Und unternimmst nichts dagegen?»

Meine Mutter lachte dieses widerliche, unechte Lachen, das ich heute auch drauf habe, wenn ich mich mal wieder hinter mir selbst verstecke. «Aus mir ist auch was geworden», sagte sie. «Das ist alles halb so wild. Mach bloß keinen Negeraufstand deswegen!»

«Du deckst das?» fragte mein Vater. Seine Stimme war so leise, daß ich ihn kaum verstand. «So eine bist du?» Plötzlich brüllte er: «Dieses Schwein! Dieses verfluchte Schwein! Ich bring' ihn um!» Und dann weinte er.

Etwas Schrecklicheres hatte ich noch nie erlebt.

Meine beiden Brüder und ich erfuhren erst, daß wir ein neues Geschwisterchen bekommen würden, als der dicke Bauch meiner Mutter nicht mehr zu übersehen war.

«Wünschst du dir ein Brüderchen oder ein Schwesterchen?» fragte mein Vater mich.

Ich überlegte nicht lange. «Ein Schwesterchen natürlich!» Brüder hatte ich schließlich schon.

Meine Mutter wollte kein Mädchen. Sie wollte überhaupt kein Kind mehr, aber ein Mädchen schon gar nicht. «Eine von deiner Sorte ist schon zuviel», sagte sie zu mir – aber nur, wenn mein Vater nicht in der Nähe war.

In seiner Gegenwart beschimpfte sie mich damals nie. Doch ständig beklagte sie sich bei ihm, daß ich wieder einmal böse und unfolgsam gewesen sei. Das wirkte schon. Mein Vater fiel immer darauf herein. Sein Schelten brach mir jedesmal das Herz. Oft wachte ich nachts voller Angst und Verzweiflung auf, nur weil er mir böse gewesen war.

Mittlerweile war ich längst alt genug, um in den Kindergarten gehen zu können, doch ich blieb zu Hause. Da meine Mutter nicht arbeiten und etwas dazuverdienen konnte, wäre ein Kindergartenplatz für mich erstens wohl zu teuer und zweitens überflüssig gewesen. Außerdem spotteten meine Eltern oft über andere, die ihre Kinder angeblich nicht allein erziehen konnten und sie deshalb in den Kindergarten gaben. Noch wichtiger aber war vielleicht, daß sich mein Vater einbildete, wir hätten es zu Hause besser. Schließlich hatte meine

Mutter ja in einem Kinderheim gearbeitet. Da mußte sie doch besser wissen als jede andere, wie man mit Kindern umzugehen hatte. Warum also Geld für etwas zum Fenster rausschmeißen, das es zu Hause umsonst gab?

Daß ich vielleicht gleichaltrige Spielkameraden, vor allem eine Freundin gebraucht hätte, kam niemandem in den Sinn. Ich hatte doch Brüder, und Cousins gab es auch genug.

Die vierte Schwangerschaft setzte meiner Mutter noch stärker zu als die vorausgegangene. Längst war aus der schlanken jungen Frau, die mein Vater geheiratet hatte, eine vollschlanke Matrone geworden. Jedes Kind hatte zehn Kilo Speck auf ihren Rippen zurückgelassen, vielleicht auch mehr. Wenn ich heute an meine Mutter denke, dann sehe ich immer nur diese dicke, schwammige, ständig schlechtgelaunte, herumbrüllende und krank mimende Person vor mir.

Ihre schlechte Laune bekam ich mehr als jeder andere zu spüren. Der alte Kummer kommt in mir hoch, wenn ich mich daran erinnere, wie sie auf dem Bett lag, meinen Bruder im Arm, ihn streichelte und von ihm gestreichelt wurde und mich zurückstieß, als ich auch zu ihr kommen wollte. «Hau ab! Du kannst ja mit deinem lieben Papa schmusen.»

Für Tränen gab es bei uns Schläge. Also weinte ich nicht. Sondern ich wurde böse. Meine Spielsachen bekamen es zu spüren. Meine Brüder auch.

Noch schwerer als ich hatte es wohl Stefan, mein ältester Bruder, der damals ja auch erst ein Schulanfänger war. Er sollte auf uns aufpassen. Er hatte die Verantwortung. Wenn wir zu laut waren oder etwas kaputtmachten, hatte er versagt. «Zu nichts bist du nütze!» konnte meine Mutter dann schreien und mit Füßen nach ihm treten. «Und für so einen wie dich habe ich mir mein Leben versaut!»

So wußten wir Kinder früh, wie die Rollen verteilt waren.

Stefan war kein Wunschkind. Er war ein schlechtes Kind und in erster Linie schuld daran, daß meine Mutter unglücklich war.

Ich war ein Wunschkind, aber nicht wert, eines zu sein. Ich war eine Versagerin und daher ebenfalls daran schuld, daß meine Mutter unglücklich war. Zudem war ich das Lieblingskind meines Vaters. Und das war sowieso das Allerschlimmste!

Boris, mein mittlerer Bruder, war zwar kein hundertprozentiges Wunschkind, aber doch ein wenig erwünscht. Er war ein Versager, weil er nicht das Lieblingskind meines Vaters geworden war. Daher war er ebenfalls schuld am Unglück meiner Mutter.

Der absolute Höhepunkt allen Unglücks aber war Georg, der Jüngste. So überflüssig wie er war keiner seiner Brüder. Nur ich war noch überflüssiger.

Ich erinnere mich jedoch nicht nur an das unselige Leben mit meiner Mutter. Es gab auch schöne Stunden – ganze Tage bei meiner Lieblingstante Inge, Nachmittage und Abende bei Oma Grete. Nie ging es bei uns zu Hause so herrlich zu wie dort.

Meiner Tante war ich nicht zu doof für alles. Bei ihr hieß es nicht: «Das kannst du sowieso nicht!» Sie setzte sich mit mir an den Tisch, malte mit mir, bastelte mit mir, sprach mit mir. Wenn ich heute nicht total verblödet bin, habe ich es ihr zu verdanken.

Oma Grete hingegen las mir vor und schenkte mir Kleider für die einzige Puppe, an die ich mich erinnern kann. War ich einmal besonders brav – was leider selten vorkam –, blätterte meine Oma mit mir zur Belohnung in ihrem Familienalbum. Ich konnte mich an den Fotos nicht sattsehen. Wie klein mein Vater einmal gewesen war! Und wie fröhlich und hübsch, als er ein junger Mann war! Kein Wunder, daß meine Mutter sich in ihn verliebt hatte.

Irgendwann im Sommer nahm mein Vater mich auf den Schoß und erzählte mir, daß unser Baby nun bald auf die Welt käme. «Der Klapperstorch hat schon angerufen», sagte er. «Die Mama muß gleich ins Krankenhaus kommen und das Baby holen.»

«Ist es ein Mädchen?» fragte ich. «Du hast es versprochen!»

«Sicher», sagte mein Vater.

«Ist die Mama dann wieder froh?» fragte ich.

«Bestimmt», sagte mein Vater. «Wenn sie dein Schwesterchen sieht, geht's ihr gleich besser. Dann vergißt sie alle Sorgen.»

«Wie gibt ihr der Klapperstorch das Baby denn?» fragte ich. «Kann er das denn bloß im Krankenhaus machen?»

Mein Vater kitzelte mich ein bißchen. Das hatten wir beide gern. «Na, zuerst beißt er ihr ins Bein», sagte er, «und dann legt er ihr das Baby in den Schoß. Das klappt eben nur im Krankenhaus. Der Storch kann doch nicht wissen, wo die Leute alle wohnen, die ein Kind wollen.»

«Wollen wir denn ein Kind?» fragte ich. «Mama will nicht.»

«Quatsch!» sagte mein Vater und schubste mich von seinem Schoß. «Noch so ein Wort, und es patscht!»

Ich verzog den Mund, als ob ich weinen wollte. Mein Vater hob die Hand. «Geflennt wird nicht! Verstanden?»

Er erwartete eine Antwort, ich wußte es. Aber ich traute mich nicht zu sprechen. Ich hatte Angst zu weinen.

Mein Vater steckte die Hand in die Hosentasche. «Sag so was nie wieder! Zu niemandem! Das ist unsere Familie! Was hier passiert, geht niemanden was an! Verstanden?»

«Ja, Papa!» flüsterte ich. Am liebsten wäre ich ihm um den Hals gefallen, so froh war ich, daß er noch mit mir sprach.

Mein Vater kannte mich genau. «Unartige Kinder küßt man nicht!« sagte er. «Entschuldige dich! Sag: Entschuldige, lieber Papa, ich habe es nicht so gemeint. Los!»

«Entschuldige, lieber Papa, ich habe es nicht so gemeint», sagte ich und warf mich an seine Brust, als er die Arme öffnete. Alles war gut, wenn er mich so hielt.

Meine Großeltern in Essen nahmen für die Dauer des Krankenhausaufenthaltes meiner Mutter Stefan zu sich. Nie konnte ich verstehen, daß er sich so freute, bei ihnen wohnen zu dürfen, und sogar Heimweh nach ihnen hatte. Boris durfte zu Oma Grete ziehen, die ihn immer besonders gern mochte. Er erinnerte sie sehr an meinen Vater, als dieser noch klein war. Und mich nahm Tante Inge bei sich auf. Niemand kann sich ausmalen, wie glücklich ich war.

Mein Vater hatte in diesen Tagen nicht nur wegen des neuen Babys recht wenig Zeit für uns. Da er inzwischen seine Meisterprüfung erfolgreich bestanden hatte, war ihm in einem Ingenieurbüro unserer Heimatstadt eine neue, besser bezahlte und mit mehr Verantwortung versehene Arbeitsstelle angeboten worden. Er selbst sprach wenig mit uns Kindern über seinen Beruf, dafür plusterte sich meine Mutter um so mehr auf. Von ihr erfuhren wir wie jeder andere, der es wissen wollte oder auch nicht, mein Vater sei Ingenieur, Starkstromingenieur. Daß mein Vater keineswegs einen solchen Berufsabschluß besitzt, erfuhr ich persönlich erst nach dem Prozeß aus den Gerichtsakten.

Da mein Vater sich beruflich so stark verbessert hatte, war endlich genug Geld für die längst nötige größere Wohnung vorhanden. Zufälligerweise fanden wir auch gleich ein passendes Objekt in einem Mehrfamilienhaus. Bis meine Mutter und das Baby aus dem Krankenhaus zurückkämen, sollte diese Wohnung renoviert und der Umzug perfekt sein.

Wir Kinder merkten nicht viel von der allgemeinen Aufregung. Selbst die einem Umzug stets vorausgehende Unordnung und Kistenwirtschaft fiel uns kaum auf. Bei uns sah es sowieso immer aus wie bei Hempels unterm Sofa.

Spannend wurde es speziell für mich nur dann, wenn ich zusammen mit Tante Inge durch die Straße spazierte, in der wir nun bald wohnen sollten. Fahrbahn, Gehweg, alles war aufgerissen, überall wurde gebaut. Und meine Tante hatte so viel Geduld. Immer wieder blieben wir stehen. Rohre, Kabel, alles war wichtig. Nie hagelte es Kopfnüsse, wenn ich etwas wissen wollte. Nie sagte sie: «Kapierst du ja doch nicht!»

Ich war vier Jahre und acht Monate alt, als mein Vater mich in der Wohnung meiner Tante an die Hand nahm und sagte: «Heute besuchen wir die Mama im Krankenhaus. Dein neues Brüderchen ist da.»

Brüderchen? Wieso? Ich wollte doch eine Schwester! Jemanden, der war wie ich, ein Mädchen, eine Verbündete.

«Freust du dich?» fragte mein Vater.

Ich dachte daran, wie böse er sein konnte, und sagte: «Ja.»
«Na, also!» meinte mein Vater. «Komm, die Mama wartet schon.»
Meine Mutter sah merkwürdig fremd aus in den weißen Krankenhauskissen. «Ich komm' bald wieder nach Hause», sagte sie. «Hast du mich schon vermißt?»
Mein Vater stieß mich an. «Ja, Mama», preßte ich heraus.
«Ihr müßt gleich wieder gehen», sagte meine Mutter. «Wenn die Schwester die Moni sieht, schmeißt sie euch sofort raus. Kinder dürfen hier nämlich nicht rein. Wegen der Ansteckungsgefahr. Schade, ich hatte mich so auf dich gefreut, Manfred. Mußtest du sie wirklich unbedingt mitbringen?»
Ich hörte nicht, was mein Vater antwortete. Ich guckte auf meine Sandalen. Blitzblank waren sie geputzt. Mein Cousin hatte mir gezeigt, wie man den Schmutz abkratzt und dann Creme aufträgt. Ich hatte es ganz allein geschafft. Tante Inge hatte mir ein Bonbon dafür geschenkt. Ich hatte es nicht gegessen. Ich hatte es für mein Schwesterchen aufgespart. Das Papier knisterte, als ich das Bonbon in den Mund schob.
«Und ich?» fragte meine Mutter. «Hast du auch eines für mich?»
Das Bonbon schmeckte plötzlich nicht mehr. Dick und klebrig lag es in meinem Mund. Es erinnerte mich an etwas; ich wollte nicht wissen, an was. Mir wurde schlecht.
«Bring sie weg!» sagte meine Mutter zu meinem Vater, während ich über dem Waschbecken mit dem Bonbon kämpfte. «Mit der blamiert man sich ja noch im Grab!»
Ich habe danach nie wieder ein Bonbon gelutscht – bis heute nicht.

Wenig später zogen wir zu viert in unser neues Kinderzimmer ein. Meine Eltern konnten gar nicht oft genug betonen, wie dankbar wir sein müßten, es so schön zu haben.
Aber ich fand dieses Zimmer von Anfang an scheußlich. Wir hatten die Tapete übernommen, die der Vorgänger schon jahrelang an den Wänden kleben gehabt hatte. Sie war dunkel und fleckig. Aber für uns war sie gut genug.

«Ihr schmiert sowieso bloß alles ein», sagte meine Mutter. Und mein Vater versprach: «Wenn ihr größer seid, machen wir alles neu.»

Anscheinend wurden wir nie größer.

Da das Zimmer für vier Einzelbetten zu klein war, erhielten wir ein aufklappbares Doppelbett, unter dem man ein drittes Bett hervorziehen konnte. Dieses untere Bett war offiziell meines. Aber daran hielten wir uns nicht. Die beiden von uns, die sich tagsüber besonders gut verstanden hatten, bezogen das Doppelbett, und der lachende Dritte bekam das einzelne.

Solange Georg noch ein Baby war, schlief er in einem Gitterbett. Später stellte mein Vater eine alte Couch in unser Zimmer, so daß wir vier Schlafplätze bekamen. Meist belegte Stefan die Couch mit Beschlag.

Tante Inge hatte uns Kindern zum Einzug eine Kiste mit Spielsachen geschenkt, die sie bei ihren eigenen Söhnen aussortiert hatte. Da wir selten Spielzeug erhielten, machten wir uns voller Begeisterung über die Playmobil- und Lego-Teile her.

Unseren neuen Bruder beachteten wir kaum. Bei unseren Spielen störte er noch nicht. Selbst sein nächtliches Schreien fiel uns nicht auf. In unserer Wohnung ging es nachts ja sowieso nie besonders leise zu.

Georgs Taufe war kein rauschendes Familienfest wie meine eigene. Er war ja nur ein Junge unter vielen und unerwünscht obendrein. Onkel Oskar, der Mann der jüngsten Schwester meiner Mutter, wurde Taufpate. Damals hätten Tante Susanne und Onkel Oskar schon gern selbst ein Kind gehabt, aber leider klappte es damit nicht nach Wunsch. Georg war für sie irgendwie immer ein bißchen wie ein Ersatz. Sie hatten ihn sehr gern.

Viel eifersüchtiger als die beiden machte mich allerdings meine Lieblingstante Inge. Wenn sie das Baby auf den Arm nahm und womöglich auch noch an sich drückte, schlug mir das Feuer aus den Augen heraus. Ich wollte die Nummer eins für sie sein – und dieses überflüssige Kind, das nicht einmal ein Mädchen geworden war, drohte mir meinen Platz streitig zu machen.

Offensichtlich bemerkte meine Tante, wie sehr ihr Verhalten mir zu schaffen machte. Sie fing jedenfalls an, mich an das Baby heranzuführen. Durch sie nahm ich es überhaupt erst bewußt wahr.

«Guck mal, Moni, was für niedliche Füßchen», sagte sie. Oder: «So winzige Fingerchen hattest du auch mal.» Dabei schob sie meinen Zeigefinger in Georgs Hand, damit ich spüren konnte, wie er mich festhielt. «Er hat dich schon richtig lieb», sagte sie. «Er freut sich, wenn du da bist.»

So schlich sich dieser Bruder allmählich in mein Herz. Es war nicht mehr wichtig, daß er kein Mädchen war. Seine Augen sahen mich an. Seine Fingerchen spielten mit meiner Hand und meinem Haar. Er hörte auf zu weinen, wenn ich mich über ihn beugte. Mich lächelte er mit seinem ersten Lächeln an. Dieser Bruder war mein Bruder. Ich spürte es ganz genau. Die Eifersucht verflog wie von selbst.

Weh tat eigentlich nur eines, wenn ich an Georg dachte: daß ihn der Klapperstorch gebracht hatte – mich jedoch nicht. Mein Vater hatte es mir erzählt. Wenn er es sagte, mußte es stimmen.

«So ein Trampeltier wie dich kann doch kein Storch gebracht haben», sagte er. «Dich hat der Esel im Galopp verloren. Da habe ich dich gefunden und mitgenommen. Dich wollte ja sonst keiner haben.»

«Aber *du* wolltest mich doch haben, Papa, ja?» fragte ich und mußte in den Augen reiben, weil mir schon wieder etwas hineingeflogen war.

«Wenn du lieb bist», antwortete er, «und immer schön folgst und tust, was ich dir sage.»

«Ich bin ja lieb, Papa», sagte ich. «Ich bin ja immer lieb. Ich tu ja immer, was du sagst.»

«Das wollte ich dir auch geraten haben», sagte mein Vater. «Sonst bring' ich dich einfach zurück. Schwups, die Autotür auf, und raus mit dir. Dann holt dich der Esel wieder ab und bringt dich zu anderen Leuten.»

«Oder ins Kinderheim», sagte meine Mutter. «Da sind alle Kinder, die keiner will. Da kannst du dann sehen, wie schön es ohne Mama und Papa ist.»

«Nein!» rief ich. «Bitte!» Und umarmte meinen Vater so heftig, daß ich mir die Nase an seinem Kinn stieß. «Ich will aber nicht, bitte. Ich will bei euch bleiben!»

Mein Vater lachte. «Dann sei auch lieb», sagte er.

Ich war so klein damals. Aber ich erinnere mich genau, wie dankbar ich war, daß ich bleiben durfte. Lange hielt dieses Gefühl an.

Meiner Mutter ging es gesundheitlich immer schlechter. Vielleicht schlug der Arzt ihr vor, einmal abzuschalten und in Urlaub zu fahren, vielleicht kam die Idee auch von meinem Vater. Jedenfalls verkündete mein Vater uns eines Tages freudestrahlend, daß wir eine Zusage für eine Familienfreizeit in der Eifel erhalten hätten.

Voller Vorfreude besprachen wir immer wieder, was wir in diesen Tagen miteinander unternehmen wollten. Und endlich war es dann soweit. Wir fuhren los.

Es gibt verschiedene Anhaltspunkte, daß dieser erste Urlaub meines Lebens Ostern 1972 stattfand. Der wichtigste Orientierungspunkt sind für mich zahlreiche Fotos aus diesen Ferientagen, auf denen Georg – er wurde 1971 geboren – ein Baby ist. Und da ich mit meinen Eltern nur zweimal im Urlaub war, das zweite Mal erst nach Georgs Tod, kann es keine Verwechslung geben.

Und daß es sich um die Ostertage handelte, weiß ich, weil ich mich erinnere, wie wir Kinder im Garten des Urlaubshauses bunte Ostereier suchten. Es war unvergeßlich herrlich! Überall hatte mein Vater Nester aus Moos und Stroh für uns versteckt. Wir Kinder jubelten über jeden Fund, und anschließend spielten wir Eierrollen. Dabei nahm jeder ein Ei und rollte es ziemlich fest gegen das Ei des anderen. Mein Vater gewann immer. Sein Ei bekam einfach keinen Sprung, ganz egal, wie hart es auch gegen ein anderes knallte. Das angeknackte Ei erhielt immer der, dessen Ei heil geblieben war.

Zuerst machte uns Kindern dieses Spiel sehr viel Spaß. Aber zum Schluß hatte mein Vater fast alle unsere Eier in seinem Körbchen und keiner von uns mehr Lust, gegen ihn weiterzukämpfen.

«Feiglinge! Nichts da, gekniffen wird nicht! Los, ran an die Buletten! Raus mit den Eiern! Auf geht's!» Mein Vater war nicht zu bremsen. Erst als auch das letzte gekochte Ei, das Stefan so gehütet hatte, angeknackst und gewonnen war, gab er Ruhe. Jetzt gab er uns die Eier großzügig wieder zurück.

Wir Kleinen machten uns vergnügt darüber her und gingen gleich ans Abpellen. Nur Stefan wollte keines von den Eiern, nicht einmal sein schönes rotes.

Darüber mußte mein Vater zuerst so furchtbar lachen, daß er gar nicht mehr aufhören konnte. Danach aber bekam Stefan ein paar Ohrfeigen, weil er das rote Ei unbedingt nehmen und essen sollte. Mein Bruder tat schließlich so, als würde er gehorchen. Aber in Wirklichkeit spuckte er heimlich alles wieder aus.

Jahre später sagte er mir einmal, er habe dieses Eierrollen als total unfair und gemein empfunden. Mein Vater habe ja ein Gipsei benutzt, das nicht kaputtgehen konnte. Ich glaubte ihm nicht – obwohl so viel Zeit vergangen war seither.

Ich erinnere mich an Ausflüge nach Trier mit seiner Porta Nigra und römischen Ruinen, über die meine Mutter viel zu berichten wußte. Auch daß wir an den Maaren, den vulkanischen Kraterseen der Eifel, waren, weiß ich.

«Wenn ich dich da reinschmeiße», sagte mein Vater, «gehst du sofort unter. Soll ich?» Dabei schwenkte er mich an Händen und Füßen über den Ufersaum hinaus.

«Nein, Papa!» schrie ich. «Nein! Hilfe! Nein!»

Da ließ er mich so plötzlich fallen, daß ich mir Ellbogen und Knie aufschlug.

«Heulsusen mag ich nicht!» sagte er und gab mir nicht mehr die Hand und sprach mit mir kein Wort und sah mich nicht mehr an. Stundenlang.

Ich schluckte an meinen Tränen, bis sie mir schwer im Magen lagen. Da brachte ich kein Abendbrot mehr herunter und mußte zu Bett.

Ich weiß nicht, wie spät es war, als ich aufwachte und mein Vater an meinem Bett stand. Ich mußte eingeschlafen sein. Wann war er hereingekommen? Ich hatte ihn nicht gehört. Mein Kopfkissen war naß. Ich mußte geweint haben.

«Papa!» wollte ich rufen und mich freuen, daß er gekommen war, um mir endlich zu verzeihen.

Doch etwas war seltsam an ihm. Er stand so still an meinem Bett, so hatte er noch nie dagestanden. Und er sah mich mit einem Gesichtsausdruck an, daß ich den Blick nicht abwenden konnte. Dieses starre, kalte Gesicht war Papas Gesicht und war es doch nicht. Es machte mir angst; aber ich wußte nicht, warum. Von tief innen heraus begann ich zu zittern.

«Moni!» sagte mein Vater mit einer fremden, ganz heiseren Stimme und streichelte über mein Haar. «Moni, hast du den Papa lieb?»

«Ja!» flüsterte ich und drückte mich an die Wand.

«Moni», sagte mein Vater und kniete sich vor mir auf mein Bett, «egal, was jetzt passiert, du darfst es nicht der Mami sagen. Versprichst du mir das?»

«Ja!» flüsterte ich und hatte Angst, furchtbare, entsetzliche, unaussprechliche Angst. Papa war so anders, so ... Nie hatte er gefragt, ob ich ihn liebhabe. Nie hatte er gesagt, ich dürfe Mama etwas nicht verraten.

«Moni», sagte mein Vater und schob mein Nachthemdchen hoch, «du darfst nicht schreien. Ich tu dir auch nicht doll weh. Es ist schön, Moni! So schön!»

Es war nicht schön. Seine Finger waren überall. Sie taten mir weh. Ich wagte nicht zu schreien. Leise weinte ich vor mich hin.

«Moni», sagte mein Vater und drückte meine Hand an seine Hose, «schrei nicht! Wenn du schreist, läuft die Mami uns weg. Dann mußt du zur Oma. Hörst du?»

«Ja!» flüsterte ich und spürte, wie etwas Warmes, Hartes aus Papas Hose kam.

«Moni», sagte mein Vater und drückte das Warme, Harte in meinen Mund, «du kennst es doch! Zeig Papa, was du bei Opa gemacht hast! Es ist auch gleich vorbei.»

Ich kannte es, ja, ich kannte es nur zu gut. Ich hörte das Stöhnen und wußte, was er von mir erwartete. Es war ekelhaft! Es tat weh.

Nein, es war nichts Neues für mich! Und doch war es schlimmer als alles, was ich kannte. Ich wußte, ich durfte nicht schreien. Nie mehr durfte ich schreien. Kein Papa würde kommen und mich schützen und mich wegtragen und machen, daß das Schreckliche vorbei war.

Es war mein Papa selbst, der das Ekelhafte mit mir tat. Und wenn er es mit mir tat, mußte es ja richtig sein. Dann war es böse von mir, wenn es mir nicht gefiel. Mein Papa tat nichts Falsches. Ich war doch sein Engelchen. Er hatte mich doch lieb!

«Moni!» keuchte mein Vater. «Monilein!»

Ich würgte, weil dieses Weiße mich ekelte. Es beklebte mein Gesicht, meinen Bauch, mein Nachthemd, mein Bett.

«Moni», sagte mein Vater und machte seine Hose zu, «jetzt haben wir ein Geheimnis. Mein kleines Mädchen und ich. Nur wir beide, verstanden?»

«Ja!» flüsterte ich, denn man mußte ihm antworten. Wenn man nicht antwortete, war man böse. Und böse Kinder mußten zum Esel zurück oder ins Heim.

«Moni», sagte mein Vater und wischte mich mit seinem Taschentuch ab. Es war hart und kratzte, weil er es schon benutzt hatte, aber es war mir egal. «Papa hat dich ganz doll lieb. Aber wenn du Mami verrätst, wie lieb Papa dich hat, hat Papa seine Moni gar nicht mehr lieb. Hast du gehört?»

«Ja!» flüsterte ich und erbrach mich in mein Bett.

Mein Vater sprang rasch aus dem Weg. «Macht nichts», sagte er. «Du wirst es schon noch mögen, Engelchen. Alle kleinen Mädchen mögen es. Du wirst schon sehen.»

Meine Mutter fand mich morgens an der einzigen sauberen Stelle in meinem zerwühlten, verschmierten Bett: am Fußende. «Ja, kannst du denn nicht aufstehen, wenn dir schlecht wird?» rief sie. «Die verdammten Ostereier! Hab' ich's nicht gleich gesagt, daß sie dir wieder zu den Ohren herauskommen werden?»

«Nun laß sie schon!» sagte mein Vater. «Sie ist doch noch klein. Besorg ihr lieber frisches Bettzeug. Komm, Engelchen, ich dusche dich ab! Dann bist du gleich wieder schön.»

Gehorsam nahm ich seine Hand. Doch ich konnte kaum gehen. Zwischen meinen Beinen brannte es und schmerzte bei jedem Schritt. Ich schwankte.

«Was ist denn mit ihr?» fragte meine Mutter.

Sie erhielt keine Antwort.

Wer wie ich therapieerfahren ist, weiß, wieviel unser Gedächtnis gespeichert hat und wie weit unsere Erinnerungen zurückreichen können.

Seit sieben Jahren tauche ich jede Woche mindestens einmal, zeitweilig sogar täglich oder auch mehrmals täglich auf unterschiedlichen Wegen in mich selber ab. In nicht enden wollenden Gesprächen mit mir selbst bin ich meiner Vergangenheit auf der Spur. Immer wieder hake ich nach, um aus den Bruchstücken meiner Erinnerung ganze Szenen zusammenzupuzzeln, sie nochmals zu durchleben und dann quasi zu den Akten zu legen.

Es ist so wichtig für mich, meine Vergangenheit neu aufzurollen. Alles, was ich durchlebt und erfahren habe, steht ja unter dem Vorzeichen: «Ich bin selbst schuld an allem, was geschehen ist.» Vom ersten Augenblick an hat man mir diese Schuld eingetrichtert, eingebleut.

Um zu begreifen, daß meine Schuldgefühle nicht berechtigt sind, muß ich mich quasi einer Gehirn- und Seelenwäsche unterziehen. Alles muß ans Licht gezerrt und aus einem anderen Blickwinkel neu erfaßt werden.

Vom Kopf her weiß ich längst, daß meine Eltern kein Recht hatten, mir, einem Kind, die Verantwortung und Schuld für ihr eigenes Fehlverhalten aufzubürden. Theoretisch ist mir völlig klar, daß ein Kind seinen Eltern ausgeliefert ist und also nicht verantwortlich dafür sein kann, was diese ihm antun.

Aber meine Gefühle hinken meinem Kopfwissen meilenweit hinterher. In meinem Kopf bin ich vielleicht erwachsen, in meinen Gefühlen ganz sicher noch ein Kind.

Mich zu erinnern ist meine einzige Chance, meine Vergangenheit zu bewältigen und meine Gefühle zu entwickeln.

Doch Erinnerung ist Qual. Ich habe alles Gewesene hinter starke Mauern verbannt. Hinter Mauern, die sich aus den Verboten meines Vaters und meiner eigenen Angst und Scham gebildet haben. Mich zu erinnern und dieses Erinnern zuzulassen bedeutet, diese Mauern zu durchbrechen. Das Kind in mir stirbt tausend Tode in Erwartung der unaussprechlich schrecklichen Strafe, die kommen muß, wenn ich die Verbote des Vaters mißachte und meine eigene Angst überwinde.

Trotz meiner Ängste erinnere ich mich.

Ich erinnere mich, daß ich nicht aufwachen wollte am Morgen nach jener österlichen Nacht in der Eifel. Ich redete mir ein, ich hätte geschlafen, immer nur geschlafen, die ganze Nacht. Ich wollte geträumt haben, nur geträumt. Nichts sollte wahr sein von dem, was geschehen war. Ich mußte geträumt haben. Ich hatte doch geträumt – oder nicht?

Ich erinnere mich, wie mein Vater an mein Bett kam und sich über mich beugte. Mein Magen zog sich zusammen. Ich preßte die Augen zu und dachte: «Ich schlafe, ich schlafe, ich schlafe!»

Nichts geschah. Mein Vater berührte mich nicht. Furchtsam blinzelte ich zu ihm auf. Er starrte mich an. Durch den Schleier meiner Wimpern traf mich sein Blick.

«Wehe, du sagst es Mami!» zischte er. «Es ist unser Geheimnis. Wenn du es Mami sagst, glaubt sie dir sowieso nicht. Sie bringt dich weg, wenn du es sagst. Dann finde ich dich nie wieder.»

Ich antwortete nicht. Ich hatte doch alles nur geträumt – oder nicht?

Von nebenan klapperte Geschirr. Die anderen frühstückten. Sie riefen mich nicht. Meine Brüder zankten und lachten. Sie vermißten mich nicht.

Mein Vater ging lautlos aus dem Zimmer. Doch noch immer wagte ich mich nicht zu rühren.

Ich erinnere mich, wie meine Mutter Stunden später ins

Kinderzimmer trat, um Georg zum Mittagsschlaf niederzulegen. Sie hatte mich schon so lange nicht mehr in den Arm genommen, daß ich vergessen hatte, wie es war. Als sie mein Kopfkissen aufschüttelte, streifte sie meine Schulter. Es war wie ein Schlag, obwohl es nur eine ganz leichte Berührung war.

«Mami!» sagte ich und wünschte mir verzweifelt, sie würde mich einmal, nur dieses eine Mal ein wenig liebhaben.

Meine Mutter schüttelte das Kissen so heftig, als wolle sie es zerreißen. «Steh schon auf!» sagte sie. «Vom Schlafen wird nichts besser.»

Ihre Stimme ermunterte mich nicht. Sie klang zornig und hart. Trotzdem brach es aus mir heraus: «Mami! Der Papa hat mich angefaßt!»

Einen Augenblick sah es aus, als wolle meine Mutter weinen. Dann schlug sie zu.

Georg schrie auf, als ich über ihn fiel. Ich blieb stumm. Meine Mutter blieb stumm. Sie starrte mich an aus diesen funkelnden Augen und sagte kein Wort.

Ich hielt ihren Blick nicht aus. Ich wollte, daß sie mich in die Arme nahm. Oder daß sie mich schlug. Ich wollte, daß sie irgend etwas täte – wenn sie nur endlich aufhörte, mich so anzustarren!

Da endlich wandte sie sich ab. «Warum sollte dein Vater dich nicht anfassen?» fragte sie.

Aber es war keine Frage. Es hieß für mich: «Dein Vater darf dich anfassen. Er darf mit dir machen, was er will. Du hast kein Recht, dich zu wehren.»

Hätte meine Mutter mich doch gefragt, und sei es nur mit einem Blick: «Wie faßt er dich an?» oder «Wo faßt er dich an?», «Warum faßt er dich an?» oder «Wann faßt er dich an?» Ich hätte mich ihr anvertraut. Alles hätte ich ihr gesagt. Dann wäre kein Geheimnis mehr gewesen zwischen meinem Vater und mir. Mit einer kleinen Frage hätte sie mich beschützen können – mich retten können.

Aber meine Mutter fragte mich nicht. Und schon damals begriff ich instinktiv, daß sie mich absichtlich nicht fragte.

Meine Mutter wußte alles. Aber sie wollte – vor mir, vor sich selbst – so tun, als wisse sie nichts. Und das wäre ihr unmöglich gewesen, wenn ich ihr erzählt hätte, was geschehen war. Ich durfte nicht reden, weil sie nichts hören wollte. Das Geheimnis, das mein Vater mir auferlegt hatte, erhielt eine neue Dimension.

Niemand sprach es aus. Aber ich begriff, daß mein Vater mich anfassen durfte, ob ich es wollte oder nicht. Er durfte alles. Ich durfte nicht nein sagen. Ich durfte nichts. Ich war ein Nichts.

Stumm ging ich ins Badezimmer. Ich trat vorsichtig auf, mit jenem breiten, schwankenden Seemannsschritt, den ich mir heute mühsam mit Bewegungstherapien und Tanzübungen abzugewöhnen versuche. Damals und für viele Jahre danach konnte ich nicht anders gehen. Schmerz ist ein Lehrmeister. Meiner Mutter fiel es nicht auf. Ich erwartete auch nicht, daß sie es bemerkte.

Mein Vater saß im Wohnzimmer, als ich fertig angezogen war. Er legte die Zeitung aus der Hand, in der er soeben geblättert hatte. «Wie geht's meinem Trampeltier denn?» fragte er und nahm mich auf den Schoß. «Kleine Reise im Bauernkarren gefällig?»

Wie hatte ich dieses Spiel auf seinen Knien geliebt! Wie hatte ich das Hopsen, Gleiten und Holpern genossen und kreischend vor Vergnügen mitgesungen: «So reiten die Herren, so fahren die Damen, so rumpeln und pumpeln die Bauernkarren!»

Jetzt aber zuckte ich zusammen, als mein Vater meine Beine auseinanderschob und mich an sich zog, bis sich sein Bauch gegen meinen kleinen Körper drängte.

Er hatte mich auch früher immer in die Halsbeuge und in die kleine empfindliche Kuhle unter der Kehle geküßt. Dabei hatte er lautstark geprustet, und ich hatte es genossen und gelacht und «Noch mal! Noch mal!» gebettelt.

Jetzt aber lachte ich nicht. Ich zitterte. Und als Boris «Ich! Ich! Ich!» schrie und mich beiseite zu drängen versuchte, wollte ich ihm willig den Platz überlassen.

«He, Fräulein Rühr-mich-nicht-an, hiergeblieben!» sagte

mein Vater und zog mich zurück auf seinen Schoß, so daß mein Bruder hinter mir saß und mich noch enger an meinen Vater drückte.

Mein Vater grinste. «Siehst du! Ich kriege dich doch!» Er hielt mich fest. Und ließ meinen Körper – «So fahren die Damen!» – schaukelnd über seine Schenkel, seinen Bauch gleiten.

Ich zappelte. Ich wand mich. Ich wollte weg. Aber er gab nicht nach.

Ich wußte, ich hatte kein Recht, mich zu wehren. Er war lieb zu mir. Er küßte mich auf den Hals. Er knabberte an meinem Ohr. Er drückte meine Arme.

Ich durfte nicht schreien. Ich durfte nicht. Das Gesicht meines Vaters war das der vergangenen Nacht.

Nein, es war nicht nur ein Traum gewesen. Es war nicht vorüber. Nichts war vorüber. Ich fühlte, es würde wiederkommen. Ich ängstigte mich zu Tode. Mein Vater hielt mich fest im Arm. Er drückte meinen Po. Sein Schnaufen an meinem Ohr klang schrecklich.

«Papa, was ist denn?» fragte Boris besorgt hinter mir und hörte auf, Bauernkarren auf Vaters Knien zu spielen. «Papa, tut dir was weh?»

Ich schmeckte Blut im Mund. Ich hatte mir auf die Zunge gebissen vor Angst. Aber ich hatte nicht geschrien. Nicht laut, nur tief in meinem Innern. Niemand hatte es gehört. Nur ich.

Mein Vater hörte auf zu schnaufen. Er kniff ein Auge zu und blinzelte meinem Bruder zu. «Alles in Ordnung, Kumpel!» sagte er, ließ uns von seinen Knien rutschen und gab mir einen Klaps auf den Po. «Geht spielen! Draußen scheint die Sonne.»

Die Sonne? Ich mußte erst überlegen, was das war.

Manchmal, wenn ich nachts plötzlich aus dem Tiefschlaf auffahre und zur Toilette muß, kann ich mich kaum überwinden, den Klodeckel zu öffnen und mich zu setzen. Eine unsagbare Angst schnürt mir die Brust zusammen und nimmt mir den Atem. Und vor meinem inneren Auge sehe ich zwei knorrige Altmännerhände mit nikotinbraunen Fingern aus der Tiefe nach mir greifen. Sobald ich mich setze, ziehen sie mich hinab und mit sich fort in die ekelhafte Dunkelheit. Nur der Griff zum Lichtschalter kann mich in diesen Momenten retten. Der grellen Helligkeit hält der Spuk nicht stand.

Als ich noch ein Kind war, stellte die Toilette meiner Oma Berta in Essen einen der schrecklichsten Orte für mich dar. Lieber verkniff ich mir mein Bedürfnis, bis ich entweder vor Not wie ein Fragezeichen herumschlich oder mir schließlich sogar in die Hosen machte, als daß ich dort zur Toilette gegangen wäre. Jede Strafpredigt, selbst eine Tracht Prügel nahm ich dafür in Kauf. Aber den Klodeckel hob ich nicht, und auf die Brille gesetzt hätte ich mich um nichts in der Welt.

Ich weiß nicht mehr, wann das begann. War es vor jener grauenhaften Osternacht in der Eifel? War es nachher?

In der Erinnerung sehe ich uns Kinder wieder mit meiner Oma Berta durch die Essener Innenstadt schieben. Wie die Orgelpfeifen trippelten wir neben ihr, alle in einer Reihe.

Georg war noch ein Baby. Er weinte oft, nur im Kinderwagen blieb er still. Das sanfte Schaukeln gefiel ihm. Mir hätte es auch gefallen, aber mich schob schon lange niemand mehr. Ich war alt genug, der Oma schieben zu helfen.

Stefan führte Boris an der Hand. Sein dunkles Haar hob den Ältesten immer deutlich von uns drei Blondschöpfen ab.

«Oma!» sagte er plötzlich und blieb stehen. «Oma, warum ist mein Opa denn nicht da?»

Mir war noch gar nicht aufgefallen, daß der Opa fehlte. Ich brauchte und vermißte ihn nicht. Im Gegenteil! Stefan aber liebte ihn.

Unsere Oma gab keine Antwort. Sie schob nur den Kinderwagen schneller. Wir rannten fast, um mit ihr Schritt halten zu können.

Doch Stefan ließ nicht locker. «Nun sag doch schon, Oma, wo ist er denn?»

«Dumme Frage!» schimpfte meine Oma und blieb abrupt stehen. «Wo soll er wohl sein? Weg ist er, eine Station tiefer, ab ins Klo und rein in den Kanal! Der ist hin, der kommt nicht mehr zurück.»

«Nein!» schrie Stefan so laut, daß alle Leute sich nach uns umdrehten. «Aber wie ist denn das möglich? Das geht doch nicht! Wie kann er da denn bloß reingefallen sein?»

«Deckel zu, Affe tot!» sagte meine Oma. «Jeder kriegt, was er verdient. Vielleicht verdampft er ja gerade aus dem Schornstein da hinten.»

Wir Kinder reckten die Hälse. Unseren Opa sahen wir nicht, nur eine dicke Qualmwolke über einem hohen Schornstein.

«Hallo, Opa!» juxte Boris sofort und winkte der Wolke zu. «Huhu! Halli hallo!»

Sogar meine Oma lachte. Nur Stefan sah aus, als würde er gleich losweinen.

«Kommt er denn nie wieder?» fragte ich.

Meine Oma schüttelte den Kopf und ging weiter. «Ganz bestimmt nicht!»

Mir war danach zu lachen, zu tanzen, zu jubeln. Doch ich wagte nicht, meine Freude so unverhohlen zum Ausdruck zu bringen. Ich fing nur an, neben dem Kinderwagen her zu hüpfen.

«Aber er kann dich sehen», fügte meine Oma hinzu. «Er sieht dich immer, von überall.»

«Aus dem Kanal?» fragte ich und schlug hastig einen Bogen um einen Straßengully, an dem wir soeben vorbeikamen. Mir war, als sähe ich ihn da unten, wie er in dem Schmutzwasser schwamm und die dreckige Brühe in seinen geöffneten Mund floß. Wie schnell verging mir da das Hüpfen!

Meine Oma antwortete nicht mehr. Reden war nie ihre Stärke. Vielleicht hatte sie ja auch erreicht, was sie wollte. Es gefiel ihr nicht, wenn Kinder kindisch wurden.

Stefan aber ließ sich nicht einfach so abspeisen. «Wetten, daß er nicht im Kanal ist?» schrie er und ging über dem Schacht, den ich so eilig gemieden hatte, in die Hocke. Er legte die Hände wie einen Trichter an den Mund und beugte sich so tief, bis sie an die Eisenstäbe des Abflußgitters stießen. Dann brüllte er: «Opa!»

Alles blieb still.

«Siehste, daß er nicht hier ist!» sagte er. «Alles Scheiße, alles gelogen. Lauter Lügen, Lügen, Lügen!»

Ich blickte zur Oma auf. Was würde sie sagen? Was würde sie tun? Würde sie ihn schlagen?

Oma Berta sah meinen Bruder nur an. Ich hatte den Eindruck, sie war ihm nicht böse, kein bißchen. «Komm jetzt!» sagte sie nur. «Die Leute gucken ja schon.»

Wir gingen lange spazieren. Den ganzen Weg über sagte Stefan kein Wort mehr. Uns Geschwistern fiel es nicht auf. Er war immer schon stiller und schweigsamer gewesen als die anderen.

Erst als wir wieder bei unserer Oma zu Hause waren und Kuchen essen wollten, merkten wir, daß ein Stuhl in der Tischrunde leer war. «Wo steckt der Bengel denn jetzt schon wieder?» sagte meine Oma ungehalten. «Will er etwa nicht mitessen?»

In diesem Moment hörten wir merkwürdige Geräusche aus dem Badezimmer. «Da hämmert doch einer!» rief meine Oma. «Was soll der Quatsch denn nun wieder?»

Wir drei Kinder folgten ihr auf dem Fuß, als sie zum Badezimmer rannte. Als sie die Tür aufstieß, sahen wir die Bescherung: Das Klo war schon zur Hälfte abmontiert. Fachmännisch war Stefan dabei, die letzte Schraube zu lösen.

«Du Satansbraten!» schrie meine Oma laut und packte meinen Bruder am Genick. «Du Rabenaas! Was fällt dir denn ein?»

Mein Bruder stand mit hängenden Schultern da. Die Haare fielen ihm wirr ins Gesicht. Ich wäre so gern zu ihm hingelaufen. Er war doch mein Freund. Er spielte mit mir. Wenn niemand anderes dabei war, tröstete er mich auch und streichelte mich und nahm mich in den Arm. Er tat mir so leid in diesem Moment. Aber ich blieb stocksteif stehen. Die Angst war stärker als das Mitleid. Wer bei uns dem anderen beistand, bekam sein Fett gleich mit ab, und das nicht zu knapp. Solche Erfahrungen sitzen tief.

Meine Oma wurde ernstlich wütend. «Antworte!» befahl sie und schüttelte meinen Bruder immer heftiger. «Raus mit der Sprache: Warum hast du das gemacht? Soll ich mir etwa das Genick brechen, ja?»

Aber mein Bruder sagte nichts. Nur ein paar dicke Tränen tropften ihm plötzlich über das Kinn.

Meine Oma hörte auf, ihn zu schütteln. «Ach so», sagte sie, plötzlich verstehend, und fuhr ihm durch das Haar, «wegen Opa. Dummerjan, der du bist! Glaubst du denn wirklich, der Opa hockt hier bei uns unter dem Lokus und wartet, daß du ihn rausläßt? Jetzt schraub mir das olle Ding schön säuberlich wieder an, damit ich mir bei der nächsten Sitzung nicht das Kreuz aushänge, und dann komm zu Tisch. Es gibt Streuselkuchen. Den magst du doch so gern, oder nicht?»

Mein Bruder gehorchte. Schluchzend schraubte er die Toilette wieder fest. Schluchzend saß er vor seinem Stück Kuchen. Es war ein besonders dickes Stück mit vielen Streuseln. Er aß nicht einen Bissen, naschte nicht einen Streusel.

Ich starrte Stefan die ganze Zeit an. Ich hatte Angst. Weinen war mir unheimlich. Weinen war böse. Wer weinte, wurde bestraft.

Als meine Oma ihm schließlich eine Kopfnuß gab und ihn anherrschte: «Nun ist aber Schluß! Genug mit dem Geplärr! Iß lieber!», war für mich die Welt wieder in den Fugen. Nicht, daß ich Stefan die Kopfnuß gegönnt hätte; ich wußte nur zu gut, wie weh die harten Fingerknöchel taten. Aber Weinen war nun einmal verboten. Es war besser, seine Strafe sofort abzusitzen. Später wurde sie nur um so schlimmer.

Stefan würgte an seinem Kuchen. Er zitterte so sehr, daß er kaum abbeißen konnte. Aber er aß alles auf, bis zum letzten Krümel. Und nach unserem Opa hat er niemals wieder gefragt.

Nur Boris schrie noch lange jeder Qualmwolke sein fröhliches «Hallo Opa!» hinterher. Er hatte ja auch nichts mit ihm gehabt, nichts Gutes und nichts Böses.

So verschwand also dieser Opa aus meinem Leben. Er tat mir nicht eine Sekunde lang leid. Nein, ich war froh, daß er dort war, wo meine Oma ihn in Gedanken hinbeordert hatte: in den tiefsten, wüstesten Abgründen unter meinen Füßen. Nie hätte *ich* den Toilettendeckel für ihn geöffnet.

Nur noch selten steigen die Erinnerungen in mir auf, wenn ich über einen Kanaldeckel gehe. Dann trete ich fester auf. Womit ich dem, der mich als erster sexuell mißbraucht hat, bedeuten will: «Bleib bloß dort unten!»

Es war Nacht. Ich war erwacht. Obwohl alles still war. Ich schreckte immer so leicht auf, jetzt, nach dieser Nacht, in der etwas so Undenkbares mit mir geschehen war, daß es nur ein böser Traum gewesen sein konnte.

Was nur hatte mich geweckt? Ich unterschied die Atemgeräusche meiner Brüder in der Dunkelheit. Boris und Stefan schliefen zusammen in ihrem Bett über mir, Georg, der leicht röchelte, in seinem Kinderbett. Er war ein wenig erkältet. Das kam, weil er immer in die Windeln machte. Wenn einer dauernd einen nassen Po hat, erkältet er sich leicht, das leuchtete mir ein.

Aber da war noch ein anderes Geräusch. Ich lauschte. Es kam von der Tür.

Ich setzte mich auf. Lieber Gott, mach, daß es hell wird! Warum ist hier kein Lichtschalter?

Eine Hand legte sich auf meinen Mund.

«Papa!» flüsterte ich unter seinen Fingern.

Mein Vater war gekommen. Er hatte nichts an. Ich fühlte seine Nacktheit unter meinen Händen, die er gegriffen hatte und an seinem Körper entlangführte.

In mir war nichts als Angst. Ich bebte innerlich und äußerlich. Ich hatte keine Kraft, mich zu bewegen. Ich hatte keine Kraft, auch nur ein Wort zu sagen.

Mein Vater legte sich zu mir ins Bett. Er nahm seine Hand von meinem Mund und küßte mich, als wollte er mich auffressen. Er knabberte an meinen Lippen herum. Seine Zunge stieß an meine Zähne, die ich fest zusammenbiß. Doch ich hielt nicht lange stand. Ich würgte, als seine schleimige Zunge in meinen Hals vordrang. Mein Vater lachte lautlos, sein Bauch wackelte davon.

Er streichelte mein Haar und meine Ohren. Sein Mund glitt tiefer – über meinen Hals, meine Brust, meinen Bauch. Seine Hand schob mein Nachthemd hoch. Ich hatte mein Höschen anbehalten. Ungeduldig zerrte mein Vater daran herum. «Mach das nie wieder!» zischte er dicht an meinem Ohr. «Nie! Verstanden?»

Das Weinen stieg in meine Kehle. Seine Finger taten mir so weh. Ich klemmte die Beine zusammen, drehte mich, wand mich, zappelte wild. Der Schmerz gab mir die Kraft. Doch mein Vater lachte nur wieder. «Süß!» flüsterte er. «Du bist so süß!»

Da wehrte ich mich nicht mehr. Ich wollte nicht süß sein. Ich wollte, daß er geht!

«Komm!» flüsterte er. «Nimm ihn! Es ist gleich vorbei! Komm!»

Ich wußte, es war sein Pimmel, den er mir in den Mund schob. Stefan hatte mir gesagt, wie das Ding hieß, das da vorn an ihm herunterbaumelte. Es war zum Pipimachen da. Pipi machte man in die Toilette. Nicht ins Bett und nicht ins Höschen, sonst war man böse und bekam Schläge.

Mein Papa aber machte Pipi in meinen Mund.

«Papa!» wollte ich schreien. «Papa, ich bin doch kein Klo! Papa, das darfst du nicht!»

Aber mein Mund war voll von seinem widerlichen, stinkenden Pipi und dem Lappen, den er mir vor das Gesicht drückte, damit ich mich nicht wieder in mein Bett erbrach.

Warum kam denn keiner? Warum zog ihn niemand hinunter von mir? Durfte er das denn machen, was er mit mir machte?

Ich würgte und würgte.

«Ist ja schon gut!» sagte mein Vater, und es war seine alte, liebe Stimme, nicht die böse, heisere, gräßliche Flüsterstimme von eben noch. «Ist ja schon vorbei, Engelchen. Schlaf jetzt! Morgen schenke ich dir etwas Schönes. Wir haben ja ein Geheimnis, wir zwei.»

In meinem Bauch wütete ein Tier. Trotzdem lag ich ganz still. Ich mußte aufstoßen, und es quoll sauer aus dem Magen hoch. Ich war ein Klo, Papas Klo. Gab es etwas Ekelhafteres als mich?

Ich lauschte seinen huschenden Schritten nach, als er ging. Ich hatte nicht die Kraft, mein Nachthemd herunterzuziehen. Ich lag nur da und versuchte den Brechreiz zu überwinden.

«Moni?»

Ich hörte das leise Flüstern wie von weither. Erst als das schwache Licht einer Taschenlampe aufleuchtete, drehte ich den Kopf in Richtung der Stimme. Stefan sah mich an.

«Was hat der gemacht mit dir?» fragte er leise.

Auf einmal schämte ich mich. Ich wollte nicht, daß einer es wußte. Es war zu furchtbar, zu eklig, zu ... Ich konnte es nicht sagen.

«Du flennst ja!» sagte Stefan. «Hat er dir weh getan?»

Ich zog mir die Decke über den Kopf. Ich biß in den Kragen meines Nachthemdes, bis die Spitze riß. Oma Berta hatte sie gehäkelt. Ich war so stolz darauf gewesen. Jetzt war es mir egal. Mein Nachthemd war schmutzig, mein Bett war schmutzig, mein Bauch war schmutzig, sogar innen war ich schmutzig, überall. Ich wollte nicht, daß mein Bruder mich so sah.

Erst als ich unter einem Zipfel der Bettdecke hervorlugte und sah, daß Stefan die Taschenlampe ausgeknipst hatte, tauchte ich lautlos wieder auf. Mein Vater hatte recht: Es war unser Geheimnis. Niemand durfte davon wissen.

Als kleines Mädchen war ich fest davon überzeugt, daß sich jedes Kind seine Eltern selbst ausgesucht habe. Niemand hatte es mir erzählt; irgendwie war diese Vorstellung aus mir selbst gekommen. Ich stellte mir so eine Art Kaufhaus vor, in dem die Regale voller Eltern waren. Sie hatten die Kinder an den Händen gefaßt, die sich schon entschlossen hatten, bei ihnen zu leben.

Hatte ein Baby lange genug im Himmel gewohnt und wollte nun gern auf die Erde kommen, brachte der liebe Gott es in dieses Kaufhaus. «Na», sagte er dann, «welche gefallen dir am besten?» Er führte das Baby die Regale entlang und zeigte auf die Eltern. «Sieh sie dir genau an. Welche möchtest du denn?»

Ich war sicher, daß ich mir vor allem meinen Vater selbst ausgewählt hatte. Bestimmt hatte er mich auch gleich gesehen und «Moni!» gerufen. Einen lieberen Papa als ihn konnte es nämlich gar nicht geben auf der Welt.

Wenn er nur diese Spielchen nicht mit mir machen würde!

«Es ist doch nichts dabei», hatte er gesagt. «Wir spielen doch nur ein bißchen. Das macht dir doch auch Spaß. Du willst doch, daß ich mit dir spiele.»

Ja, natürlich wollte ich, daß er mit mir spielte! Ich wollte, daß er mich wie früher auf einer Mauer balancieren ließ und meine Hand nahm, damit ich nicht hinunterstürzte. Ich wollte, daß er mich wie früher auf den Knien reiten ließ. Ich wollte, daß er mich wie früher in den Arm nahm und «Engelchen» zu mir sagte. Aber ich wollte nicht, daß er in mein Höschen griff. Ich wollte nicht, daß er mir diese nassen Küsse gab. Ich wollte nicht, daß er Pipi in meinen Mund machte. Ich wollte seine Spielchen nicht.

War ich deshalb ein böses Kind? Und was dachten denn die anderen über Papas Spielchen?

Ich fragte Boris: «Kommt der Papa zu dir auch ins Bett?»

Mein Bruder schüttelte den Kopf. «Quatsch, macht er natürlich nicht.»

«Uns will der doch nicht», sagte Stefan. «Der will doch bloß seine Moni. Moni hinten, Moni vorn. Du bist doch seine

Beste, seine Schönste. Wir sind ihm doch völlig egal, du ... du Wunschkind, du!»

Ich begriff, daß mein Vater mit meinen Brüdern nicht so spielte wie mit mir. Ich begriff, daß mein Vater solche Spielchen nur mit seinem Wunschkind spielte.

Ein Wunschkind würde solche Spielchen schön finden. Doch warum fand ich sie nicht schön? War ich denn überhaupt ein Wunschkind?

Die Angst, nicht das richtige Kind, nicht das Wunschkind, vielleicht sogar überhaupt nicht das Kind meines Vaters zu sein, diese Angst brachte mich völlig durcheinander.

Vielleicht war mein Vater ja gar nicht der Papa, den ich mir im Himmel ausgesucht hatte. Vielleicht hatte man mich dem falschen Storch mitgegeben, der mich dann zu ganz falschen Eltern brachte, die sich ein ganz anderes Kind gewünscht hatten. Wir hatten einmal ein Paket bekommen, das eigentlich nebenan abgeliefert werden sollte. Der Paketbote von der Post hatte sich in der Adresse geirrt. «Kann ja mal vorkommen», hatte mein Vater gesagt.

War so etwas auch bei mir passiert? Oder hatte mich tatsächlich gar nicht der Storch gebracht, sondern ein Esel im Galopp verloren? Hatte mich dann der falsche Vater im Straßengraben gefunden?

Machte mein Vater mit mir diese komischen Sachen, weil ich gar nicht sein Kind war?

«Lieber Gott», betete ich, «mach, daß ich sein Kind bin! Bitte, bitte mach, daß er mein Papa ist!»

Mit der Angst, nicht sein Kind zu sein, wachte ich morgens auf. Mit der Angst, verstoßen zu werden, verging der Tag. Mit der Angst, er könne merken, daß ich nicht sein Wunschkind sei, ging ich zu Bett. Mit der Angst vor seinen Spielchen lag ich in der Nacht wach. Mit all diesen Ängsten in meinen Träumen schlief ich schließlich ein paar Stunden.

Trotz meiner Ängste wagte ich ihm eines Tages zu sagen: «Papa, ich mag das nicht. Papa, mach das bitte nicht mit mir. Papa, das Spiel gefällt mir nicht.»

«Was heißt, du magst das nicht?» fragte mein Vater und bekam böse Augen. «Hast du den Papi lieb oder nicht?»

«Ja, ich hab' ihn lieb», sagte ich.

«Wie lieb?» fragte er und sah schon wieder ein bißchen freundlicher aus.

Ich breitete die Arme ganz weit aus. «So lieb! Ganz doll lieb!»

«Und ich hab' dich noch viel doller lieb», sagte er.

Dieses Spiel kannte ich. Wie hatte es mir immer gefallen! Wir hatten es oft gespielt. Am Ende hatte er mich in die Luft geworfen, ganz hoch, himmelhoch, und gesagt, so lieb habe er mich, seine Liebe sei größer als der ganze Himmel. Das war schön. Und ich sagte dann immer zu ihm: «Und ich hab' dich noch viel, viel, viel doller lieb – so doll wie ein Riese!»

Wäre er unserem alten Spiel gefolgt, dann hätte er jetzt sagen müssen: «Ich hab' dich aber noch viel lieber. Ich hab' dich so lieb, so lieb wie... wie ein Superriese!»

Aber mein Vater spielte nicht mehr mit. Er nahm mich plötzlich in die Arme und drückte mich so fest, daß ich kaum mehr atmen konnte. «Wenn du mich lieb hast, gefällt es dir auch», flüsterte er. «Willst mich wohl verrückt machen, wie? Ich weiß doch, daß es dir gefällt. Sag, daß es dir gefällt, nun sag's schon!»

Hinter meinen Augenlidern wurde es heiß. Ich wollte nicht weinen. Aber die Tränen sprangen mir unwillkürlich aus den Augen. Ich konnte nichts dafür. Ich wollte es nicht, wirklich nicht.

«Heul nicht!» schnauzte mein Vater mich an. «Hör sofort damit auf! Willst du, daß die Mami böse wird?»

Ich konnte nicht aufhören. Ich hielt die Hände über den Kopf, weil ich Schläge erwartete. Aber mein Vater schlug mich nicht. Er starrte mich an, als habe er mich noch nie gesehen, und sein Mund wurde so böse, daß ich aufschrie.

«Also gut», sagte er und stieß mich aus dem Sessel, in dem er gemeinsam mit mir gesessen hatte, zu Boden. «Dann eben nicht! Dann bring' ich dich eben wieder in den Straßengraben zurück! Ein kleines Mädchen, das seinen Papi nicht liebhat –

wo gibt's denn so was? So ein Mädchen kann ich nicht brauchen!»

Auf den Knien krabbelte ich zu ihm zurück. Ich hatte ihn doch lieb! «Papa!» schluchzte ich und klammerte mich an sein Bein.

Mit dem Fuß stieß er mich in Richtung Tür. «Los, hau ab, verschwinde! Raus mit dir auf die Straße! Ich will dich nicht mehr sehen! Sollen doch andere Doofe dich mitnehmen! Raus, ab, wird's bald?»

Ich fühle sie wieder: diese gnadenlose, alles erstickende, alles in mir zum Zittern bringende Angst.

Nein! Alles in mir schrie dieses Nein – mein Herz, mein Kopf, mein Körper. Nur mein Mund schrie nicht. Die Angst fraß meine Stimme.

Mit aller Kraft spannte ich mich mit Händen und Füßen in den Türrahmen. Nein!

Mein Vater sah mich an. In seinen Augen glitzerte es. Plötzlich begann er zu lachen. «Komm her!» sagte er und breitete die Arme aus. «Hast mich also doch lieb, was?»

Ich stürzte in seinen Arm. Er hielt mich fest. Die Angst verging. Ich hielt ganz still – auch noch, als seine Hand mein Höschen beiseite schob.

Mami ist krank», sagte mein Vater. «Sie muß sich ausruhen. Ich bringe euch zur Oma.»

«Zu welcher?» fragte Stefan.

«Nach Essen, ist doch wohl klar», antwortete mein Vater. «Glaubst du etwa, jemand anders hält es mit euch eine ganze Woche aus?»

«Juhu!» jubelte Stefan. «Super!»

Ich atmete auf. Jetzt wußte ich, warum unsere Sachen, in Pappkartons und Plastiktüten verpackt, im Flur standen. Meine Angst war ganz umsonst gewesen. Sie verkauften uns nicht an die Zigeuner. Meine Mutter hatte mich angelogen. Welch ein Glück!

«Darf ich wieder zu Tante Inge?» fragte ich.

Meine Mutter, die noch gar nicht aus dem Bett aufgestanden war, rief durch die offene Schlafzimmertür: «Wieso *du?* Brauchst du mal wieder eine Extrawurst?»

«Diesmal bringen wir Georg zur Tante», sagte mein Vater. «Er ist noch so klein, da müssen wir notfalls schnell bei ihm sein können. Essen ist zu weit weg.»

Nun war ich doppelt traurig. Wie gern wäre ich zu meiner Tante gefahren anstatt nach Essen! Doch die Trennung von «meinem» Baby schmerzte mich noch mehr.

Wahrscheinlich hätte ich meine Tränen nicht zurückhalten können, hätte ich gewußt, daß Georg für lange Zeit nicht wieder nach Hause zurückkommen würde. Denn er wurde das, was ich immer so gern sein wollte: das Kind von Tante Inge.

Vermutlich war es gut so, daß ich davon nicht einmal etwas ahnte. Der Kummer wäre zu groß gewesen. Es genügte schon, daß Stefan mich schadenfroh angrinste. Schließlich war er der Liebling von Oma Berta.

Während der ganzen Fahrt nach Essen hatte ich noch mit meiner Enttäuschung zu tun. Aber es gab Schlimmeres. Eigentlich war ich recht gern bei Oma Berta, seitdem mein Opa seine Reise durch die Kanalisation angetreten hatte. Bei ihr kam es nicht vor, daß sie bis in die Puppen im Bett lag und uns Kinder anbrüllte, wir sollten endlich Frühstück machen. Im Gegenteil, wenn wir aufstanden, war der Tisch schon gedeckt. Es gab leckeren Kakao und manchmal zum Frühstück schon Kuchen. Mittagessen ohne Nachspeise war undenkbar. Und zwischendurch gehörten Bonbons, Schokoriegel oder andere Leckereien immer dazu. Für uns Kinder war es wie im Schlaraffenland.

Während meine Brüder öfter draußen auf der Straße herumtollten, blieb ich meist im Haus. Oma Berta zeigte mir dann, wie man auf einem Pappdeckel hübsche Webbilder herstellt oder mit Hilfe bunter Fäden, deren Enden sie in Wachs getaucht hatte, auf einer Lochkarte sticken konnte. Sie war zwar keine geduldige Lehrerin und schimpfte des öfteren, wenn ich mich gar zu ungeschickt anstellte. Trotzdem gab sie mir das Gefühl, etwas geschafft zu haben, etwas zu können. Bei ihr hieß es nicht: «Doof geboren und nichts dazugelernt!» Sie nahm mein kleines Werkstück an und lobte mich – auch wenn es nur ein gemurmeltes «Na, ist ja ganz ordentlich» war.

Am glücklichsten war ich jedoch, wenn ich in einer Ecke des Wohnzimmers sitzen und endlich einmal in Ruhe spielen konnte. Wenn wir zu Besuch kamen, kramte Oma Berta stets die alten Kinderschätze von meiner Mutter und deren Geschwistern aus einer Kiste hervor. Auch eine Babypuppe und ein Teddybär waren dabei. Zwar sahen sie schon reichlich lädiert aus, doch in meinen Augen waren sie wunderschön.

Einmal – ich war ganz in mein Spiel vertieft – trat Oma Berta zu mir. «Was spielst du denn da?»

«Vater», sagte ich und ließ den abgeschabten braunen Bären auf der nackten Babypuppe liegen.

«Vater?» fragte meine Oma. «Und dabei stöhnst du so?»

«Ja», antwortete ich. «Er macht doch eben Pipi in die Puppe. Da muß er so stöhnen. Das weißt du doch.»

Mit einem Griff riß meine Oma den armen Bären von der Puppe und warf ihn irgendwo hinter sich. «Ja, so ein Schweinkram!» schimpfte sie. «So eine Sauigelei! Wer hat dir denn das bloß wieder beigebracht?»

Ich wollte antworten: «Papa.» Aber ehe ich das Wort noch aussprechen konnte, hatte meine Oma schon die Tür hinter sich zugeknallt.

Den Bären hatte sie mitgenommen. Ich sah ihn niemals wieder.

In den letzten Tagen dieser Ferien ging Oma Berta mir aus dem Weg. Ich hätte sie so gern gefragt, wo sie den Bären versteckt hatte. Aber ich wagte es nicht.

So mußte die Puppe mit meinem grünen Quaki vorliebnehmen. Quaki hieß mein Frosch aus Plüsch. Ohne ihn im Arm und den Daumen im Mund schlief ich nicht ein. Mein Vater hatte ihn mir geschenkt. Als er ihn mitbrachte, sagte er: «Er heißt Quaki, weil er genauso quakt wie du. Quak, Quak, Quak!»

Quaki war der Anlaß für meine erste Prügelei mit meinen Brüdern – und für meinen ersten Sieg. Die Tritte und Püffe und die blauen Flecke danach machten mir damals wenig aus. Quaki war mein Freund. Er hörte mir zu, wenn ich Sorgen hatte. Er verpetzte mich nie, wenn ich heimlich weinte.

«Wehe, du spielst wieder solche Schweinereien!» sagte Oma Berta, als sie Quaki bei meiner Puppe sah. «Ich nehme ihn dir weg!»

«Nein!» rief ich und legte schützend die Arme um den Frosch. «Quaki ist doch kein Vater!»

Meine Oma wandte sich wortlos ab.

Was wäre gewesen, wenn sie nachgehakt hätte? Wenn sie gefragt hätte: «Wie kommst du denn auf die Idee, so ein Spiel zu spielen?» Wenn sie gefragt hätte: «Spielt denn dein Vater so mit dir?» Hätte ich mir die Angst und den Kummer von der Seele geredet? Und hätte sie mich getröstet?

Aber meine Oma fragte nicht. «Mein Schwiegersohn tut so etwas nicht», sagte sie Jahre später vor Gericht. «Meine Enkeltochter lügt.»

Sie wußte es besser. Sie muß es schon immer besser gewußt haben. Aber sie wollte es nicht wissen. Selbst im hohen Alter, selbst vor Gericht war sie nicht imstande, ihre eigene Scheinwelt zu zerschlagen und sich selbst die Wahrheit einzugestehen. Nicht einmal in meiner höchsten Not konnte sie zugeben: «Es ist wahr. Er hat es getan.» Statt dessen verstieß sich mich, wie sie einst ihre eigene Tochter verstoßen hatte.

Wenn ich damals in den Ferien meinen Mund aufgemacht hätte: Hätte meine Oma mir geglaubt? Hätte sie das kleine Mädchen mit dem Frosch im Arm überhaupt angehört? Oder hätte sie nicht eher getan, was sie meinen Eltern dann vor Gericht empfahl: nämlich mich mit ein paar Ohrfeigen zum Schweigen gebracht?

Als kleines Mädchen muß ich geahnt, gefühlt haben, daß Oma Berta mir nicht glauben würde. Ich versuchte nie wieder, mit ihr über meinen Vater zu reden. Aber dieses eine böse Wort, das sie über mein Spiel gesagt hatte, hatte sich tief in mich eingefressen: «Schweinereien».

Waren das, was Papa mit mir tat, Schweinereien? Schweinereien waren etwas Schmutziges, Ungezogenes. Wenn ich mit lehmverschmierten Schuhen in die Wohnung trat, schrie meine Mutter: «So eine Schweinerei!» Durfte darum die Mami nichts davon wissen, was der Papa mit mir tat?

Ich begriff, daß mein Vater etwas Schmutziges mit mir tat. Es gefiel mir nicht. Ich hatte es ihm gesagt. Er tat es trotzdem. Er sagte, wenn man einen liebt, tut man es. Nur Kinder, die ihren Papa nicht liebhatten, taten es nicht. Ich hatte meinen Papa lieb. Also tat ich es. Aber es war eine Schweinerei. Es war schmutzig. Ich war schmutzig davon, so wie meine Schuhe vom lehmigen Acker schmutzig waren. Wenn meine Mutter es erführe, würde sie böse werden. Böse auf Papa und auf mich. Sie mochte kein schmutziges Mädchen. Sie würde weglaufen, weil ich so schmutzig war. Dann wäre Papa traurig und böse auf mich, weil er nicht wollte, daß sie weglief. Es war ein Geheimnis. Ein schlimmes, schlechtes, schmutziges Geheimnis.

Selbst wenn ich als kleines Mädchen jemanden gehabt hätte, dem ich mich hätte mitteilen können – ich hätte nicht über die Worte verfügt, um meine Gefühle zu beschreiben. Wer mich hätte verstehen wollen, hätte mich beobachten müssen. Ich erinnere mich zum Beispiel, daß ich anfing, mir immerzu die Hände zu waschen. Ständig hatte ich den Eindruck, klebrige Finger zu haben.

Nachts schlich ich mich heimlich ins Badezimmer, den einzigen Ort im Haus, den wir Kinder, ohne um Erlaubnis zu bitten, jederzeit aufsuchen durften. Dort kauerte ich oft stundenlang und biß mir die Fingerkuppen blutig, bis der Schmerz die Traumbilder aus meinem Kopf vertrieb.

Wenn meine Mutter mich ansah, wich ich ihrem Blick aus. Sie hatte einmal gesagt: «Ich sehe, wenn du lügst. Schlimme Gedanken stehen in den Augen geschrieben.»

Stand dort auch, daß ich schmutzig war?

Das Geheimnis mit meinem Vater erdrückte mich. Es fiel mir so schwer, das zu verschweigen, woran ich Tag und Nacht denken mußte.

Trotz meiner Angst vor Strafe versuchte ich noch einmal, in meiner kindlichen Hilflosigkeit einen anderen Menschen auf mein Geheimnis zu stoßen – diesmal Oma Grete. Eines Tages, als Boris und ich bei ihr zu Besuch waren, hatte sich mein Bruder im Spiel vergessen und seine Hose naß gemacht. «Oma», sagte ich, «mein Papa hat auch einen Pimmel – aber einen viel größeren als Boris.»

«Sicher», erwiderte meine Oma. «Er ist ja auch schon ein Mann.»

«Er zeigt ihn mir immer», sagte ich.

«Quatsch!» herrschte meine Oma mich an. «Laß solche Dummheiten bloß niemanden hören. So etwas macht nur der Mann im Busch, aber doch nicht dein Papa!»

Der Mann im Busch? Mein Vater tat es nicht in einem

Busch. Nein, nein, den Mann im Busch, den meinte ich nicht. «Er kommt in mein Bett», hakte ich nach. «Er macht weißes Pipi.»

«Aber Monika!» rief sie und schaute mich bitterböse an. «Wie kannst du nur so schändlich lügen! Pfui, schäme dich, du garstiges Ding!»

Kein Wort sprach sie mehr mit mir. Sie sah mich nicht einmal mehr an. Boris bekam Schokolade, ich bekam nichts.

«Oma», flüsterte ich und wagte nicht, sie zu berühren. «Oma, ich bin wieder lieb, Oma.»

Sie antwortete nicht. Sie gab nicht einmal zu erkennen, ob sie mich gehört hatte.

«Pfui, schäme dich!» hatte sie gerufen. Man muß sich schämen, wenn man schmutzig ist. Und ich schämte mich.

Heute weiß ich, daß es mein schlechtes Gewissen war, das es meinem Vater ermöglichte, mich unter Druck zu setzen und gefügig zu machen. Von Anfang an spürte ich, daß ich einen Fehler beging. Aber ich wußte nicht, was ich falsch machte. Es war nur die instinktive Gewißheit, daß irgend etwas nicht stimmte.

Es war eine geradezu teuflische Strategie, der ich erlag. Mein Vater benutzte und beschmutzte mich ja nicht nur – sondern indem er mir ein Geheimnis auferlegte, gab er mir das Gefühl, selbst schuldig zu sein. Indem er mich dazu brachte, das Geheimnis, das eigentlich einzig und allein das seine war, mit ihm zu teilen, wurde ich zu seiner Mittäterin. Mein Schweigen und mein Dulden waren meine Schuld. Sie machten mich zu einem schlechten und schmutzigen Mädchen.

Bis heute habe ich mir nicht verziehen, daß ich nicht schrie wie am Spieß, als mein Vater mir seinen ekelhaften Pimmel ins Gesicht und in den Bauch drückte; daß ich mich nicht lieber totprügeln ließ, anstatt zu tun, was er von mir verlangte; daß ich ihm meinen Körper gab, damit mein Hunger nach Nähe gestillt wurde.

Heute weiß ich, daß ich nicht schuldig gemacht werden

kann für das, was mir mein Vater angetan hat. Daß ich mich nicht an ihn herangemacht habe, weil ich Sex von ihm wollte. Ich wußte ja damals noch nicht einmal, was das überhaupt war: Sex. Ich wollte nur gestreichelt werden, wollte in den Arm genommen werden.

Es hat lange gedauert, bis mir all dies bewußt geworden war. Mehrere Therapien, viele Gespräche mit Menschen, die mir zu helfen versuchten, und die Lektüre fremder – und mir doch so vertrauter – Lebensberichte waren nötig. Das Wissen, unschuldig zu sein, mußte ich mir hart erarbeiten.

Doch noch immer gibt es neben der Frau Monika B., die um ihre Unschuld weiß und die es schaffte, ihr altes Leben abzuschütteln, Moni, das Kind. Bis heute kauert es in einem Winkel meiner Seele. Es sitzt so tief in mir, daß das Wissen um die alleinige Schuld meines Vaters es nicht erreichen kann. Alle Erfahrungen, die sich in meiner Kindheit in meine Seele gruben, stecken hier fest. Hier flüstern und drohen noch immer die Stimmen von früher, denen das Kind gehorchen mußte und denen es glaubte.

«Du lebst dein Leben lang mit dem Kind, das du einmal warst», habe ich in einem Buch gelesen.

Moni, das Kind, kommt mir vor wie das kleine Mädchen mit den Schwefelhölzern, das einsam im Schnee erfrieren mußte, weil niemand es liebhatte, niemand ihm Wärme schenkte. Wie dieses Mädchen im Märchen preßte auch ich die Nase an die Scheibe, hinter der andere alles das besaßen, was ich mir so sehnlich wünschte.

Die immerwährende Nähe meiner Lieblingstante Inge war so ein unerreichbares Glück. Ich liebte sie. In meinen Wunschträumen war sie meine Mutter. Wenn ich doch immer hätte bei ihr bleiben dürfen! Wenn sie mich doch getröstet und mir gesagt hätte: «Dein Papa darf das nicht mit dir machen! Ich verbiete es ihm. Es kommt nie wieder vor.»

Eines Tages war der Wunsch stärker als meine Angst. «Tante Inge», sagte ich, als sie mit mir an ihrem Küchentisch saß und aus rotem Bastelpapier eine lange, lange Kette Nikoläuse ausschnitt, denen ich weiße Wattebärte ankleben durfte. «Tante Inge, glaubst du an den Mann im Busch?»

Meine Tante lachte. «An den Mann im Busch nicht, aber an den Nikolaus. Und wenn der kommt, weiß ich, wer bald Geburtstag hat. Freust du dich schon?»

Wenn Tage einen Geschmack hätten wie Bonbons oder Marmelade, müßte mein Geburtstag süß-sauer auf der Zunge liegen. Solange ich zurückdenken kann, war es ein Tag, der sehr gemischte Gefühle in mir auslöste. In meiner Kindheit herrschte, sobald der Geburtstag nahte, ein vages Unbehagen vor, das ich mir selbst nicht erklären konnte. Es kam mir vor, als stellte ich etwas Verbotenes an, indem ich mich auf diesen Tag freute.

Als ich älter wurde, fing ich langsam an zu begreifen, woher dieses Gefühl kam: Meine Eltern ignorierten meinen Geburtstag weitgehend. Die Erinnerung an meine Geburt war kein Anlaß für sie zum Feiern. Und sie war erst recht kein Anlaß, mir durch eine solche Feier Liebe zu zeigen.

Meine Eltern hatten keine Freude an mir. Und sie hatten mich nicht lieb. Meine Mutter schon gar nicht. Und mein Vater? Nein, auch er hatte mich nicht lieb. Wenn er etwas an mir liebte, dann meinen Körper, der ihm Lust und Genuß verschaffte und den er zu seinem Besitz gemacht hatte und je nach Laune benutzte.

Meine Seele, meine eigene, unverwechselbare Persönlichkeit, mein Ich – nein, die liebte er nicht. Nichts an mir interessierte ihn außer meinem Körper. Diesen nahm er als Lustobjekt wahr. Er gehörte ihm – und zwar ohne jede Einschränkung.

Warum also sollte ein Wesen, das nur geboren worden war, um anderen zu gehören, anderen zu dienen, andere zu befriedigen – warum sollte ein solches Wesen einen nur für es selbst bestimmten Freudentag feiern?

Am Morgen meines Geburtstages fand jedes Familienmitglied neben oder auf dem Frühstücksteller ein kleines Geschenk vor. Ein besonderes Geburtstagsgeschenk für mich gab es nicht.

«Gestern war ja erst Nikolaus», sagte meine Mutter, nachdem sie mir die Hand geschüttelt und gratuliert hatte. Sie schien vergessen zu haben, daß ich ja schon kein Nikolausgeschenk von ihr bekommen hatte, weil ich gleich danach Geburtstag hatte.

«So kurz vor Weihnachten gibt's nicht mehr», sagte mein Vater und gab mir zum Glückwunsch einen Kuß. Daß Stefan, mein ältester Bruder, der kurz nach Weihnachten Geburtstag hatte, immer ein Geschenk bekam, schien seinem Grundsatz nicht zu widersprechen.

Wie Geburtstagsfeiern aussehen konnten, wußte ich. Die Geburtstage meiner Mutter, meines Vaters, meiner drei Brüder – alle wurden sie mit Geschenken, Kaffee und Kuchen gefeiert, oft bis in den Abend hinein. Die Verwandten kamen mit Kind und Kegel. Es wurde gratuliert, geküßt, gespielt, geredet, gelacht.

Das einzige, was meine Geburtstage denen der anderen voraushatten, waren die kleinen Geschenke für alle. Einmal, als meine Mutter Geburtstag hatte, wagte ich angesichts der sich auftürmenden Geschenke zu fragen: «Und wir?»

Meine kleinen Brüder standen hinter mir, mit großen Augen. Auch für sie fragte ich. Aber die Antwort galt nur mir.

«Wieso denn?» fragte meine Mutter und sah mich zornig an. «Wer hat denn hier Geburtstag? Du etwa?»

«Sei nicht so eifersüchtig!» sagte mein Vater zu mir. «Wer an sich selbst zuerst denkt, an den denken die anderen zuletzt.»

Ich begann zu lachen. So wie ich immer lache, wenn die Tränen locker sitzen. Lachen hilft. Denn wenn du dabei weinst, sieht man den Tränen nicht an, warum sie fließen.

Daß meine Geburtstage zu guter Letzt doch immer ein wenig wie Freudentage ausfielen, verdanke ich Tante Inge. Obwohl sie mich als ihr Patenkind jedes Jahr zur Nikolausfeier zu sich nach Hause einlud und mein unter ihrer Aufsicht blitzblank gewienerter Winterstiefel ebenso reich gefüllt vor der Haustür stand wie diejenigen ihrer eigenen Kinder, vergaß sie meinen Geburtstag nie. «Nikolaus ist Nikolaus, und Geburtstag ist

Geburtstag», sagte sie und sang mir «Happy birthday» vor, ehe sie mir ihr Geschenk überreichte, das immer wunderschön verpackt war. Geschenke meiner Tante waren wahr gewordene Träume. Nie schenkte sie mir zum Geburtstag Schuhe, die ich sowieso bekommen hätte, weil die alten zu klein oder ausgelatscht waren. Nie bekam ich abgelegte Kleidungsstücke, die ihren eigenen Kindern nicht mehr paßten oder nicht mehr gefielen. Solche Sachen bekam ich zwar auch von ihr, aber nie zum Geburtstag. An diesem Tag schenkte sie mir heißersehntes, lang erträumtes Spielzeug.

Nie werde ich die Puppe vergessen, die ich von Tante Inge zu meinem sechsten Geburtstag erhielt. Sie hatte lange blonde Locken und Schlafaugen, und wenn man sie in die Arme nahm, konnte sie mit einer lieben Stimme «Mama» sagen. Ich war vor Glück wie erstarrt.

«Willst du nicht wenigstens danke sagen?» rief meine Mutter. «Undankbares Ding!»

Die Ohrfeige brannte auf meiner Haut. Aber viel schlimmer noch brannte die Angst: Dachte Tante Inge jetzt, ich sei undankbar? «Danke!» wollte ich sagen. Aber es ging nicht.

«Laß sie doch!» bat Tante Inge und nahm mich auf den Schoß. «Ich sehe ja, wie sie sich freut. Das genügt doch.»

Da sprudelte das «Danke!» wie von selbst aus mir heraus. Meine Tante drückte mich ein wenig. Und meine wunderschöne Puppe lächelte mich an – mich ganz allein.

«Zeig doch mal her, das Ding!» sagte meine Mutter.

Ich preßte die Puppe an mich und schüttelte den Kopf.

Meine Mutter störte das nicht. Mit groben Händen entriß sie mir die Puppe, begutachtete sie von allen Seiten, zerrte an dem geblümten Spitzenrock und den weißen Plastikschühchen und drückte auf dem Bauch herum.

«Mama!» rief mein Puppenkind. «Mama!» Es zerriß mir das Herz.

«Die war doch viel zu teuer», sagte meine Mutter. «Für die hast du doch gut und gern fünfzig Mark hingeblättert. Also, weißt du, Inge, eine billigere hätte es auch getan. Die Moni kriegt sowieso alles gleich kaputt.»

Mein Herz schlug so stark, daß es schmerzte. Stumm streckte ich die Arme nach meiner Puppe aus.

Lächelnd hielt meine Mutter sie ein Stückchen höher. Und zu meiner Tante Inge sagte sie: «Mir wäre es sowieso lieber, wenn du in Zukunft sinnvolleres Zeug schenken würdest, Inge. Bei uns fehlt es ja hinten und vorne. Wenn schon Spielzeug, dann doch wenigstens etwas, wovon alle etwas haben.»

«Hast du denn nie mit Puppen gespielt?» fragte meine Tante. Ihre Stimme klang freundlich, doch ich spürte, wie ärgerlich sie war. «Kleine Mädchen brauchen etwas zum Liebhaben. All die Pistolen und Autos, die hier bei euch rumliegen, sind ja wohl nicht das Geeignete für sie.»

In diesem Moment hüpfte Georg heran. «Haben!» schrie er. «Haben!» Und dabei reckte er sich auf Zehenspitzen nach meiner Puppe.

«Nein!» schrie ich und stürzte auf meine Mutter zu. «Bitte nicht!»

Doch meine Mutter hatte Georg die Puppe schon gegeben. «Stell dich bloß nicht so an!» herrschte sie mich an, während Georg triumphierend mit meiner Puppe davonrannte. «Eine, die nicht teilen kann! So weit kommt es noch!»

Einen Augenblick glaubte ich, Tante Inge wolle mir beistehen. Doch dann strich sie mir nur übers Haar. «Ich gehe dann wohl lieber», sagte sie.

Kaum hatte sich meine Tante verabschiedet, rannte ich ins Kinderzimmer, um mir die Puppe zurückzuholen. Doch Georg hatte ganze Arbeit geleistet. Der Puppenkopf war abgerissen. Grausig starrten die leeren Augenhöhlen mich an. Arme und Beine sowie die Fetzen der Puppenkleider waren auf dem Boden verstreut. Im Rücken des nackten Rumpfes klaffte ein rundes Loch. Das Plastikdöschen, das darin verborgen gewesen war, hielt Georg noch in der Hand. «Mama!» wimmerte es, sobald er es kippte. «Mama!»

Ich weiß nicht mehr, wie ich reagierte. Nur an die Träume erinnere ich mich. Nächtelang träumte ich von gräßlich zerstörten Puppengesichtern mit heraushängenden Augen und wachte schreiend auf, weil ich meine Puppe nach mir jammern gehört hatte.

Und nächtelang legte mein Vater tröstend den Arm um mich und seine Hand unter mein Hemd.

Sein Trost gefiel mir nicht. Aber er war der einzige, den ich bekam.

Eines Morgens, als ich erwachte – ich muß fast sechs Jahre alt gewesen sein –, stand Georgs Gitterbettchen plötzlich wieder in der gewohnten Ecke des Kinderzimmers. Die Reaktionen von uns Kindern waren recht unterschiedlich.

«Der hat mir gerade noch gefehlt!» rief Stefan, als er begriff, daß sein kleinster Bruder von nun an wieder bei uns zu Hause wohnen würde. Als Ältester hatte er uns zu beaufsichtigen, wenn unsere Eltern außer Haus oder mit Angelegenheiten beschäftigt waren, bei denen wir nicht stören durften – und beides war nur zu oft der Fall. Für einen neunjährigen Jungen war dies sicherlich keine leichte Aufgabe. Kein Wunder, daß er über die Rückkehr des Kleinsten wenig beglückt war.

Boris, der damals selbst erst drei Jahre alt war, schien keine Meinung zu Georgs Wiederkehr zu haben. Wahrscheinlich begriff er gar nicht, daß dieses friedlich lächelnde, am Daumen nuckelnde Baby zu uns gehörte und für immer bleiben würde.

Ich selbst indes war so glücklich wie selten zuvor in meinem Leben. Doch ich behielt meine Freude für mich. Ich hatte meine Lektion brav gelernt: Bewahre deine Gefühle für dich; wenn du sie zeigst, bist du schwach und angreifbar! Mißbrauchte Kinder reifen schnell.

Erst Jahre später erfuhr ich, warum Tante Inge Georg nicht mehr als Pflegekind hatte behalten wollen. «Er gewöhnte sich zu sehr an uns und wir uns zu sehr an ihn», erzählte sie mir. «Wir wußten, daß eine Trennung immer schwieriger geworden wäre – für ihn und für uns.»

Meine Tante hatte meine Eltern vor die Wahl gestellt: «Entweder wir behalten den Kleinen für immer. Dann aber mit allen Konsequenzen: Adoption und so weiter. Oder ihr holt ihn jetzt endgültig nach Hause zu euch. So wie bisher geht es jedenfalls nicht weiter. Ein Kind muß wissen, wohin es gehört.»

Meine Mutter, so erzählte Tante Inge, hatte wütend geantwortet: «Adoptieren? Ja, das könnte euch so passen! Mir die Arbeit und den dicken Bauch, euch das Vergnügen. So weit kommt es noch! Schmink dir das ab! Meine Kinder gehören mir, sonst keinem. Wenn du eines willst, müßt ihr es euch schon selber machen!»

Mein Vater hatte daraufhin zwar ein bißchen mit meiner Mutter geschimpft, da sie Inge gegenüber undankbar und unhöflich sei; schließlich habe seine Schwester es nur gut gemeint. Aber seinen jüngsten Sohn hergeben, das wollte auch er nicht. «Kinder sind ein Geschenk des Himmels», sagte er. «Wir werden keines davon zurückweisen.»

Ich wünschte, er hätte es getan. Denn dann hätte er dich nicht in den Tod getrieben, Georg!

Von nun an waren wir also zu viert im Kinderzimmer. Es wurde immer enger, zumal Georgs Kinderbett bald durch eine Couch ersetzt wurde, die mein Vater irgendwo aufgegabelt hatte. «Nur für den Übergang», versprach er – und zog dann die Übergangsphase bis kurz vor Georgs Tod hin.

In diesem Zimmer standen nun also ein ausklappbares Doppelbett, ein Ausziehbett und eine Couch. Zwei von uns mußten sich grundsätzlich einen Schlafplatz teilen.

«Na und?» sagte meine Mutter. «Papa und ich schlafen doch auch in einem Bett.»

Das leuchtete uns ein.

Die Enge des Kinderzimmers ließ keinem von uns auch nur den geringsten Freiraum. Manchmal aber empfanden wir sie auch als Schutz – wie eine sichere Höhle. Dann zum Beispiel, wenn es uns strengstens verboten worden war, das Zimmer zu verlassen. Danach begann im Schlafzimmer meiner Eltern dann immer das Stöhnen und Schreien.

Es gab keine bestimmte Zeit dafür. Es konnte am Tage passieren, abends, in der Nacht. Manchmal hörten wir es schon im Hausflur, wenn wir von einem Besuch bei Oma Grete oder Tante Inge heimkehrten.

Das Gefühl, das mich dann überkam, kann ich gar nicht beschreiben. Entsetzen, Grauen, Qual – die Worte sind viel zu schwach. Am liebsten wäre ich weggerannt, weit fort, egal wohin; Hauptsache, ich müßte diese Schreie nicht mehr hören.

Wenn uns die klatschenden Schläge nachts aus dem Schlaf schreckten, drängten wir drei Kleinen uns in einem unserer Betten schutzsuchend aneinander. Während das Stöhnen meiner Mutter lauter und lauter wurde und schließlich in gellende Schreie überging, schluchzten wir uns vor Mitleid, Angst und Verzweiflung die Seele aus dem Leib.

«Mama aua, aua!» wimmerte Georg und preßte die Hände auf die Ohren.

«Warum tut Papa das?» fragte Boris mich. «Warum haut er Mama so?»

Ich wußte es nicht. Keiner von uns wußte es. Nicht einmal mein großer Bruder, der sonst für alles eine Erklärung hatte. Er hatte sich unter die Bettdecke verkrochen. In der Dunkelheit konnte ich es zwar nicht sehen, aber ich hörte sein ersticktes Weinen unter dem Kissen hervor.

Als das Schreien meiner Mutter in eine Art Schluchzen überging, stimmte mein Vater plötzlich mit ein. Immer war es so. Immer keuchte und stöhnte er ein Weilchen mit ihr mit.

«Warum weint Papa jetzt?» fragte Boris. «Haut Mama ihn jetzt auch?»

«Hoffentlich!» schrie Stefan in sein Kopfkissen und hämmerte mit den Fäusten auf das Bett ein. «Hoffentlich poliert sie ihm die Fresse!»

Dann plötzlich war Ruhe. Mit einem Mal war das Klatschen, Stöhnen und Schreien vorbei wie ein böser Traum, aus dem man abrupt erwacht ist.

Georg, mein tapferer kleiner Georg hielt es irgendwann nicht mehr aus. Er war drei Jahre alt oder vier. Wieder hatten uns das

Klatschen und die Schreie meiner Mutter aus dem Schlaf gerissen. Georgs Gesicht, das an meinem Hals lag, war naß von Tränen. Ich wollte ihn schützend an mich drücken, doch er wehrte meine Arme ab.

«Morgen frage ich Mama!» sagte er. «Papa soll sie nicht schlagen. Ich will das nicht. Er ist gemein.»

«Nein», flüsterte ich. «Das darfst du nicht. Mama wird böse. Sie nimmt den Handfeger und kloppt dich durch.»

«Mir doch egal», erwiderte Georg in wilder Entschlossenheit. Ich wußte, daß es ihm ernst war.

Mir war schon übel, als Stefan und ich wie jeden Morgen den Frühstückstisch für alle deckten und die Butterbrote, die mein Vater zur Arbeit mitnahm, schmierten. Georg schien keine Angst zu haben. Kaum saßen alle am Tisch, da platzte er auch schon mit seinem Anliegen heraus: «Mama, warum schreist du denn nachts immer so?»

Meine Mutter setzte die Tasse, die sie gerade an den Mund führen wollte, mit einem lauten Klirren wieder ab. Hilfesuchend schaute sie meinen Vater an.

Der wischte sich umständlich den Mund mit der Serviette ab, dann legte er meiner Mutter den Arm um die Schulter und sagte: «Ach, weißt du, die Mama hat oft ganz, ganz schreckliche Rückenschmerzen. Das tut ihr dann so weh, daß sie weinen muß. Darum muß sie sich ja auch immer hinlegen und schonen.»

Unsere arme Mama! Alle schauten wir sie voller Mitleid an.

«Warum tut dir der Rücken denn so weh?» fragte Georg. Er mußte jeder Sache immer genau auf den Grund gehen – so genau, daß er sogar sein liebstes Spielzeug in alle seine Einzelteile zerlegte, wenn er wissen wollte, wie es funktionierte.

«Weil sie so viele Kinder hat, das ist doch klar», antwortete mein Vater. «Was meinst du, wie schwer das ist, wenn solche Brocken wie du ihr dauernd am Hals hängen und auf den Arm genommen werden wollen.»

Beschämt stocherte Georg in seinem Essen herum. Es stimmte ja, immer wollte er schmusen und herumgetragen werden. Für ein Schmuseminütchen ließ er jedes noch so schöne Spiel im Stich und setzte sich jedem auf den Schoß, der uns besuchen kam.

Er tat mir so leid, wie er auf einmal in sich zusammensackte und nicht mehr aufzublicken wagte.

Mein Vater lächelte. «Ihr könnt aber mithelfen, daß es eurer lieben Mami bald wieder bessergeht. Das wollt ihr doch gern, oder nicht?»

«Doch! Doch!» riefen wir alle im Chor. Heimlich drückte ich Georg unter dem Tisch die Hand.

«Wenn ihr immer schön brav seid und die Mami ein bißchen verwöhnt und ihr tüchtig helft, kriegt ihr das schon hin», sagte mein Vater und hob das Kinn meiner Mutter mit dem Finger an. «Stimmt's, mein Schatz?»

Meine Mutter seufzte: «Schön wär's ja. Aber das schaffen unsere Gören doch nie. Guck dir bloß an, wie der Tisch wieder gedeckt ist. Liederlich bis dorthinaus!»

Stefan sprang so wütend auf, daß der Stuhl umkippte, rannte aus dem Zimmer und knallte die Tür zu.

Mir schwindelte vor plötzlicher Angst. Spucke floß sauer in meinem Mund zusammen. Im nächsten Augenblick würde mein Vater den Gürtel aus der Hose ziehen . . .

Doch nichts dergleichen geschah. «Ein Benehmen hat dein Sohn heute wieder!» sagte er nur und rückte ein Stück von meiner Mutter ab. «Von wem der Bengel das wohl hat? Von mir jedenfalls nicht!»

«Nein, natürlich nicht», sagte meine Mutter und begann zu essen. Ihre Hände zitterten wie bei einer alten Frau.

Was sie so verunsichert hatte, wußte ich nicht. Ich begriff es erst Jahre später.

Borderline-Syndrom – dieses Wort steht in den psychiatrischen Gutachten, die über mich angefertigt wurden, seitdem ich das Geheimnis meines Vaters nicht mehr verschweigen konnte und es mit Außenstehenden zu teilen begann.

Ich bin ein Borderliner, ein Grenzgänger zwischen Traum und Wirklichkeit. Auch wenn ich mich seit Ende des Gerichtsprozesses gegen meinen Vater in großen Sprüngen von der Grenze wegbewege und festen Boden unter die Füße zu bekommen beginne.

Es ist hart, ein Borderliner zu sein. Weil jeder Schritt in die Wirklichkeit schmerzhaft ist. Weil jeder kleinste Erfolg mit bitteren, schmerzhaften Erinnerungen und Einsichten bezahlt werden muß.

Wie habe ich die Augen und mein Herz verschlossen davor, was für ein Mann mein Vater wirklich ist! Wie habe ich das Bild geliebt, das ich mir von ihm gemalt hatte! Wie konsequent habe ich seine Schuld zu meiner eigenen gemacht, nur damit ich ihn lieben und verehren konnte! Und wie unsagbar weh tut es, mich heute ganz bewußt meinen Erinnerungen zu stellen, das Geschehene zu hinterfragen und zu erkennen! Jede von mir nicht länger zu verdrängende Tatsache reißt Fetzen aus dem Bild meines Vaters, reißt Fetzen aus meiner Liebe zu ihm, reißt Fetzen aus mir.

Manchmal, wenn die Erinnerungen so stark über mich hereinbrechen, daß ich am Tage darüber reden und nachts davon träumen muß, fühle ich mich wie ein Seiltänzer ohne Balancierstange, der über einem todbringenden Abgrund verzweifelt um sein Gleichgewicht kämpft. In solchen Zeiten verschwimmt die Grenze zwischen Wirklichkeit und Traum, so daß sich die Geschehnisse der Vergangenheit mit denen der Gegenwart zu grauenhaften Zukunftsvisionen verbinden. Zum Beispiel zu der Schreckensvision, daß meine Therapeutin oder meine beste Freundin plötzlich gemeinsame Sache mit meinem Vater machen, daß sie mich ihm ausliefern, weil sie mir nicht mehr glauben.

Seit einigen Monaten gelingt es mir immer häufiger und nachhaltiger, solche Visionen umzubauen. Das heißt, ich habe gelernt, sie gemeinsam mit einem Menschen, dem ich vertraue, zu besprechen und dabei meine Person durch die meines Vaters zu ersetzen.

Beispielsweise sah ich in einem meiner letzten Alpträume meinen Vater als Psychotherapeuten, in dessen Praxis ich kommen mußte. Er überwältigte mich, band mich an Händen und Füßen, tat mir Gewalt an und ließ mich dann von zwei Pflegern in eine geschlossene psychiatrische Anstalt bringen. Besonders schlimm an dem Traum war, daß einer dieser Pfleger mein Betreuer war, den ich sehr schätze, und der andere ein guter Freund, der mir schon oft zur Seite gestanden hat.

Tags darauf schaffte ich es mit Hilfe meines Betreuers, mich selbst in die Rolle des Therapeuten zu versetzen. Nun stand mein Vater als Patient vor mir, ich hatte die Oberhand.

Am Tage, Auge in Auge mit meinem Betreuer, gelang das Rollenspiel. Nachts aber, als der Traum wiederkehrte, drehte mein Vater den Spieß um. Kaum hatte ich, die Therapeutin, die Pfleger zu Hilfe gerufen, um ihn, den Patienten, in Gewahrsam zu nehmen, überwältigte er uns alle drei und entführte mich in seine Wohnung, wo er sich an mir verging.

Ich erwachte voller Panik, erkannte mein eigenes, vertrautes Zimmer, trank etwas Saft zur Beruhigung und hörte eine Kassette von Marius Müller-Westernhagen, weil diese Stimme mich wie keine zweite beruhigt. Doch kaum war ich wieder eingeschlafen, träumte ich an derselben entsetzlichen Szene weiter, an der ich meinen Traum unterbrochen hatte.

Dies wiederholte sich mehrmals in jener Nacht, bis mich die Angst, in meine Traumwelt zurückkehren zu müssen, endgültig wach hielt.

Nächtelang mied ich den Schlaf oder der Schlaf mich. Doch die Müdigkeit ließ sich nicht abweisen. Sie schlich sich in meine Gedanken. Sie lähmte meinen Willen. Sie öffnete den Visionen die Tür. Ich schlief nicht und träumte doch. Oder träumte ich nicht? Erlebte ich, was ich zu träumen wünschte? War es wieder wie damals in meiner Kindheit? Stellte ich mir die Wirklichkeit, weil sie so schlimm war, als Traum vor? Was war wirklich, was träumte ich nur?

In Zeiten äußerster Müdigkeit und höchster Verwirrung flüchte ich mich in den Schutz und die Sicherheit eines Ortes, dessen Abgeschiedenheit auf mich wirkt wie das Netz unter meinem Drahtseil. Ich spreche von der geschlossenen Abteilung einer Klinik für seelisch Kranke.

Hinter den Türen solch einer Klinik würde mich meine Familie unter Beihilfe ihres Anwaltes am liebsten für immer verschwinden lassen. Allen voran natürlich mein Vater. Wie sagte er doch immer zu mir? «Wenn du etwas verrätst – ich garantiere dir, keiner wird dir glauben! Sie werden sagen, du bist verrückt. Ich sorge schon dafür, verlaß dich darauf! Ich sitze am längeren Hebel.»

Noch im Prozeß versuchte er es auf diese Tour. In den Gerichtsakten steht es zu lesen, was er sagte: «Ich hoffe, daß Monika krank ist, sehr krank. Ihre Anschuldigungen sind völlig aus der Luft gegriffen, Hirngespinste. Kein Wort ist wahr!»

Zum Glück sah das Gericht es anders. Es erkannte ihn für schuldig, nicht mich. Mir glaubte man, nicht ihm. Doch von seiner Idee, mich zahlen zu lassen für seine Schuld, ließ er auch hinter Gittern nicht ab. «Ich habe hundert Prozent Erfolg in Revisionssachen», versprach ihm sein Anwalt, der zugleich ein langjähriger Freund des Hauses ist. «Ich hole dich hier raus. Deine Tochter ist verrückt. Das liegt in der Familie deiner Frau, das ist erblich. Schließlich hat sie eine Schwester, die seit

Jahren von einem Irrenhausaufenthalt in den nächsten fällt. Daran gibt's keinen Zweifel. Das werden wir beweisen. Verlaß dich ganz auf mich.»

Erbliche Geisteskrankheit? Niemand weiß besser als meine Mutter, was mit ihrer Schwester Susanne los ist, warum sie in psychiatrischer Behandlung ist und warum sie vor Gericht so gellend zu schreien begann, daß ich nie mehr werde vergessen können, wie es über den langen, langen Warteflur hallte.

Tante Susanne, diese mir so vertraute Tante, die von meiner Mutter immer so glühend um ihren Beruf als Lehrerin beneidet wurde, ist krank, weil ihr Vater ihr antat, was er meiner Mutter antat. Sie ist krank, weil sie nie die Kraft hatte, das Geheimnis ihres Vaters abzuschütteln. Sie ist krank, weil sie es nicht schaffte zu sagen: «Mein Vater hat mich mißbraucht.»

Heute, als erwachsene Frau, weiß ich, wann ich träume – auch wenn ich die Traumbilder oft nur mit fremder Hilfe bewältigen kann. Anders als dem Kind, das ich einmal war, gelingt es mir, Tatsachen auch dann ins Gesicht zu sehen, wenn diese mich innerlich zu zerreißen drohen.

Eine solche Tatsache war fast zwei Jahrzehnte lang als Traum in mir verkapselt. Sie war für mich so unglaublich und so bestürzend, daß ich sie einfach nicht wahrhaben wollte.

Für die Entdeckung, die ich gemacht hatte, hatte mir Georg den Anstoß gegeben. Wie so oft hatte er nicht lockergelassen, wollte er alles genau ergründen. «Glaubst du das?» fragte er mich eines Tages flüsternd, damit unsere Brüder nichts hörten. «Glaubst du, daß Mama Rückenschmerzen hat?»

«Hm», machte ich.

Aber Georg gab keine Ruhe. «Und warum klatscht es dann immer so? Und warum schreit Papa dann auch? Er hat doch keine Rückenschmerzen, oder?»

Ich weiß nicht mehr, was ich darauf antwortete. Aber ich

erinnere mich daran, was ich in einer der nächsten Nächte tat. Meine Brüder schliefen. Das Licht der Bogenlaterne vor dem Haus fiel hell in unser Kinderzimmer. Alles in mir vibrierte von dem Gestöhne und den klatschenden Geräuschen, die aus allen Richtungen auf mich einzudringen schienen.

Ohne irgendeinem bestimmten Plan zu folgen, schob ich mich von Georgs Seite weg und stand auf. Einen Augenblick wartete ich und lauschte, ob Georg aufgewacht wäre. Aber er schlief ruhig weiter, den Daumen im Mund, einen Bettzipfel unter die Wange geschoben. Auf Zehenspitzen huschte ich aus dem Zimmer, quer über den dunklen Flur und zur Tür des Elternschlafzimmers. Leise drückte ich die Tür gerade so weit auf, daß ich in das Zimmer blicken konnte.

Meine Eltern bemerkten mich nicht. Doch *hätten* sie mich entdeckt und wären beide voller Zorn über mich hergefallen – ich hätte nicht wegrennen können. Ihr Anblick war so fremdartig und zugleich so furchterregend für mich, daß ich vor Schreck keinen Fuß rühren konnte.

Meine Mutter kniete vor meinem Vater auf dem Boden. Sie trug einen schwarzen, glänzenden Anzug, aus dem ihre nackten Brüste heraushingen. Mein Vater stand breitbeinig über ihr und schlug sie mit einer Peitsche, die in vielen dünnen Schnüren endete. Meine Mutter schrie und stöhnte vor Schmerz. Mein Vater stöhnte auch, aber anders.

Die Augen am Türspalt, sah ich gebannt zu. Irgendwie spürte ich Genugtuung. Es geschah meiner Mutter recht, daß sie Schläge bekam! Sie hatte sie verdient. Warum war sie auch immer so gemein zu mir und hatte mich nicht mehr lieb! Mein Vater hatte ganz recht, sie zu verhauen. Bestimmt wollte er, daß sie nicht mehr so böse zu mir war.

Erst als meine Füße vor Kälte schmerzten, kam ich zu mir. Plötzlich wußte ich wieder, was passieren würde, wenn meine Eltern mich entdeckten. So schnell ich auf meinen eisigen Füßen konnte, flitzte ich ins Kinderzimmer zurück und ins Bett.

Kinder brauchen Kinder, um glücklich zu sein. Meine Eltern waren der Meinung, wir vier Geschwister seien Kinder genug und brauchten keine weiteren Spielgefährten. Auch nachdem mein Bruder Stefan eingeschult worden war, brachte er nie jemanden mit.

Wir wunderten uns nicht im geringsten darüber. Niemand hatte etwas anderes erwartet. Trotzdem standen wir Kleinen oft auf dem Balkon und starrten anderen Kindern nach, die draußen lautstark herumtollten. Manchmal winkte eines zu uns hoch und schrie: «Kommt doch runter!»

Doch als wir einmal um Erlaubnis baten, ließ meine Mutter nicht mit sich reden. «Ihr habt es nicht nötig, euch mit jedem hergelaufenen Balg herumzusuhlen», schimpfte sie. «Die sind doof und dreckig und verdreschen euch sowieso bloß.»

«Dann dresch' ich aber zurück!» prahlte ich und fing gleich mit Boris zu üben an.

«Klar!» sagte meine Mutter und stieß mich mit dem Fuß von Boris weg. «Wer nichts im Hirn hat, hat's in den Armen.»

Ich begriff wohl nicht ganz, was ihre Worte bedeuteten. Aber der Ton ihrer Stimme war schmerzhaft genug. Boris bekam meine Rache zu spüren – und ich die «Sonderzulagen» von meiner Mutter.

Von nun an beobachteten wir fremde Kinder lieber heimlich. Wir pirschten uns geduckt hinter die Balkonbrüstung und lugten zwischen den Ritzen hindurch oder blieben verborgen hinter einer Gardine.

Natürlich entdeckten die Kinder draußen uns doch. Zuerst hielten sie es wohl für ein Spiel, später tippten sie sich nur noch an die Stirn oder brüllten Spottnamen zu uns hinauf.

So kam es, daß Boris bereits bekannt war wie ein bunter Hund, als er in den Kindergarten kam. «Da kommt der Dödel vom Balkon!» schrien die älteren Kinder zur Begrüßung.

Trotzdem fand Boris es toll im Kindergarten. Er erzählte nicht viel, aber jeder merkte, wie gern er jeden Morgen loszog.

Eines Tages nahm ich meinen ganzen Mut zusammen und fragte: «Mama, wann darf ich denn endlich in den Kindergarten?»

«Du?» Meine Mutter sah mich mit diesem abweisenden Blick an, den sie immer bekam, wenn sie sich mit mir beschäftigen mußte. «Solche wie dich können sie da nicht brauchen.»

Solche wie mich? «Warum?» fragte ich. «Weil ich ein Mädchen bin?»

«Mädchen müssen ihren Mamas helfen», sagte meine Mutter. «Wenn du groß bist und selbst schon eine Mama, verstehst du das besser.»

«Ich will aber nie eine Mama werden!» antwortete ich.

«So?» Meine Mutter lachte auf. «Du glaubst doch wohl nicht, da wirst du erst nach deinem Willen gefragt? Du wirst schon sehen. Und jetzt mach; euer Zimmer sieht wieder aus wie nach einem Bombenangriff!»

Vom Aufräumen hielt meine Mutter sehr viel – aber nur solange andere es ihr abnahmen. Mit der ewigen Ausrede, völlig kaputt und am Ende zu sein oder wahnsinnige Kreuzschmerzen zu haben, ging sie kurz nach dem Aufstehen wieder zu Bett. Tante Inge hatte mir Staubwischen und Staubsaugen beigebracht. Von Oma Berta aus Essen wußte ich, wie man einen Putzlappen auswringt. Da ein normaler Eimer voll Wasser für mich zu schwer war, hatte ich einen Spielzeugeimer bekommen, um meinen Hausarbeitspflichten genügen zu können. Während meine Mutter von der schweren Verantwortung in ihre Kissen gedrückt wurde und gerade noch genügend Kraft übrigbehielt, um mir Anweisungen und

Schimpfworte zuzubrüllen, trug ich an der Arbeit und an der Last. So gut es ging, fuhrwerkte ich herum.

Damit Georg mich bei der Hausarbeit nicht störte, befahl meine Mutter ihn zu sich ins Bett. «Streichle die Mama doch mal ein bißchen», forderte sie ihn auf. «Du hast die Mama doch lieb?»

«Ja», antwortete Georg, und mir wurde kalt.

Nachts im Bett, als die tiefen Atemzüge der beiden Brüder verrieten, daß sie schliefen, flüsterte Georg mir ins Ohr: «Du, stell dir vor, die Mama hat gar keinen Pimmel. Die hat ein Loch, und das ist ganz heiß und eklig.»

Einer in den Arm des anderen gekuschelt, schliefen wir endlich ein.

Stefan brachte mich eines Tages auf die Idee, daß die Behauptung, Mädchen dürften grundsätzlich nicht in den Kindergarten, wohl nicht so ganz stimmte. «Die wollen bloß nicht, daß du hingehst», sagte er. «Einer in meiner Klasse hat eine Schwester, die ist auch im Kindergarten – in Boris' Gruppe sogar.»

«Aber warum darf ich dann nicht hin?» fragte ich ihn.

«Keine Ahnung», erwiderte mein Bruder. «Aber mach dir nichts draus. Du kommst ja bald in die Schule, und da ist es sowieso viel besser.»

«Und wenn sie sagen, Mädchen dürfen auch nicht in die Schule?» fragte ich.

«Dann kommt die Polizei und holt dich», antwortete Stefan.

«Muß Moni dann in den Knast?» schaltete sich Boris, der im Kindergarten einige neue Lieblingsausdrücke gelernt hatte, in die Debatte ein.

Stefan schlug sich mit der flachen Hand an die Stirn. «Bißchen plemplem, was? Doch nicht in den Knast – in die Schule! Alle müssen in die Schule!»

«Ich auch?» fragte Georg.

«Klar», sagte Stefan. «Alle.»

Klammheimlich begann ich mich auf die Schule zu freuen. Es war doof, ein Mädchen zu sein. Mädchen mußten eine Frau und eine Mama werden und Rückenschmerzen aushalten und alles tun, was der Mann will. Aber wenn ich in die Schule gehen konnte, war es vielleicht nicht mehr ganz so schlimm, ein Mädchen zu sein. In der Schule gab es noch andere Mädchen. Stefan hatte es gesagt, und er mußte es ja wissen. Boris hatte einen Freund im Kindergarten, der war genauso alt und genauso groß wie er. Vielleicht würde auch ich in der Schule eine Freundin finden? In jedem Fall aber würde ich alles lernen, was Stefan gelernt hatte.

Stefan konnte schon gut lesen. Sogar Mama lobte ihn oft deswegen. «Nehmt euch ein Beispiel an seinen Leistungen!» sagte sie. «Unser Stefan, der wird's mal zu etwas bringen. Der wird mal nicht in so einem Rattenloch verkommen wie wir. Der hat Köpfchen!»

Ich wollte auch lesen lernen. Vielleicht lobte Mama mich dann auch? Vor allem aber brauchte ich dann keinen zum Vorlesen.

Manchmal las Stefan uns nämlich Geschichten vor. Wir drei Kleinen waren dann mucksmäuschenstill und hörten ganz andächtig zu. Warm eingekuschelt lagen wir im Bett und genossen es, wie Stefans Stimme Hexen und Zauberer, Zwerge und wundersame Tiere in unser Zimmer spazieren ließ.

Aber in letzter Zeit las Stefan uns meistens Gespenster- und Monstergeschichten aus Comic-Heften vor, in denen es von Fratzen, abgeschlagenen Köpfen und Ungeheuern nur so wimmelte. Während des Lesens zeigte er uns die Bilder. Vor allem die Gespenster waren gräßlich! Sah mein Opa jetzt so aus? Tote würden Gespenster, hatte Stefan gesagt. War mein Opa ein Gespenst?

Ich hielt mir die Augen zu, um die Bilder nicht ansehen zu müssen. «Wer ein Gespenst erkennt, den holt es», hatte Stefan gesagt. «Es glotzt durch alle Mauern. Wen es anstarrt, der stirbt.» Ich wollte Opa nicht erkennen. Er sollte mich nicht anstarren. Ich wollte nicht sterben.

Stefan zerrte gewaltsam meine Hände von den Augen. Er war stark, viel stärker als ich. «Guck dir die Bilder an!» befahl er.

Etwas in seiner Stimme bewirkte, daß ich gehorchen mußte. Hatte es nicht wie bei Papa geklungen, wenn er «Nimm ihn! Nimm ihn!» sagte?

«Na also!» sagte Stefan und drückte mich mit der Nase auf das Papier. «Warum nicht gleich so?»

«Hör auf!» hörte ich Georg schreien. «Laß sie los! Du bist gemein!»

Stefan lachte, als die kleinen Fäuste auf seinen Rücken trommelten, dann erst ließ er meinen Nacken los.

Die Gespenster aus den Comics verfolgten mich bis in meine Träume. Wie gut, Georgs warmen Körper neben mir zu spüren und seinen Atem zu hören!

Der Gedanke, selber lesen zu lernen, ließ mich nicht mehr los. Ich zählte die Wochen bis zum Ende der Sommerferien auf dem großen Küchenkalender ab. Stefan hatte mir den Tag rot eingekringelt, an dem die Erstkläßler eingeschult würden. Und er hatte mir den Tag gezeigt, für den Mama mit mir zur schulärztlichen Untersuchung vorgeladen worden war. Stefan hatte das Datum in einem Brief gelesen, der irgendwann eingetroffen war. Jeden Morgen, gleich nach dem Aufstehen, stand ich in der Küche und strich einen weiteren Tag auf dem Kalenderblatt ab. Viel zu langsam wurden die Zahlenkästchen, die ich noch durchzustreichen hatte, weniger.

Endlich war es soweit. Meine Mutter kämmte mich noch einmal, bevor wir in das Untersuchungszimmer traten. Ich wagte mich nicht zu rühren, obwohl die Haarnester beim Kämmen schmerzhaft ziepten. Dann schob sie mich vor sich her durch die Tür.

Der Schularzt war ein freundlicher Mann. Trotzdem hatte ich Angst vor ihm. Als er mich aufforderte, meine Kleider abzulegen, damit er mich abhorchen könne, mußte meine Mutter mir erst gut zureden, bevor ich gehorchte. Während ich tief atmete, erkundigte sich der Arzt nach meinen Kruppanfällen. Wie besorgt meine Mutter damals tat! Ich sehe noch heute ihr falsches Gesicht so deutlich vor mir, als wäre es erst gestern gewesen.

Schließlich ließ der Arzt mich auf einem Kreidestrich laufen und auf einem Bein hüpfen. Und dann sollte ich mit dem linken Arm über meinen Kopf an mein rechtes Ohr greifen und umgekehrt.

Auf dem Strich lief ich etwas schief. Beim Hüpfen war ich etwas wacklig. Das Schlimmste aber: Mein linkes Ohr mit der rechten Hand und mein rechtes mit der linken anfassen konnte ich nicht.

«Zieh dich bitte wieder an, Monika», sagte der Arzt. «Du mußt ein Weilchen vor der Tür warten; ich habe noch etwas mit deiner Mutter zu besprechen.»

Meine Mutter mußte mir helfen, die Jackenknöpfe zu schließen. Meine Finger fanden die Knopflöcher nicht.

Draußen auf dem Armesünderbänkchen neben der Tür sitzend, spitzte ich die Ohren in der vergeblichen Hoffnung, etwas von der drinnen geführten Unterhaltung aufzuschnappen. Die Wartezeit schien ewig zu dauern. Dann endlich ging die Tür auf, und der Arzt bat mich herein.

Wie streng meine Mutter mich ansah! Ihre Mundwinkel waren heruntergezogen, als hätte ich etwas ausgefressen. Ich wollte rufen: «Mama, ich war doch ganz lieb. Ich habe nichts angestellt. Ich habe nur gewartet, bestimmt!»

Doch der Arzt nahm mich an beiden Armen und sagte: «Tja, kleines Fräulein, mit der Schule wird es diesmal noch nichts. Du mußt erst noch ein bißchen wachsen.»

Ich wollte nicht begreifen, was ich gehört hatte. Ich hatte doch schon so viele Zahlen auf dem Kalender abgestrichen! Ich wollte doch so gern lesen lernen! Flehend sah ich meine Mutter an.

«Eine, die nicht einmal mit der Hand an ihr eigenes Ohr fassen kann!» sagte sie mit diesem bösen Mund. «Solange du das noch nicht mal kannst, mußt du eben wie ein Baby zu Hause bleiben.»

«Na ja, gar so schlimm wird es schon nicht sein», besänftigte der Arzt sie und tätschelte mir den Kopf. «Jetzt lassen wir unser Mädelchen erst einmal ein Jahr in die Vorschule gehen, und dann packt sie's wie andere Kinder auch.» Er sah mich freundlich an und griff sich selbst mit der Hand über den Kopf ans Ohr. «Und nicht vergessen: Immer schön üben!»

Während des ganzen Heimwegs sprach meine Mutter kein Wort mit mir.

Stefan war schon zu Hause, als wir die Treppe hochkamen. «Na, alles klar? Gehst du?» rief er und schaute mich erwartungsvoll an.

«Die doch nicht!» sagte meine Mutter. «Die ist noch zu dämlich, ihr eigenes Ohr zu finden.»

Irgend etwas zersprang in mir. Ich kann nicht beschreiben, was in mir ablief. Ich weiß nur, daß ich laut aufschrie und mit dem Kopf gegen die Wand lief. Der Aufprall ließ mich rückwärts taumeln, doch noch im Stolpern warf ich mich erneut nach vorn, schlug nochmals gegen die Wand, nochmals, nochmals . . .

«Moni!» Georgs angstvolles Kreischen ließ mich zur Besinnung kommen. In meinem Kopf war ein Wirbeln und Summen, als wäre darin ein Scheibenwischer installiert. Georg hielt mich in den Armen. Aber es dauerte ein Weilchen, bis ich es merkte.

Viele Jahre später, als Georgs Arme mich längst nicht mehr schützen konnten, sagte einer meiner Psychotherapeuten mir einmal, meine Sprache sei eine andere als die seine. Damals verstand ich ihn nicht; vielleicht wollte ich ihn nicht verstehen. Aber vergessen konnte ich seine Worte auch nicht. Jedesmal wenn mir bewußt wird, daß ein anderer und ich aneinander vorbeireden, fallen sie mir ein. Und allmählich begreife ich auch ihren Sinn.

Meine Sprache ist oft stumm, obwohl ich innerlich schreie. In Zeiten innerer Not bin ich oft unfähig, mich in ganzen Sätzen auszudrücken. Vielmehr übernimmt mein Körper die Aufgabe zu äußern, was in meiner Seele vorgeht. Er vermittelt zwischen mir und der Außenwelt, wo die übliche Sprache versagt.

Oftmals gibt es für meinen Schmerz, meine Angst und Verzweiflung kein Wort, das ein anderer verstehen könnte.

Und einen Satz zu konstruieren dauert häufig zu lange, weil das, was ich mitteilen will, wie eine Explosion aus mir herausbricht.

Beulen, eitrige Schrunden, Narben, offene Wunden überall an meinem Körper, auch an meinen zartesten Stellen – sie reden ihre eigene Sprache. Sie machen für jeden sichtbar, wie verletzt ich bin. Meine Worte kann man überhören, mißverstehen, verdrehen, gegen mich wenden – blutende Zeichen auf meiner Haut schreien lauter.

Als kleines Mädchen ahnte ich die Zusammenhänge zwischen innerer Not und Selbstverstümmelung nicht. Ich fühlte nur vage, daß ich lieber gegen meine Mutter angerannt wäre als gegen die Wand. Aber meine Schuldgefühle verhinderten das. Mit dem Kopf vor die Wand zu laufen tat einfach gut. Warum, fragte ich mich damals nicht.

Heute, da ich mehr über meine eigenen Gefühle weiß, benutze ich lieber einen Punchingball oder schmeiße irgendeinen Gegenstand gegen die Wand. Schreien kann ich noch immer nicht.

Mein Vater verstand es immer hervorragend, seine Familie nach außen hin als mustergültig darzustellen. Wichtig war ihm nicht zuletzt, der Welt zu zeigen, daß er und seine Frau ihren erzieherischen Aufgaben stets voller Verantwortungsbewußtsein gerecht wurden. Nichts wäre ihm wohl peinlicher gewesen, als wenn jemand auf die Idee gekommen wäre, seine Kinder würden vernachlässigt.

So stellte mein Vater auch vor Gericht die Behauptung auf, meine Mutter sei jederzeit für uns Kinder verfügbar gewesen. Erst nach Georgs Einschulung habe sie wieder zu arbeiten begonnen – und zwar stundenweise als Kellnerin, da diese Tätigkeit, die sich vom späten Nachmittag bis in die Nacht hinein erstreckte, ihr erlaubt habe, tagsüber uns Kinder zu versorgen. Fast durchwegs sei er, wenn sie aus dem Haus ging, selbst bereits zu Hause gewesen und habe uns Kinder beaufsichtigt.

In Wahrheit hatte meine Mutter den Moment gar nicht mehr erwarten können, in dem Boris seinen Kindergartenplatz erhielt und ich in die Vorschule kam. Kaum war gesichert, daß wir regelmäßig aus dem Haus gingen, nahm sie Arbeit als Halbtagskraft in einer Fleischerei an. Abends ging sie zusätzlich regelmäßig kellnern.

Kamen wir Kinder mittags früher als meine Mutter nach Hause, durften wir bei der Familie eines Schulfreunds meines Vaters klingeln, der ganz in der Nähe wohnte. Die Mertens hatten zwei kleine Mädchen in Georgs Alter. Soweit ich zurückdenken kann, waren sie die einzigen Spielgefährten, die meine Eltern jemals für uns akzeptierten.

Tante Inge oder Oma Grete beaufsichtigten uns – entgegen dem, was mein Vater vor Gericht behauptete – nur dann, wenn meine Mutter einmal ins Krankenhaus mußte. In der übrigen Zeit waren wir weitestgehend auf uns selbst gestellt – und gehalten, darauf zu achten, daß dies den Nachbarn möglichst nicht auffiel.

Stefan, der bis dahin nur dafür zuständig gewesen war, daß wir Jüngeren ordentlich spurten und leidlich sauber in den Kindergarten oder die Vorschule kamen, erhielt nun immer öfter und immer selbstverständlicher die ehrenvolle Aufgabe, uns zu bekochen. Anfangs sollte ich ihm dabei helfen. Doch ich hatte schon bald heraus, daß es hilfreich war, deutlich zu machen, daß ich für derartige Aufgaben zu blöd war. Dafür brauchte ich mich gar nicht groß zu verstellen. Noch heute neige ich dazu, selbst Wasser anbrennen zu lassen.

Zum Putzen, Bettenbauen, Aufräumen und anderen ähnlich hinreißenden Aufgaben war ich leider nicht zu blöd. Als hier die Weichen gestellt wurden, war ich noch nicht clever genug, oft genug den Eimer mit dem Schmutzwasser umzustoßen oder vergleichbare Katastrophen zu verursachen.

Kamen Tante Inge oder Oma Grete einmal zu Besuch, packte sie das nackte Grausen. Spinnen und Küchenschaben, Silberfischchen und Kakerlaken genossen ihr Dasein in unserer Wohnung, in jeder Ritze, jeder Ecke, jeder Schublade waren sie zu finden. Überall stand schmutziges Geschirr herum. Und unsere Kleider machten den Eindruck, sie seien schon von etlichen Generationen vor uns getragen worden – ohne jemals gereinigt worden zu sein, versteht sich.

Irgendwann während meiner Vorschulzeit hatten wir Kinder auch alle miteinander zum ersten Mal Kopfläuse. Es geschah später noch öfter. Wie ich die Waschprozedur – die durch das Zetern meiner Mutter nicht gerade angenehmer wurde – haßte! Und wie ich mich schämte, als die Kinder in meiner Klasse mit Fingern auf mich zeigten und nicht neben mir sitzen wollten.

Nicht nur wegen der Kopfläuse hatte ich es schwer in der Vorschule. Ich fand mich in diesem so ungewohnten Stückchen Freiheit nicht zurecht. Ich war anders als andere Kinder: aggressiver, verlogener, verstockter und ungeschickter. Mehr Geschick besaß ich allenfalls in der Anwendung von Ausdrükken, die Lehrer und fremde Eltern auf die Palme brachten. Es half auch nichts, daß mir «böse Worte» verboten wurden. Denn für mich waren die betreffenden Ausdrücke nicht böse, sondern der familiären Umgangssprache entnommen und also normal.

Eltern, deren Kinder das von mir Gehörte mit Wonne aufschnappten und weiterverbreiteten, beschwerten sich beim Vorschulpersonal über mich. Diese beklagten sich bei meinen Eltern. Und die wiederum bestraften mich für meine Ungehörigkeiten. Nur ich – ich hatte niemanden, den ich verantwortlich machen konnte für mich.

In jener Zeit war es wohl, daß meine Eltern das Gerücht von meiner geistigen Zurückgebliebenheit in die Welt zu setzen begannen. Es war ja das Einfachste, wütenden Eltern, die über mich Klage führten, den Wind mit den Worten aus den Segeln zu nehmen: «Die Monika ist leider unser Sorgenkind, Sie wissen schon . . .»

Eine solche Vorsorge war äußerst umsichtig, ja geradezu weitsichtig. Falls ich je auf den Gedanken verfallen sollte, etwas von dem zu verraten, was man mir zu Hause antat, wären meine Eltern fein aus dem Schneider gewesen. Ein Kind, das «nicht ganz richtig ist», plappert halt viel dummes Zeug daher. Die armen Eltern! Wie sind sie geschlagen mit einem solchen Kummerkind!

In all den Jahren bis zu meiner Flucht aus dem Elternhaus erfuhr ich die Wirksamkeit dieser Schutzmaßnahme immer wieder am eigenen Leibe. Selbst wenn meine Eltern mich auf offener Straße ohrfeigten und wenn ich vor Schmerzen so laut brüllte, daß es noch drei Straßen weiter zu hören war – nie kam mir jemand zu Hilfe oder ergriff für mich Partei. Die Leute beschwerten sich höchstens über den Lärm, den ich veranstaltete. Meine Mutter hob dann immer nur vielsagend die Schultern und seufzte: «Sie hat wieder mal ihre fünf Minuten. Sie können sich nicht vorstellen, was wir mit diesem Kind durchmachen. Schrecklich!»

Allmählich begann ich selbst, an meine geistige Beschränktheit zu glauben. In der Vorschule bewahrheitete sich tagsüber, was mir meine Eltern unablässig einbleuten: «Du bist doof! Du bist blöd! Du ist ein Niemand, ein Nichts! Du bist es nicht wert, geboren zu sein!» Wie geschickt die anderen Kinder waren, wie flink und beweglich! Wieviel Lieder sie auswendig kannten! Ich hingegen war nur ein Moppel, ein dicker, doofer Trottel.

Tante Inge war es schließlich, die mich wieder unter ihre Fittiche nahm. Wie früher schon, als ich noch kleiner war, leitete sie mich an ihrem Küchentisch an, mit Schere, Klebstoff und Papier umzugehen. Unter ihrer Anleitung entstanden auch meine ersten Strichmännchen. Sie kamen seltsamerweise lange, lange Zeit ohne Mund und ohne Arme daher. Eines meiner «Kunstwerke» aus dieser Zeit klebt noch in meinem Tagebuch. Wenn ich es betrachte, höre ich wieder Tante Inges Mahnung: «Mal doch einmal ein richtiges Gesicht, Monika!»

Heute weiß ich, wieviel man aus Kinderbildern herauslesen kann. Ein Psychotherapeut hätte schon damals seine Schlüsse aus meinen Bildern ziehen können: Die Menschen, die ich malte, waren stumm und handlungsunfähig.

Doch wer hätte sich damals für meine Bilder interessieren sollen? In den Augen meiner Erzieherinnen war ich eben ein künstlerisch unbegabtes Kind. Warum sollten sie ein besonderes Augenmerk auf mich richten? Ihren pädagogischen Pflichten genügten sie doch schon, wenn sie meiner Mutter hin und wieder mitteilten, daß ich allmählich lernte, mit der Hand über den Kopf nach meinem Ohr zu greifen.

Meiner Mutter war es ziemlich egal, ob ich in der Vorschule Lob oder Tadel erhielt. Indem ich für nicht schulreif befunden worden war, hatte ich in ihren Augen versagt. Und damit – um es mit ihren eigenen Worten auszudrücken – bei ihr «verschissen bis in die graue Steinzeit».

Nur einer hatte mich lieb: mein Vater. Es gab so viel, bei dem er mir helfen – und für das ich ihm dankbar sein mußte! «Aber sicher mache ich dir die Knöpfe zu, mein Engelchen. Gib dem Papi einen Süßen dafür!» – «Wenn ich das Bild hier für dich ausschneide, mußt du aber auch besonders lieb zu deinem Papi sein!» – «Ich singe ja mit dir, aber erst versprichst du mir, daß du heute abend ein liebes Mädchen sein wirst!»

Alles hat seinen Preis; ich lernte es früh. Bei meinem Vater war nichts umsonst. Aber ich brauchte sein Lächeln so sehr, diese Wärme in seinem Blick, den Frieden in seinem Arm.

Nachts tat er mir jetzt nicht mehr so weh. Er rieb nicht mehr so oft zwischen meinen Beinen herum und steckte mir auch seinen Finger nicht mehr so grob in die Scheide. Vielleicht hatte er Angst, meiner Vorschullehrerin könne es auffallen, wenn mein Schambereich so wundgescheuert wie früher manchmal wäre. Immerhin hatte sie meiner Mutter gegenüber schon einmal bemerkt, daß ich wohl häufig eine Blasenentzündung habe; sie könne es sich nur mit offensichtlichen Schmerzen beim Wasserlassen erklären, daß ich so ungern und oft zu spät zur Toilette ginge ...

Mein Vater streichelte mich jetzt meistens mit der Zunge. «Das ist noch viel schöner», sagte er. «Du hast da unten einen richtig süßen kleinen Mund. Der ist nur für Papa. Denkst du auch immer schön an unser Geheimnis?»

Ja, ich dachte daran – immerzu!

Doch zugleich machte ich mir immer öfter Gedanken darüber, ob andere Mädchen von ihrem Papa wohl genauso geliebt würden wie ich von meinem. Wenn Herr Mertens mit seinen beiden Töchtern schmuste oder spielte, fiel mir auf, daß etwas anders war als zwischen meinem Vater und mir.

«Pulst du der Lisa nicht im Mund herum?» fragte ich einmal, die Hände auf dem Rücken verschränkt, und starrte Herrn Mertens an.

«Ich? In Lisas Mund herumpulen! Wieso sollte ich?» Lachend strich er seiner Tochter über den Kopf. «Bin ich etwa der Zahnarzt?»

Ich fragte nicht weiter. Wären Mertens stutzig geworden, wenn ich mich deutlicher ausgedrückt hätte? Hätten sie nachgefragt? Wäre ihnen die Ungeheuerlichkeit dieser Aussage, die hinter meiner kindlich ungeschickten Frage steckte, aufgefallen?

Ich wünschte es mir. Aber, ehrlich gesagt, glaube ich es nicht. Für die meisten Menschen liegt sexueller Kindesmißbrauch so weit außerhalb des Vorstellbaren, daß sie selbst bei deutlichen Zeichen nicht mißtrauisch werden. Diejenigen aber, die einen entsprechenden Verdacht hegen, handeln allzuoft nach der Devise: «Was ich nicht weiß, macht mich nicht heiß.» Das gilt heute noch genauso wie damals, als ich sechs Jahre alt war. Über Kindesmißbrauch tuschelt man in unserer Gesellschaft höchstens hinter vorgehaltener Hand.

Erst recht aber schweigen die Opfer. Dabei ist es für ein Kind so schwer zu schweigen. Was in einem Kinderkopf herumgeht, will ausgesprochen sein. Das gilt besonders für bestimmte Entwicklungsphasen. Ein Kind, das in einer solchen Phase zum Schweigen verdammt ist, lernt nicht richtig denken und nicht richtig sprechen.

Daß ich trotz des Schweigegebots immer wieder über das zu reden versuchte, was man mir antat, war wohl ein Befehl aus meinem Unterbewußtsein, ein Zeichen meines Selbsterhaltungstriebs vielleicht.

So entsinne ich mich an eine Szene mit Conny, meiner Nachbarin auf der Vorschulbank. Wir bastelten an irgendeinem Geschenk für die Eltern.

«Zu Hause habe ich noch ein richtiges Geschenk», erzählte Conny. «Ein gekauftes. Aber das ist ein Geheimnis.»

«Darfst du es keinem verraten?» fragte ich.

Conny schüttelte den Kopf.

«Haut dein Papa dich sonst?» bohrte ich weiter.

«Du spinnst wohl!» sagte Conny und tippte sich an die Stirn. «Mein Papa haut mich nie!»

Einen Papa, der nie haut, so einen Papa gab es doch gar nicht! «Du lügst!» schrie ich empört. «Lügnerin! Doofe Sau!»

«Monika!» rief die Vorschullehrerin. «Wenn du wieder ungezogen bist, mußt du in die Eselsbank!»

Ich zog freiwillig dorthin um. Neben einer, die so log wie Conny, wollte ich nicht sitzen.

Schon immer hatte es Stunden gegeben, in denen wir Kinder unser Zimmer nicht verlassen, vor allem aber nicht das Wohn- oder das Schlafzimmer betreten durften. Das Verbot genügte. Da wir wußten, wie hart Ungehorsam bestraft wurde, war es für meine Eltern nicht nötig, die Türen abzuschließen. Trotzdem kam es, als wir noch klein waren, ein paarmal vor, daß wir im Eifer des Spiels vergaßen, was uns befohlen worden war. So schneite ich einmal unverhofft ins Wohnzimmer, als meine Eltern eng umschlungen auf dem Sofa saßen. Sie fuhren erschrocken auseinander, und während meine Mutter ihre Kleider ordnete, trug mein Vater mir auf, irgend etwas unbedingt sofort zu erledigen. Wer in solch einer Situation nicht auf dem Absatz umkehrte, wurde von meinem Vater angeschrien und hatte eine empfindliche Strafe zu erwarten. «Raus! Und wehe, du spickst zum Schlüsselloch herein!»

Wenn einige Zeit später das wohlbekannte Schreien und Stöhnen einsetzte, saßen wir in unserem Zimmer und wagten vor Panik kaum, uns zu bewegen.

Noch viel unerträglicher aber wurde das geheimnisvolle Verhalten meiner Eltern, als immer häufiger Besuch zu uns in die Wohnung kam. Ich weiß nicht genau, wo und wie meine Eltern diese Leute kennenlernten. Doch ich denke, es waren Bekanntschaften, die aufgrund von Inseraten in Zeitungen und Kontaktmagazinen zustande gekommen waren.

Ich ging, als das begann, schon längst in die Schule. Meine Eltern waren zu diesem Zeitpunkt etwa zehn Jahre verheiratet.

Wie mein Vater vor Gericht zu Protokoll gab, verbindet ihn mit meiner Mutter das Bedürfnis nach einem sehr aktiven Sexualleben. Seit sie einander kannten, verkehrten sie mindestens dreimal wöchentlich, häufig aber auch täglich miteinander. Vor allem an den Wochenenden, an Feiertagen oder im Urlaub hielten sie ihre Stöhnorgien oft mehrmals täglich ab, wie ich mich nur zu genau erinnere.

Nach den ersten zehn Ehejahren – so fuhr mein Vater in seiner gerichtlichen Aussage fort – machten sich in ihrer Beziehung erste Anzeichen nachlassender sexueller Lust breit. Damit wollten meine Eltern sich keineswegs abfinden. Sie begannen, sich nach luststeigernden Hilfsmitteln umzusehen. So kauften sie Schallplatten, auf denen frivole Witze erzählt wurden, und andere, auf denen die typischen den Geschlechtsverkehr begleitenden Geräusche zu hören waren. Außerdem erwarben sie Bücher, in denen erotische Hilfsmittel nebst deren Anwendung beschrieben wurden. Widerstrebend räumte mein Vater auf eindringliches Befragen auch ein, daß sie sich zwei elektrisch betriebene Massagestäbe unterschiedlicher Größe beschafften. Von ihren Lederbodys, ihren Peitschen und Handschellen, auch von der Videokamera und dem Fotoapparat sprach er nicht.

Irgendwann, sagte mein Vater weiter, fand er dann eine billigere Alternative zu den Schallplatten. Als Elektrofachmann war es für ihn eine Kleinigkeit, im ehelichen Schlafzimmer eine vom angrenzenden Wohnzimmer aus zu bedienende Abhöranlage einzubauen. Mit dieser nahm er von nun an zahlreiche Tonkassetten mit den Geräuschen des ehelichen Geschlechtsverkehrs auf.

Uns Kindern blieb die Kabelverbindung zwischen Wohnzimmer und Schlafzimmer natürlich nicht lange verborgen. Aber wir wußten uns zunächst keinen Reim darauf zu machen. Erst nach einigen Jahren entdeckten wir die Zusammenhänge zwischen der Stereoanlage im Wohnzimmer und dem großen Mikrofon im Schlafzimmer.

Wie mein Vater weiter ausführte, gefielen ihm und meiner Mutter die neuen Hilfsmittel zwar, befriedigten ihr Bedürfnis nach immer stärkeren sexuellen Anregungen jedoch bald schon nicht mehr. So sei er schließlich auf die Idee gekommen, andere Paare zum Partnertausch zu suchen. Er war neugierig auf fremde Frauen und stellte es sich sehr erregend vor, wenn er und seine Frau neue Erfahrungen sammeln und diese dann miteinander in neue Lust umsetzen könnten. Meine Mutter willigte schließlich ein.

Als ich nach dem Prozeß das Urteil in Ruhe las und mich erstmals mit dieser Aussage meines Vaters konfrontiert sah, brach eine Welt für mich zusammen. Nicht meine Mutter hatte also meinen Vater zu seinen exzessiven sexuellen Abenteuern angetrieben – sondern *er* war die treibende Kraft gewesen!

Wie hatte er sie überredet zum Partnertausch? Hatte er vielleicht gedroht, sie zu verlassen, wenn sie nicht mitspielte? Oder ging sie bereitwillig auf seinen Vorschlag ein, weil sie Angst hatte – um sich selbst, um ihre Ehe, vielleicht sogar um mich?

Plötzlich sah ich meine Mutter in anderem Licht. Von klein auf hatte ich von der Familie meines Vaters unablässig gehört, wie gut dieser Mann sei, wie treusorgend und brav. Meine Mutter aber galt als die schlechte Person, die nichtsnutzige Schlampe, die verkommene Hure mit ihrem unehelichen Kind, als das undankbare Frauenzimmer, das ihrem Gatten seine Liebe so übel lohnte. Was immer bei uns schieflief – es gab nie einen Zweifel, daß meine Mutter dafür verantwortlich sei. Niemand wäre auf die Idee gekommen, daß mein Vater, dieses Musterbild von Ehemann und treusorgendem Vater, der Initiator sexueller Ausschweifungen im ehelichen Rahmen sein könnte.

Wie oft hatte ich es, wenn ich in der Schule wieder mal Unsinn angestellt hatte, erlebt, daß die Eltern von Klassenkameraden über meine Mutter herzogen: Bei einer solchen Person sei es ja kein Wunder, wenn die Kinder mißrieten! Mein Vater indes war stets das Unschuldslamm: «Was, soll das dem Manfred seine Tochter sein? Kann ich mir gar nicht vorstellen!»

Das Gerichtsurteil und die Vernehmungsprotokolle, die ich gelesen habe, haben mich zutiefst verunsichert, was meine

Haltung zu meiner Mutter angeht. War sie in Wahrheit vielleicht ganz anders gewesen, als ich sie sah? Hatte sie vielleicht nicht weniger gelitten als ich? Hatte sie mir vielleicht sogar – wenn auch auf sehr unzulängliche Weise – zu helfen versucht, und ich hatte es nur nie bemerkt?

Eines Tages, wenn ich Kraft genug in mir verspüre, werde ich ihr selbst diese Fragen stellen. Ob sie es dann endlich – zum ersten Mal in ihrem Leben – schafft, sich so zu mir zu bekennen, daß ich es *merke?*

Nachdem mein Vater meiner Mutter plausibel gemacht hatte, daß nur ein Partnertausch ihrer Ehe noch aufregende sexuelle Impulse geben könne, beschlossen sie, sich auf entsprechende Anzeigen in einem einschlägigen Kontaktmagazin zu melden.

In späteren Jahren entdeckten wir Kinder mehrmals von meinen Eltern selbst verfaßte Anzeigentexte, die stets auf «Paare oder Einzelpersonen für zärtliche Stunden» gemünzt waren. Auf Inserate dieser Art erhielten meine Eltern stets so viele Zuschriften, daß tagelang der Briefkasten überquoll. Uns während der Abwesenheit unserer Eltern neugierig auf die Suche machend, entdeckten wir im Schlafzimmer zuhauf Briefe mit Fotos nackter oder in Leder gekleideter Männer und Frauen. Viele boten sich in ekelerregenden Posen dar.

Zu der Zeit, als ich meinen Vater anzeigte, besaß er ganze Ordner solcher Fotos sowie selbst geschossener Aktbilder – auch solche, auf denen er mit mir zu sehen war. Meine Brüder genossen es, diese Ordner durchzublättern, sich die erotischen Videos unserer Eltern reinzuziehen oder die Pornohefte zu verschlingen, die stapelweise herumlagen.

Sobald meine Eltern die eingegangenen Zuschriften in aller Ruhe geprüft hatten, luden sie einige Leute ein. Solchen Besuchern gegenüber zeigten sie sich immer sehr großzügig. Während wir Kinder hinter unserer Zimmertür saßen und nicht einmal die Nasenspitze herauszustecken wagten, verwöhnten meine Eltern ihre Gäste mit allem, was das Haus zu bieten hatte. Im Anschluß an einen ersten Schnuppernachmittag trafen meine Eltern dann ihre Auswahl.

Vor Gericht tat mein Vater so, als habe es sich bei diesen sexuellen Kontakten ausschließlich um solche mit anderen Ehepaaren gehandelt. Ich selbst entsinne mich jedoch, daß um das Jahr 1976 herum überwiegend einzelne Männer zu uns kamen. Diese verblieben häufig mit meiner Mutter allein im Wohnzimmer, oder aber sie zogen sich gemeinsam mit ihr und meinem Vater ins Schlafzimmer zurück. Von dort aus drangen dann bald das schreckliche Schreien und das Schmerzgestöhne meiner Mutter ins Kinderzimmer.

Oft, wenn wieder mal ein fremder Mann im Schlafzimmer meiner Eltern war, lauschten Boris und Georg heimlich an der geschlossenen Tür und schauten durch das Schlüsselloch. Sie berichteten zwar, was sie beobachtet hatten: der Fremde, der auf Mama herumturnte; Papa mit dem Fotoapparat ... Aber keiner von uns begriff, was das alles zu bedeuten hatte.

Gerade dieses Nichtverstehen war wohl der Grund dafür, daß wir begannen, das, was wir gesehen hatten, in unseren Spielen nachzustellen. Vater, Mutter, Kind – das war bald unser Lieblingsspiel. Immer war Boris der Vater, Georg das Kind und ich die Mutter. Egal, ob wir selbst schauspielerten oder Playmobil-Figuren benutzten – die Rollenverteilung und Spielregeln blieben stets die gleichen. Die Mutter mußte tun, was der Vater wollte; und das Kind gehorchte der Mutter. Schlug der Vater die Mutter, prügelte diese das Kind. Im Bett hatte die Mutter stöhnend unter dem heftig «turnenden» Vater zu liegen. Zuvor oder danach mußte das Kind die Mutter streicheln. Ging das Kind zu Bett, kam der Vater und wühlte unter der Bettdecke des Kindes herum.

Nur wenn ich in Abwesenheit meiner Brüder mit den Figuren spielte, war ich bereit, das Kind und den Vater darzustellen. Dann tat der Vater dem Kind zwischen den Beinen weh und sprach mit böser Stimme von dem gemeinsamen Geheimnis.

Eine besondere Note erhielt die Szenerie, wenn Stefan, der damals «schon» zwölf Jahre alt war, sich einmal dazu herabließ, mit uns Kleineren mitzuspielen. Dann verglichen Stefan und Boris ihre Pimmel miteinander und verlangten, daß ich diese streichelte, bis sie steif wurden. Es machte mir angst, wie vor allem Stefan mich dabei anstarrte.

Es war ein doofes Spiel. Aber Stefan war stark. Er konnte einem die Arme auf den Rücken drehen und zuschlagen, bis man blutete. Vor allem aber besaß er mehrere Messer und Pistolen, die wie echt aussahen.

«Mach's, oder du bist dran!» schrie er, die Klinge an meiner Kehle. «Ich bring' dich um!»

Diese Angst! Niemand würde mir helfen, ich wußte es genau. Wenn ich um Hilfe schrie, bekäme ich noch Prügel obendrein. «Ja», preßte ich heraus. «Ja, ich mach's!»

Später versuchte ich erst gar nicht mehr, mich zu wehren. Es war schneller vorbei, wenn ich gleich tat, was Stefan verlangte.

Mittlerweile war ich schon fast neun Jahre alt. Ich hatte lesen gelernt und alles andere, was einem in der dritten Schulklasse beigebracht wird.

Bewundert wie Stefan wurde ich dafür allerdings nicht. Warum auch? Schließlich las er besser als ich, schrieb schöner als ich, konnte besser rechnen, besser turnen, war einfach in allem besser als ich. Ich mochte mir noch so große Mühe geben – meinen Vater interessierte es nicht. Und meine Mutter entdeckte erst recht nichts Lobenswertes an mir.

«Gib dem Hahn auf dem Mist einen Stift, und er schreibt besser als du!» rief sie, sobald sie mein Schulheft aufschlug. Vorlesen durfte ich nicht. Mein Stocken und Stottern ging meiner Mutter zu sehr auf die Nerven. «Doof bleibt doof!» sagte sie. «Halt wenigstens den Mund, damit es keiner merkt.»

«Laß die Alte doch!» sagte mein Vater dann oft. Mit «der Alten» meinte er mich! «Hast du etwas davon, daß du mal dein Abi gebaut hast?»

«Ich heiß nicht ‹Alte›!» wollte ich schreien. «Ich habe einen richtigen Namen!» Aber ich wagte es nicht. Ich kniff die Lippen zusammen, damit die Worte nicht von selbst heraussprangen.

«Wie sie wieder schaut, unsere Alte!» grinste mein Vater und schob im Beisein meiner Mutter seine Hand unter meinen Rock. «Du kannst doch vom Ochsen nicht mehr als Rindfleisch verlangen.»

Mit herabgezogenen Mundwinkeln wandte meine Mutter sich ab. Mein Vater lachte und griff unter meinem Rock fester zu. «Siehst du, jetzt sind wir sie los», flüsterte er. «Jetzt machen wir beide es uns schön gemütlich. Komm her, hierher, ja, so ist's brav!» Und damit zog er mich neben sich in den Sessel.

Ich wußte, was kommen würde. Inzwischen wußte ich die Vorzeichen zu deuten: diese feuchten, glitschigen Hände, diese Beule unter dem Hosenladen, diesen seltsam starren Blick.

Ich versuchte, ganz flach zu atmen und an nichts anderes zu denken als an meine Atemzüge. Kurz mußten sie sein, nicht länger als meine Nase. Nach ein paar Sekunden setzte dann ein ganz merkwürdiges Gefühl in mir ein. In meinen Ohren, hinter den Augen, überall schien es «Luft! Luft!» zu dröhnen. Die Stelle zwischen meinen Beinen, wo Papa mich anfaßte, schien weit, weit weg zu sein. Meine Hand, die er um sein steifes Glied gelegt hatte und mit festem Griff um mein Handgelenk auf und nieder führte, schien mir nicht mehr zu gehören. Ich schaffte es, das Atmen fast ganz einzustellen. Erst wenn unsichtbare Wolken vor meinen Augen wirbelten, gab ich dem Atemdrang schlückchenweise nach. Ich stellte mir vor, immer leichter und leichter zu werden, bis ich ganz verschwunden schien. Dies gelang so gut, daß meine Haut gefühllos wurde. Als ich Jahre später zum ersten Mal eine örtliche Betäubung erhielt, erkannte ich die Taubheit und Schmerzunempfindlichkeit, die sich einstellten, als den Zustand wieder, den ich selbst durch meine Atemtechnik herbeiführen kann.

Die Begegnungen im Sessel endeten meist damit, daß mein Vater seine Hose zuknöpfte, mir einen Schubs gab und sagte: «Geh spielen! Und denk daran: Kein Wort – verstanden?»

Natürlich hatte ich längst verstanden: Obwohl mir die «Spielchen» meines Vaters nicht gefielen, hatte ich mich mit ihnen abzufinden. Sie gehörten zu meinem Kinderalltag dazu.

Ich ertrug sie und nahm sie in Kauf wie eine unerwünschte Zugabe zu einem heißersehnten Geschenk. Denn die Nähe, die Zärtlichkeit und Wärme meines Vaters waren mir das Wichtigste auf der Welt. Zwar mochte ich es nicht, wenn er zu mir sagte: «Du willst das doch selbst! Gib doch zu, daß es dir gefällt! Du kriechst doch nur zu gern in mein Bett!» Doch es stellte meine Liebe zu ihm nicht in Frage. Mir war damals nicht bewußt, daß er meine unschuldigen Wünsche für seine Zwecke ausbeutete. Ich empfand nicht seine Schlechtigkeit und hemmungslose, zerstörerische Gier nach meinem Körper. Statt dessen empfand ich meine eigene Schuld. Denn es stimmte ja, was er behauptete: Ich wünschte mir oft verzweifelt, geborgen und sicher in seinen Armen zu liegen, von ihm gestreichelt und geküßt zu werden. Trotz meines Widerwillens gegen die Art, in der mir mein Vater Zärtlichkeit gab, war mein Bedürfnis nach Zärtlichkeit so groß, daß ich alles tat, um sie zu bekommen. Ich akzeptierte, daß der Preis für das Gefühl, geliebt zu werden, darin bestand, daß mein Vater Dinge mit mir tat, die mich schmerzten, erschreckten und ekelten. Das mußte wohl alles seine Richtigkeit haben. Denn mein Vater, den jeder so schätzte und bewunderte, tat gewiß nichts Falsches. Wenn ich verabscheute, was er mit mir tat, so mußte es an *mir* liegen. Dann war ich ein böses Mädchen. Ich aber wollte immer, mehr als alles andere, ein liebes Mädchen sein – *sein* liebes Mädchen.

Daß ich trotz des Desinteresses meiner Eltern an meinen schulischen Leistungen nicht total verblödete und sogar das Rüstzeug mitbekam, einmal die mittlere Reife zu schaffen, habe ich nicht nur – wie so vieles – meiner Tante Inge zu verdanken, sondern auch Georgs unstillbarem Hunger nach Geschichten. Während mich Tante Inge die Rechtschreibung und das Einmaleins lehrte, lernte ich mit Georg im Arm das Vorlesen.

Nicht selten fanden diese Vorlesestunden unter der Bettdecke statt; immer dann nämlich, wenn wir die Geräusche aus dem elterlichen Schlafzimmer aussperren wollten.

An einem solchen Abend, als Boris, Georg und ich uns mit

der Taschenlampe unter die Decke verkrochen hatten, warf Georg sich plötzlich auf den Rücken herum und hielt sich die Ohren zu. «Warum machen die das?» fragte er und versuchte seine Tränen zu unterdrücken. «Warum turnen die denn so, wenn Mama der Rücken weh tut?»

Ich wußte keine Antwort. Wenn mein Vater «Spielchen» mit mir machte, stöhnte er manchmal auch, aber anders, viel leiser. Und er turnte auch nicht. Wie sollte ich auf die Idee kommen, Zusammenhänge herzustellen?

Boris setzte sich auf. «Mama sagt, es ist schön», sagte er wichtigtuerisch. «Sie sagt, es tut überhaupt nicht weh, sondern macht Spaß. Sie sagt, wenn man sich liebt, turnt man so, und dann muß man so stöhnen, weil es so schön ist. Alle machen das. Wir auch, wenn wir groß sind.»

«Ich aber nicht!» rief Georg. «Ich will das nicht – nie!»

Keiner von uns konnte ahnen, wie schrecklich sich diese Voraussage eines Tages erfüllen sollte.

Das Kreischen und Wimmern im Schlafzimmer war leiser geworden. Gleich würde die Tür klappern und im Bad das Duschwasser rauschen. Hastig versteckten wir unsere Taschenlampe unter dem Bett. Die begonnene Geschichte fertig zu lesen, wagten wir nicht.

In meinem Kopf jedoch arbeitete es. Unbeabsichtigt hatte Boris ein Räderwerk in Gang gesetzt. Liebe – Turnen – Stöhnen – Schreien – Schmerzen . . . Wie paßte das zusammen? Ich hatte Turnstunden in der Schule. Doch die waren weder besonders schön, noch stöhnten wir. Wie turnten Mama und Papa und die fremden Männer denn wohl, daß es so schön war? Und was hatte Turnen mit Liebe zu tun? Turnten Tante Inge und Onkel Ralf auch so? Warum hatte ich sie dann noch nie schreien gehört, wenn ich bei ihnen übernachtete?

Und so fragte ich in meiner Wißbegier den Menschen, den ich auf gar keinen Fall hätte fragen dürfen: «Papa, was ist denn Liebe?»

Es war an einem dieser Abende, an denen meine Eltern Besuch bekommen hatten – irgendwann zwischen Ostern und Sommer 1976. Schon am Nachmittag waren wir Kinder dazu vergattert worden, abends nur ja nicht unser Zimmer zu verlassen. Meine Mutter badete stundenlang, danach rannte sie mit Lockenwicklern und rot angemalten Zehennägeln herum. In der ganzen Wohnung roch es nach ihrem Parfüm. Und der Kühlschrank war voller leckerer Sachen.

Sobald es an der Tür schellte, hieß es für uns Bettruhe. Mit gespitzten Ohren lauschten wir hinaus, ob wir den Besuch an der Stimme erkannten. Nein, es war ein fremder Mann. Er hatte eine ungewöhnlich tiefe Stimme. Zur Begrüßung überreichte er meiner Mutter Blumen, wie wir an ihren entzückten Bewunderungsrufen und dem Knistern von Zellophanpapier erkannten. Etwas später drehte mein Vater die Stereoanlage auf. Besteck klirrte, ein Sektkorken knallte. Jemand lachte, meine Mutter fiel schrill ein.

«Was die wohl essen?» flüsterte Boris. «Ich hab' solchen Hunger.»

Georg kicherte. «Ich könnte ein Schwein verdrücken», sagte er. «Ein Schwein mit einem rosa Ringelschwanz.»

«Mit einem rosa Ringelschwanz und einer schmutzigen Schnoddernase», ging Boris auf Georgs Spiel ein.

«Mit einem rosa Ringelschwanz und einer schmutzigen Schnoddernase und schweinischen Schinken», rief Georg.

Meine Gedanken glitten ab. Ich dachte an Nachmittage, an

denen mein Vater mich zu sich ins Schlafzimmer geholt hatte, während meine Mutter im Wohnzimmer klagend ihre Rükkenschmerzen kultivierte. An die Nächte dachte ich, in denen er zu mir ins Bett gekrochen war, an seine widerlich nassen Küsse überall. Daran, wie ich zu ihm gesagt hatte: «Papa, ich mag das nicht.» Daran, wie wütend er geworden war.

«Hast du auch solchen Hunger?» fragte Boris und stieß mich an, weil ich nicht gleich reagierte.

Nein, Hunger hatte ich nicht, nur Angst – eine unbändige Angst davor, daß mein Vater in dieser Nacht wieder zu mir kommen würde, um mich überall abzulecken.

«Darf ich heute neben dir schlafen?» fragte ich Georg. «An der Wand?»

Georg zögerte. Dann hielt er mir die offene Hand entgegen. «Was kriege ich dafür?»

Ich wußte, daß ich nichts besaß, womit ich mir das Stückchen Sicherheit neben ihm erkaufen konnte. Trotzdem kramte ich verzweifelt alle meine Schubladen nach möglichen Schätzen durch.

«Kannst es mir ja morgen geben», sagte Georg gähnend und rückte an die vordere Bettkante, so daß ein kleines Plätzchen zwischen seinem Rücken und der Wand für mich frei wurde.

Georgs Wärme und die ruhigen Atemzüge meiner Brüder schläferten mich ein. Ich schwöre, daß ich wach bleiben wollte. Doch als die wohlbekannte schwere Hand plötzlich an meinem Hals lag, war ich nicht durch das geringste Geräusch gewarnt worden.

«Pst!» hörte ich Papas Stimme. Zwei Arme hoben mich vom Bett, trugen mich aus dem Kinderzimmer, ließen mich auf einem anderen Bett nieder. Die Kissen dufteten nach Papas Rasierwasser. Papas Bett! Behaglich rückte ich mich zurecht. In seinem Bett schlafen zu dürfen war Glück.

«Warum hast du bloß diesen Fummel noch an?» flüsterte er und streifte mein Nachthemd ab. «Ist doch viel schöner ohne. Komm her, Engelchen, ich wärme dich.»

Mein Vater trug nie einen Schlafanzug. Sein Körper war

angenehm glatt und warm. Trotzdem bog ich mich von ihm weg. Ich wollte es nicht spüren, das heiße, harte Ding, das sich an meinen Bauch drückte. Doch es gab kein Entrinnen. Mit seinen starken Armen preßte mein Vater mich an sich.

«Du machst mich noch total verrückt», murmelte er und zerbiß mir schmerzhaft die Lippen. «So etwas Süßes wie dich, das hält ein Mann doch nicht aus!» Gierig machte sich dieses Monster über meinen Busen her, der noch gar keiner war, ja sich noch nicht einmal andeutete.

Vom Wohnzimmer her drangen Schreie meiner Mutter zu uns. «Ich liebe dich!» flüsterte mein Vater und schob meine zusammengepreßten Beine auseinander. «Meine Süße, meine kleine Frau!»

Ich spürte, daß ich in Gefahr war. «Papa», stammelte ich verzweifelt. Ich wußte, ich mußte mit ihm reden, irgend etwas, um ihn abzulenken. «Papa, was ist denn Liebe?»

Plötzlich hörte mein Vater auf, mich zu küssen. Sein Finger in mir bewegte sich nicht mehr.

«Papa», fragte ich und glaubte, mich schon gerettet zu haben, «warum stöhnt Mama denn so? Wie macht ihr denn Liebe?»

Mein Vater begann lautlos zu lachen. «Bist du endlich soweit!» murmelte er und begann mich zu streicheln, wie er mich nie gestreichelt hatte, mit Fingern, die meine Haut gläsern zu machen schienen und glühend zugleich. «Paß auf, ich zeige es dir. Du wirst sehen, es tut gar nicht weh.»

Ich versuchte nicht einmal, mich zu wehren. Ich hatte nicht die geringste Ahnung, was das zu bedeuten hatte, als mein Vater sich über mich schob. Ich war so klein unter ihm. Mein Kopf reichte kaum bis an seine Achselhöhlen. Von ganz unten sah ich zu ihm auf.

«Und jetzt mach die Beine schön breit», flüsterte mein Vater. Auf seiner Oberlippe standen Schweißtröpfchen. Sie glänzten im Licht der Straßenlaterne, das durch das Fenster ins Schlafzimmer fiel. Das war das letzte, was ich wahrnahm, bevor ein Schmerz in meinen Unterleib fuhr, der so höllisch war, daß ich ihn nicht zu beschreiben vermag.

Ich wußte nicht, was geschehen war. Mein Körper bäumte sich automatisch auf, so daß der nächste Stoß ins Leere ging.

«Lieg still!» herrschte mein Vater mich ungehalten an. «Was soll der Scheiß? Erst willst du, daß ich dir alles erkläre, und dann kneifst du. Mach gefälligst die Beine breit! Wird's bald!»

Von einer Sekunde zur anderen begann ich zu zittern, daß mir die Zähne aufeinanderschlugen. Ich wollte nicht, daß mein Vater mir noch einmal etwas zeigte, das so weh tat. Aber er sollte auch nicht böse auf mich sein. Er sollte mich liebhaben.

«Willst du's nun, oder willst du's nicht?» Er wälzte sich herunter von mir. Sein Mund war ganz schmal vor Wut.

Ich nickte, stumm vor Angst.

«Dann sag's!» zischte mein Vater zwischen den Zähnen hervor.

«Ich bin wieder lieb, Papa!» flüsterte ich. «Ich bin wieder ganz lieb.»

Er nickte mürrisch. Dann blickte er an sich hinunter. «Da guck, was du angerichtet hast!» knurrte er und führte meine Hand an das traurig herunterhängende Schrumpelding zwischen seinen Beinen. «Der Kleine braucht jetzt aber ein paar Extrastreicheleinheiten. Du weißt schon. Laß mal sehen, wie lieb du den Papi hast.»

Ich hatte meinen Vater über alle Maßen lieb, viel lieber als mich selbst. Und ich zeigte es ihm.

Als er zum zweiten Mal in mich eindrang, hielt ich still. Der Schmerz riß mich auf. Er war zu betäubend, als daß ich hätte schreien können.

Wie mein Vater sich auf mir bewegte; wie plötzlich ein schreckliches Grinsen sein Gesicht zerriß; wie dann dieses widerliche, klebrige weiße Zeug auf meinen Bauch floß – das alles sah ich wie eine unbeteiligte Beobachterin mit an.

Von anderen habe ich später gehört, daß sich jeder Mensch in Zeiten schlimmster körperlicher Qual in sein tiefstes Inneres zurückziehen kann, daß die Seele sich dann förmlich auf kleinstem Raum verschanzen kann. Obwohl das Herz weiter Blut durch den ganzen Körper pumpt, erfährt man Teile seiner selbst, als gehörten sie nicht mehr dazu.

Ich kam zu mir, als mein Vater mir die Wange tätschelte. «Na», fragte er, «war's schlimm?»

Mühsam schüttelte ich den Kopf.

«Wenigstens weißt du jetzt, wie die Großen Liebe machen», sagte er. «Kannst dich doch auf deinen Papi verlassen!»

Müde sah ich zu, wie mein Vater sich anzog. Unterwäsche, Socken, Hemd und Hose, alles lag säuberlich gefaltet vor seinem Bett. Ich versuchte mir klarzumachen, was geschehen war. Aber ich konnte keinen Gedanken fassen. In meinem Kopf spulten nur Bilder ab, die so schnell wieder gingen, wie sie gekommen waren. Das einzige, was blieb, war der Schmerz in meinem Bauch.

«Wenn die Mami morgen fragt, was das hier ist», sagte mein Vater und zeigte auf ein paar blaßrote Blutflecke im Bettlaken, «fang ja nicht an, dummes Zeug zu erzählen! Wenn einer ein Geheimnis bricht, passiert etwas!»

Was passieren würde, verriet er nie. Ich wußte auch so: Es würde etwas unvorstellbar Schlimmes sein.

Ich hatte es gelernt, im Schlaf zu vergessen. Der Schlaf war für mich zu einem magischen Vorhang geworden, den ich ganz nach Belieben zu- und aufziehen konnte und hinter dem ich alles, was ich vergessen wollte, verschwinden lassen konnte. Aber in dieser Nacht der ersten Penetrierung durch meinen Vater klappte das Vergessen nicht so perfekt wie sonst. Es gab etwas, das die Erinnerung wachhielt.

Als ich morgens aufwachte, stellte ich verwundert fest, daß ich im Schlafzimmer meiner Eltern lag – allein. Dabei war ich doch in meinem eigenen Bett eingeschlafen, neben Georg.

Mir dämmerte, daß mein Vater mich geholt hatte. Aber warum? Und warum war ich nackt? Ich schlief doch niemals nackt! Als einzige in der Familie trug ich regelmäßig ein Nachthemd, lieber noch einen Schlafanzug. Tante Inge hatte mir einige geschenkt, als ihre Söhne herausgewachsen waren. Jetzt lag mein Nachthemd zerknüllt am Fußende in Papas Bett. Er hatte es mir ausgezogen. Warum?

Erst jetzt merkte ich, daß mein Bauch weh tat. Ich wußte

nicht, wo. Irgendwo tief drinnen, nur das war klar. Magenschmerzen, dachte ich zuerst.

Als ich mich aufrichten wollte, fiel ich mit einem Schrei zurück. Was war das? Der stechende Schmerz war aus meinem Unterleib gekommen und wie eine Flamme in meinen Kopf geschossen.

Mehr kriechend als laufend, beide Hände vor den Bauch gepreßt, schlich ich ins Bad. Es war mir egal, ob jemand meine Nacktheit sah, ob meine Brüder blöde Witze reißen würden. Mit einem Stöhnen, das tief aus mir heraufquoll, kauerte ich mich auf der Toilette nieder. Tränen rannen mir die Wangen herab. Ich biß in meinen Arm, um nicht schreien zu müssen vor Schmerz, als ich Wasser ließ. Auf dem Toilettenpapier sah ich Blut. Wieso blutete ich da unten? War ich krank? Mußte ich sterben? Ein Schauder erfaßte mich. Wie war das, wenn man starb? Tat es weh? War der Schmerz beim Sterben größer als der, den ich jetzt spürte?

Der Gedanke ans Sterben bereitete mir Angst, aber irgendwie auch Genugtuung. Das hatte mein Vater davon! Es schadete ihm gar nichts, wenn ich tot wäre!

Ich will gar nicht wissen, wie alt ich damals war. Ich rechne nicht nach. Was für eine Rolle spielt es schon, seit wie vielen Jahren ich auf der Welt war? Ich war doch kein Kind mehr, oder? War ich überhaupt jemals eines gewesen? Oder war ich nur eine lebendige Puppe, die andere nach Lust und Laune benutzten?

Ich weiß nicht, wie alt ich war – aber ich weiß noch sehr genau, wie klein ich war. Alles an mir war klein, innen und außen. Nur mein Schmerz war groß.

In den darauffolgenden vier Wochen ging das Kind in mir endgültig zugrunde. Mein Vater holte mich regelmäßig zu sich ins Bett. Er drang zwar nicht mehr mit dem Penis in mich ein, weil er sich – wie er sich ausdrückte – nicht die Haut bei mir abscheuern wollte. Aber es gab keine Stelle meines Körpers, die er nicht auf andere Weise in Besitz genommen hätte. Ich verlernte alles, was das Kind in mir je gelernt hatte: die

Fähigkeit, Vertrauen zu haben, Freude und Sorglosigkeit zu empfinden, glücklich zu sein. Statt dessen begann ich, wieder am Daumen zu nuckeln und mein Bett einzunässen. Nicht einmal Georg wollte mit einer «Piß-Marie» wie mir zusammen schlafen.

Nachts lag ich stundenlang wach und lauschte auf jedes Geräusch im Haus. Näherten sich Schritte der Kinderzimmertür? Wer stimmte in Mamas Stöhnen mit ein: Papa – oder ein fremder Mann? Wenn Papa stöhnte, hieß das Ruhe für mich; ein fremdes Stöhnen aber bedeutete höchste Gefahr.

Noch heute versetzt es mich in höchste Panik, wenn nachts unverhofft unter meiner Zimmertür ein Lichtstreifen zu sehen ist. Noch heute kann ich das verstohlene Geräusch einer möglichst lautlos niedergedrückten Türklinke nicht ertragen.

Georg liebte Besuch. Er fieberte darauf, daß wir die Erlaubnis erhielten, ins Wohnzimmer zu kommen. Wo ich am liebsten auf dem Absatz kehrtgemacht hätte, warf er sich jedem an den Hals, kraulte ihn, küßte ihn ab. Bei jedem machte er sich lieb Kind – und durchaus nicht etwa, weil er sich dafür Süßigkeiten oder eine andere Belohnung erhoffte. Ich prügelte mich mit ihm, weil ich wollte, daß er mit diesem Schwachsinn aufhöre. Aber er ließ es nicht. Vermutlich wußte Georg selbst nicht, warum er so versessen darauf war.

Ich verabscheute Besuch. Nachdem mein Vater mir gezeigt hatte, wie die Großen Liebe machen, sah ich die immer häufiger bei uns einkehrenden Gäste mit anderen Augen. Plötzlich war mir klar, was sie mit meiner Mutter trieben. Ich glaubte auch zu wissen, warum sie schrie. Liebe machen tat weh. Trotzdem hegte ich kein Mitleid für sie. Meine Mutter hatte Abscheu in mir gesät, und die Saat war aufgegangen.

Solange ich klein genug war, vieles ohne Nachdenken hinzunehmen, hatte ich nicht einmal ein schlechtes Gewissen, meine Mutter abzulehnen. Meine Mutter war eine schlechte Frau. Alle sagten es, die mir wichtig waren. Sie hatte Strafe verdient. Liebe machen zu müssen, schien die Strafe für ihre Schlechtigkeit zu sein. Es war gut, daß es ihr so weh tat, daß sie stöhnen mußte. Es geschah ihr recht.

Mir war klargeworden, daß die Besuche, die meine Mutter von fremden Männern erhielt, und die heimlichen Besuche meines Vaters bei mir auf rätselhafte Weise zusammenhingen. Was die Fremden meiner Mutter zufügten, fügte mein Vater mir zu. Meine Mutter hatte es verdient; denn sie war schlecht. Aber ich – warum hatte ich es verdient? Was hatte ich Schlimmes getan?

War ich schlecht, weil ich am Daumen lutschte? Mein Vater hatte es eines Nachts gesehen, als er sich an mein Bett schlich. Klatsch! Klatsch! Klatsch! – er schlug mich aus dem Schlaf. Vor Schreck blieb mir die Stimme weg. Dann mußte ich ihn versöhnen; ihn streicheln, von ihm gestreichelt werden, überall befingert werden, seinen Pimmel in den Mund nehmen, sein weißes Zeug ertragen. Das alte Spiel. Warum bekam dieser Mensch nur nie genug davon? Und warum biß ich nicht einfach mal fest zu, biß ihm das widerliche Stinkding ab – Ende, Amen, aus? Warum hatte ich solche Angst davor, totgeschlagen zu werden?

Oder war ich schlecht, weil ich ins Bett pinkelte und oft auch in meine Hosen? Bis ins sechste Schuljahr hinein kam ich davon nicht los.

War ich vielleicht wie meine Mutter? Ich starrte mich im Spiegel an. Meine Mutter hatte braunes Haar, ich blondes. Aber sonst? Sie war fett, ich war fett. Sie war doof, ich war doof. Sie war faul, ich war faul. Sie tat, was mein Vater wollte, ich tat, was er wollte. War ich also wie meine Mutter?

«Was glotzt du dich so an?» sagte mein Vater. «Paß bloß auf, daß der Spiegel nicht zerspringt, so häßlich wie du bist!» Grinsend stand er hinter mir. Seine Augen hielten meinen Blick im Spiegel fest.

Was dann passierte, kann ich mir bis heute nicht erklären. Kaum merklich hob er die Hand – und plötzlich, im Bruchteil einer Sekunde, lief ein Blitz quer über das Glas. Das Spiegelglas löste sich wie eine Wand aus Mosaiksplittern, Scherben fielen klirrend ins Waschbecken, auf die Fliesen, zersprangen überall.

Ich stand wie angewurzelt. Hatte ich geträumt?

«Monika! Verdammt! Habe ich es nicht gesagt? Jetzt ist er hin! Der teure Spiegel.» Mein Vater schien außer sich.

Ich schlug die Hände vors Gesicht. «Hau mich nicht! Bitte, Papa, hau mich nicht!»

«Was ist denn hier los?» Meine Mutter stürmte herein, schrie auf, als die Scherben unter ihren Füßen knirschten. «Wer war das?»

«Die Alte!» sagte mein Vater. «Spielt Spieglein, Spieglein an der Wand. Kein Wunder, daß der Spiegel zerspringt, bei der Visage.»

Meine Mutter riß mir die Hände vom Gesicht. «Guck dir die Sauerei an!» brüllte sie. «Weißt du, was das heißt: ein kaputter Spiegel? Sieben Jahre Unglück! Kapierst du Schwachkopf das überhaupt?» Sie schüttelte mich, bis ich keine Luft mehr bekam.

Mein Vater stand irgendwo hinter uns, grinsend. Etwas grauenhaft Vertrautes war in seinem Blick. «Laß gut sein, Schatz!» sagte er schließlich und zog meine Mutter von mir weg. «Laß die Alte. Es lohnt sich nicht, sich über sie aufzuregen.»

Wenn ich die Augen schließe, kann ich das Bild immer noch vor mir sehen: wie meine Eltern eng umschlungen über die knirschenden Scherben schritten. Wenig später stießen ihre Schreie Dolche in mein Herz.

Es dauerte lange, bis keine Spiegelsplitter mehr im Badezimmer herumlagen. Stefan und ich waren immer noch nicht perfekt im Haushalt. Ein neuer Spiegel war schneller beschafft. Mein Vater kaufte ihn von meinem Geld, das ich zu Weihnachten bekommen hatte. Schließlich hatte ich den Schaden ja verursacht – ich mit meinem Gesicht wie ein Feuermelder.

Sie fragen sich vielleicht, wieso ich dieses in Ihren Augen gewiß alberne, nichtige Kindheitserlebnis nicht längst abgeheftet und zu den Akten gelegt habe? Schließlich bin ich doch heute eine erwachsene Frau, die sich selbst längst klargemacht haben sollte, was wirklich an ihr dran ist.

Sicher könnte ein Psychologe die Frage weit schlüssiger beantworten als ich. Ich weiß nur, daß mein Ich irgendwie durch den Fleischwolf gedreht wurde und ich bis heute nicht gelernt habe, das von meinen Eltern in mich hineinprojizierte Bild meiner selbst von meinem tatsächlichen Ich abzulösen.

Ich trage inzwischen Ohrringe und Ketten, Armbänder, an jedem Finger einen Ring. Ich liebe es, eine moderne Frisur zu tragen, und lasse mir meine Haare färben. In der Wahl von Brillen, die mir stehen, bin ich geradezu exzellent.

Doch ich schmücke mich nicht aus Freude oder Wohlgefallen an mir. Die Frisur an sich, die Farbe eines Ohrrings, die Form einer Brille sind es, die mir gefallen. Sie sind es, die ich im Spiegel ertrage. Weil mein Ohrring schön ist, verzeihe ich meinem Ohr, daß es ihn trägt. Weil meine Ketten schön sind, erlaube ich meinem Hals, daß sie um ihn geschlossen werden.

Es hilft nicht, daß Freundinnen und Freunde mir sagen: «Du siehst hübsch aus.» Solche Worte machen mir angst. Mein Vater benutzte sie, ehe er mich benutzte. Immer noch erschrecke ich vor der Botschaft, die sie früher in sich trugen. Noch immer erwarte ich, daß der Spiegel zerspringt, wenn ich mich in ihm anschaue.

Ob ich mich jemals werde ertragen können? Ob es mir einmal gelingen wird, mein Gesicht im Spiegel zu betrachten und es zu schminken? Ich weiß es nicht. Aber ich übe. Es gelingt schon, eine Frisur zu stecken, Kämmchen und Spangen in mein Haar zu schieben. Die Hand zittert mir noch dabei. Oft muß ich mich abstützen und mich daran hindern, einfach fortzugleiten, mich davonzustehlen aus meinem eigenen Ich. Und doch gibt es Erfolge. Ich habe bewußt entdeckt, daß meine Augen blau sind, blau mit einem graugrünen Schimmer. Ob ich mir vielleicht einmal Lidschatten auftrage? Es gibt so schöne Farben, die zu meinen Augen passen würden. Und ich male für mein Leben gern.

Schon als Kind malte ich sehr gern. Nirgends konnte ich dies ungestörter tun als bei Tante Inge. Zeichenblock und Stifte gab es bei ihr immer, und wenn ich mit Tuschfarben malte, brauchte ich nie zu fürchten, daß irgend jemand mein Pinselglas mit Wasser umwerfen würde.

«Was soll denn das werden?» fragte sie eines Nachmittags, als sie mir, während sie Geschirr abtrocknete, über die Schulter guckte. «Ein Baum?»

«Nee», sagte ich und ließ den Pinsel mit der schwarzen Wasserfarbe übers Papier huschen. «Ein Mann.»

Meine Tante hielt verwundert inne. «Ein schwarzer Mann? Ah – der Schornsteinfeger? Der braucht aber eine Leiter.»

«Nee», sagte ich. «Papa.»

Tante Inge lachte nachsichtig. «Aber der ist doch nicht schwarz!»

«Er macht Sachen mit mir», sagte ich.

«Sachen?» Meine Tange griff nach einem weiteren Teller. «Du meinst Spiele?»

«Komische Spiele», sagte ich.

Tante Inge stellte einen Stoß Teller in den Küchenschrank. «Kannst wohl nicht verlieren?» lachte sie. «Aber wenn einer spielt, muß er auch mal verlieren. Das ist eben so. Da kann man nichts machen.»

«Er faßt mich an», sagte ich.

«Na und?» Sie schüttelte irritiert den Kopf. «Schließlich ist er doch dein Vater.»

«Da unten», sagte ich. «Das tut so weh.»

Tante Inge schnappte nach Luft. «Er tut was?»

«Er steckt sein Ding in mich rein», sagte ich mit gesenktem Blick. Ich konnte meine Tante nicht anschauen. «Und dann pißt er mich an.»

Sie stand da wie erstarrt und sagte kein Wort. Obwohl mir schwindlig im Kopf war vor Angst, mußte ich zu ihr aufsehen. Sie war kreidebleich und stierte mich fassungslos an.

«Das ist ja ungeheuerlich!» flüsterte sie plötzlich. «Das ist ja ungeheuerlich!» Dann schrie sie: «Du lügst! Wie kannst du nur so unverschämt lügen!»

Mir schossen die Tränen in die Augen. «Ich lüge nicht», sagte ich und hielt die Hand vor den Mund, um das Schluchzen zurückzuhalten. «Es ist nicht gelogen. Es ist wahr! Es ist wahr! Es ist wahr!»

«Nein!» schrie Tante Inge.

Sie sah in diesem Moment aus, als könne sie mich erschlagen. So wie Papa, bevor er auf Mama losging. Instinktiv duckte ich mich und schützte mein Gesicht mit den Armen.

Aber meine Tante rührte sich nicht. «Keine Angst», sagte sie, und ihre Stimme machte mir angst. «Eine, die so lügt, fasse ich nicht an – nicht mal mit der Kneifzange. Schämst du dich nicht, etwas so Widerliches zu erfinden? Nimm das zurück, Monika! Entschuldige dich! Sag, daß du gelogen hast!»

Ich bekam keine Luft mehr. Noch heute kann ich mich ganz genau erinnern, wie dick meine Zunge im Mund lag. Ich bekam keinen Ton mehr heraus. Aber ich schüttelte den Kopf.

Tante Inge wandte sich ab. «Welcher Teufel ist nur in dich gefahren, daß du so ein verstocktes, böses Ding geworden bist?»

Ich antwortete nicht. Ich konnte nicht antworten. Die Scham quetschte mir den Hals zu.

Tante Inge sah mich an, als gäbe sie mir im stillen eine letzte Chance, bis sie bis zehn gezählt habe. Die Sekunden dehnten sich mir zu Stunden. Dann endlich sagte sie mit schneidender, eisiger Stimme: «Etwas so Ungeheuerliches kann ich so nicht im Raum stehen lassen, Monika.» Sie begann wieder abzutrocknen. «Ich werde mit deinem Vater reden. So geht es nicht weiter. Ich habe mir deine Lügen lange genug angehört. Du wirst deine ganze Familie noch ins Unglück stürzen mit deiner verlogenen Phantasie. Das geht zu weit!»

Mir war schlecht. Ein saurer Geschmack stieg in meinen Mund auf.

«Und ich sage dir nur noch eines, Fräuleinchen!» fuhr sie fort. «Laß diese dummen Lügengeschichten nur ja niemanden mehr hören! Wenn du irgend jemand anderem auch nur ein einziges Mal von diesem ungeheuerlichen Quatsch erzählst, will ich nichts mehr mit dir zu schaffen haben. Nie mehr, verstehst du!»

Sie sagte das mit so eiskalter Stimme, daß mich fröstelte. Wenn sie wie vorher geschrien, mich angebrüllt, mir eine runtergehauen hätte, wenn sie irgendwie ausgerastet wäre, Gefühle gezeigt hätte – vielleicht wären ihre Worte weniger schlimm, weniger zerstörerisch für mich gewesen. So aber begriff ich mit einem Schlag, daß sogar ein Mensch, der so gut zu mir war wie Tante Inge, mich hassen mußte, sobald ich ihm erzählte, was mein Vater mit mir tat. Ich begriff, daß diese «Spielchen» so ungeheuerlich waren, daß man sie nicht aussprechen durfte. Wenn nicht einmal Tante Inge mir glaubte, die mich kannte wie kein zweiter Mensch – wer sollte mir dann überhaupt noch glauben?

Und noch etwas begriff ich mit absoluter Klarheit: Ich selbst war ungeheuerlich! Ich begriff es ein für allemal.

Niemand kann ermessen, wie einsam ich an jenem Nachmittag bei Tante Inge wurde. Sie war mir wichtiger als meine Mutter. Sie war immer dagewesen, wenn ich sie brauchte. Sie hatte mir immer gezeigt, wie lieb sie mich hatte. Sie war der beständige, ruhende Pol in meinem Leben, die einzig wahre Zuflucht, die ich kannte. Ich hatte ihr vertraut.

Aber sie vertraute mir nicht, beantwortete mein Vertrauen mit abgrundtiefem Mißtrauen. Ich hatte auf Trost, Verständnis, Liebe und Hilfe von ihr gewartet. Doch was ich erntete, war ihr Zorn und ihre Schelte und ihre Drohung, mich vollends fallenzulassen.

Auch wenn ich es für mich nicht in Sätze faßte – von diesem Nachmittag an wußte ich, daß mir niemals jemand glauben würde, mir niemand jemals helfen würde. Ich wußte, daß ich niemandem vertrauen durfte und daß es klüger war, die Wahrheit für mich zu behalten. Es dauerte viele, viele Jahre, bis ich wieder fähig wurde, jemandem zu vertrauen. Meine Tante hatte ganze Arbeit geleistet.

Die Stimmung, die sich in der Küche breitgemacht hatte, war für mich so bedrückend, daß es kaum auszuhalten war. Als Georg und meine Cousins, die in den Kinderzimmern spielten, nach mir riefen, wollte ich erleichtert aufspringen. Doch Tante Inge hielt mich zurück. «Du hast gelogen», sagte sie. «Du bist ein ungezogenes, böses Kind. Deshalb darfst du nicht mit den anderen spielen. Du bleibst hier sitzen und schämst dich. Allen Grund dazu hast du ja wohl!»

«Sie soll aber mitspielen!» protestierte Georg. «Sie hat doch gar nichts gemacht.»

«Nein!» antwortete Tante Inge, und dabei blieb es.

Ich hörte die anderen lachen, streiten, sich wieder vertragen. Wenn einer von ihnen durch die Küche zur Toilette mußte, streifte mich manchmal ein scheuer Blick.

«Was hat sie denn angestellt?» wollte einer meiner Cousins wissen und blinzelte mir verstohlen zu.

Tante Inge antwortete nicht. Sie verzog nur den Mund, als hätte sie einen schlechten Geschmack auf der Zunge.

Der Nachmittag verging. Zuerst schämte ich mich fast zu Tode. Ich fühlte mich schuldig, weil ich über das Ungeheuerliche zu reden versucht hatte. Ich wagte nicht, mich zu bewegen. Mit den Ohren verfolgte ich Tante Inge auf Schritt und Tritt. Da war so ein letztes Fünkchen Hoffnung in mir, daß sie mich trotz allem noch liebhätte und mir verzeihen werde.

Aber meine Tante blieb hart. Sie sah mich nicht an. Sie berührte mich nicht. Wenn die anderen etwas zu naschen oder zu trinken erhielten, ging ich leer aus. Doch das war mir egal. Ich sehnte mich nicht nach Bonbons oder einem Stück Kuchen – sondern nur nach einem guten Wort.

Als ich mich leergesehnt und mich innerlich randvoll geweint hatte, kam der Trotz. Sollte sie mich doch wegschicken! Sollte sie mich doch nicht mehr leiden mögen! Dann mochte ich sie eben auch nicht mehr – basta! War mir doch egal!

Dann kam die Angst. Meinem Vater wollte sie es sagen. Und der hatte gedroht: «Wenn du redest, passiert etwas.» – «Wenn du redest, läuft die Mami uns weg.» – «Wenn du redest, bringen wir dich dem Esel zurück.»

In meinem Bauch saß etwas, das wollte mich zerreißen. Warum kam niemand und holte mich hier raus? Warum fiel ich nicht tot um?

Die Zeiger der Küchenuhr rückten unerbittlich vor. Noch dreißig Minuten, bis Papa kommen würde, noch zwanzig, noch fünf... Jetzt mußte es gleich klingeln.

«Nein!» schrie ich auf und stürzte so heftig auf meine Tante zu, daß ich den Stuhl hinter mir umwarf. «Sag es ihm nicht, bitte, bitte, sag es ihm nicht!»

«Doch!» sagte Tante Inge und löste meine Arme von ihren Hüften. «Du hast es dir selbst zuzuschreiben. Solche Lügen gehen zu weit. Das darf ich dir nicht durchgehen lassen. Du mußt lernen, daß man solche Geschichten nicht erzählt.»

Ich weiß nicht mehr, wann mein Vater endlich kam. Ich weiß auch nicht mehr, ob Tante Inge ihm meine Schandtat gleich erzählte. Doch der Moment, da er ihr mit offenem Mund zuhörte, auf dem Küchenstuhl sitzend, hat sich tief in mein Gedächtnis eingegraben.

Als meine Tante geendet hatte, lachte er. «Das hat sie dir erzählt? So ein verdammtes kleines Luder! Du wirst das doch nicht etwa ernst nehmen, Inge? Du wirst ihr doch wohl nicht eine Sekunde lang geglaubt haben? Du weißt doch, daß sie spinnt! Und du kennst mich doch gut genug, um zu wissen, daß ich nicht so ein Schwein bin. Schließlich bist du meine Schwester, schließlich hast du mich ja mit erzogen.»

«Schon», sagte meine Tante und schaute nervös auf mich, die ich darauf wartete, mich endlich in Luft aufzulösen. «Aber wie kommt sie darauf? Sie ist doch noch ein Kind. Woher kann sie solche Sachen wissen?»

«Was weiß ich?» rief mein Vater und fuchtelte mit den Armen in der Luft herum. «Wo sollen Kinder solche Sauereien schon aufschnappen? Auf der Straße, in der Schule – irgendwo.»

«Vielleicht hat sie es gesehen?» murmelte meine Tante. «Bist du sicher ... Ich meine, daß ... Vielleicht hat sie Lena und ... dich ...»

«Nie!» sagte mein Vater, und er klang regelrecht empört. «Bei uns kriegt keines von den Gören etwas mit. Könnten wir ja gar nicht verantworten. Menschenskind, Inge, wofür hältst du mich denn? Weißt du überhaupt, was du da von dir gibst?»

«Ich hab's ja gar nicht so gemeint», beschwichtigte Tante Inge ihn. «Aber es ist unerhört, ungeheuerlich – jawohl, das ist es! Du mußt etwas unternehmen, Mani! Stell dir vor, sie trägt so etwas unter die Leute. Nicht auszudenken, was alles passieren könnte!»

«Was sollte schon passieren?» sagte mein Vater und sah mich dabei fest an. «Die Leute hier kennen mich doch. Die wissen doch, daß ich kein Kinderschänder bin. Die Monika saugt sich den Schwachsinn aus den Fingern. In dem Alter sind Mädchen nun mal irgendwie eifersüchtig und wollen den Papa für sich allein haben, und dann phantasieren sie eben rum – das ist alles. Mußt du doch von dir selbst noch wissen. Du warst schließlich auch mal ein Kind.»

«Stimmt schon», sagte Tante Inge. «Trotzdem solltest du deiner Tochter mal ins Gewissen reden. Sie ist zwar noch ein Kind, aber schließlich alt genug, um zu wissen, was sie macht.»

«Mach' ich!» nickte mein Vater und nahm seine Schwester in den Arm. «Bist doch meine Beste. Wenn ich dich nicht hätte, Schwesterherz!»

Tante Inge strich sich die Haare aus dem Gesicht. «Sei aber nicht zu streng mit ihr», bat sie. «Ich glaube, ihr ist inzwischen klar, was für einen Unsinn sie verzapft hat.»

Mein Vater wollte nach Hause. Er winkte Georg und mich heran. «Den Kopf wird's sie schon nicht kosten», antwortete er seiner Schwester. «Aber eine anständige Tracht Prügel hat noch niemandem geschadet. Ich habe zu Hause schon ein schönes Stöckchen im Salz.»

Tante Inge begleitete uns zur Tür. Mein Vater und Georg bekamen einen Händedruck, ich nicht. Ich wagte nicht einmal, mich umzudrehen und ihr wie Georg zum Abschied zuzuwinken.

«Warte nur ab, bis wir zu Hause sind», zischte mein Vater mir zu. «Du kannst dich schon mal vorfreuen, Engelchen.»

Ich glaube, ohne Georgs Hand in meiner hätte ich den Heimweg nicht überstanden.

Als wir zu Hause ankamen, war es schon dunkel. Meine Mutter machte uns die Tür auf. «Ist was?» fragte sie, als mein Vater sich mürrisch an ihr vorbeischob und sie nicht wie sonst abknutschte.

«Was soll schon sein?» sagte er und stieß mich vor sich her. «Ärger mit der Alten natürlich.»

Der Stoß, den er mir in den Rücken versetzte, ließ mich stolpern. Mein Vater riß mich an den Haaren hoch. «Der Teufel soll dich holen!» schrie er, und ehe ich mich's versah, war die Kinderzimmertür hinter mir zugeknallt.

Einen Augenblick wußte ich nicht, wie mir geschah. Ich war regelrecht überrascht, daß die Schläge und die Beschimpfungen ausgeblieben waren, die ich erwartet hatte. Angestrengt lauschte ich an der geschlossenen Tür. Nur unverständliches Murmeln drang an mein Ohr. Einmal glaubte ich, eine Schranktür quietschen zu hören. Packten sie etwa meine Sachen schon? Wollten sie mich fortschicken, jetzt, mitten in der Nacht? Die Ungewißheit war schlimmer als eine Tracht Prügel. Mit angezogenen Beinen suchte ich in einer Zimmerecke Schutz. Ich wagte kaum, meine Nachtlampe anzuknipsen.

Als meine Brüder einige Zeit später ins Kinderzimmer stürmten und mein Vater noch immer keine Anstalten traf, mich zu bestrafen, konnte ich mein Glück kaum fassen. Alle hatten recht: Ich hatte den liebsten, den besten Papa der Welt! Vielleicht stimmte es ja, was Tante Inge gesagt hatte: daß ich mir die Spielchen mit ihm nur ausgedacht hatte. Hatte ich sie vielleicht wirklich nur geträumt – und alles, alles war gelogen? Ja, ich mußte gelogen haben, so lieb, wie mein Papa war. Oh, wie furchtbar! Ich war so schlecht, so böse! So einen lieben Papa hatte ich gar nicht verdient.

Als wollte er meine Selbstzweifel bestätigen, beehrte mein Vater mich in den folgenden drei Tagen kein einziges Mal. In den Nächten hörten wir Kinder, wie er mit Mama Liebe machte. Wenn die typischen Geräusche einmal ausblieben, war uns die Stille so laut, daß wir kaum einschlafen konnten.

Vor allem ich schlief schlecht in diesen Nächten. Alpträume verfolgten mich. Oft saß ich voller Entsetzen im Bett und spürte von überall her aus der Dunkelheit Hände nach mir greifen. Sie wollten mich hinabreißen, in die Hölle, wo alle bösen Kinder hingehörten.

In der vierten Nacht nach dem schrecklichen Vorfall bei Tante Inge vernahm ich im Halbschlaf ein seltsames Rufen: «Mo-ni-ka! Mo-ni-ka!» Die Töne waren langgezogen, hohl und dumpf.

Angstvoll richtete ich mich auf, um die Nachtlampe neben dem Bett anzuknipsen. Aber nichts. «Klick-klick, Klick-klick», machte der Schalter – doch kein Licht.

Wieder diese furchterregende Stimme: «Mo-ni-ka! Mo-ni-ka!» Dann ein Knirschen vom Balkon her. Obwohl ich nicht wollte, mußte ich hinschauen. Da stand es vor dem Kinderzimmerfenster und wollte herein zu mir, unheimlich weiß, mit glühenden Augen.

«Monika!» rief es dumpf und scharrte mit den Flatterhänden an der Scheibe. «Wer ein Geheimnis verrät, muß sterben. Monika, ich hole dich!»

Ich konnte nicht schreien. Ich konnte mich nicht bewegen. Etwas rieselte warm an meinen Schenkeln hinunter. Ich wußte nicht, was es war.

«Kein Wort!» rief die Stimme, und mit dem wehenden Vorhang drang Grabesluft herein.

Kein Wort kam über meine Lippen. Ich fiel aus dem Bett auf den nackten Fußboden. Dort lag ich, bis ich hochgerissen wurde und der Schmerz mir sagte, daß ich noch lebte. Jemand schlug mich. Es klatschte auf meinen nackten Po. «Dich werd' ich lehren, ins Bett zu pinkeln! Das ist pfui, pfui, pfui!»

Jedes «Pfui» war ein Schlag. Ich fühlte den Schmerz, den mir Papas Hand zufügte, wie durch Watte.

Mein Vater hatte das Gespenst vertrieben. Er hatte mich gerettet. Er hatte nicht zugelassen, daß es mich mitnahm. Er hatte mich lieb.

Röchelnd erbrach ich mich meinem Vater vor die Füße. Es störte ihn nicht. Er schlug weiter. «Pfui!» dröhnte es in meinem Kopf. «Pfui!» brannte es auf meiner Haut. Doch in meinem Kopf dachte es: «Lieber Papi!»

Als mein Vater mich losließ, fiel ich auf die Knie. Ich umklammerte seine Beine. Er wollte mich abschütteln, doch ich klammerte mich nur noch fester an ihn. «Bitte, Papi, bitte, bitte, nimm mich mit! Laß mich in dein Bett! Bitte, ich will bei dir schlafen! Bitte, Papa! Darf ich, ja?»

Mein Vater stieß mich weg. «Pißfletsche! Miststück!»

«Bitte, Papa, bitte, bitte, nimm mich doch mit!» flehte ich.

«Aber nur ohne Schlafanzug und frisch gewaschen! Soll ich dir helfen?»

Ich wollte nein sagen. Ich kannte das Waschen schon, es war nicht schön. Aber ich sagte: «Ja, Papa!» Ich wollte nicht sterben. Das Gespenst sollte mich nicht holen. Nur bei meinem Vater war ich vor ihm sicher.

Was machte es schon, daß er mir während des Einseifens die Finger in die Scheide drückte? Was machte es schon, daß ich später in seinem Bett an seinem Pimmel lutschen mußte? Was machte es, daß das weiße Zeug mein Gesicht und meine Brust bekleckerte? All das zählte nicht. Wichtig war nur, daß ich bei meinem Vater sein durfte, daß er mich streichelte und in den Armen hielt und mir irgendwann ins Ohr stöhnte: «Ich liebe dich! Keine andere Frau kann ich so lieben wie dich!»

Meine Begegnung mit dem Gespenst verfehlte seine Wirkung nicht. Ich schöpfte ja nicht den geringsten Verdacht. Auf den Gedanken, daß mein Vater die schreckliche Szene inszeniert hatte, daß er, der gelernte Elektriker, die entsprechenden Sicherungen herausgedreht hatte, um als Gespenst einen optimalen Bettlakenauftritt zu haben, kam ich nicht. In meinen Augen hatte eine höhere Gewalt mich für meinen Verrat bestrafen wollen. Ein von überirdischen Mächten geschickter Geist war gekommen, um mich in die Hölle zu befördern. Mein Vater hatte den Geist verjagt. Er hatte mich in letzter Sekunde aus höchster Gefahr gerettet. Er war mein Held.

Die Angst davor, eines Tages in der Hölle zu landen, spielte für mich in jener Zeit ohnedies eine große Rolle. Der Religionsunterricht in der Schule und die Stunden im katholischen Pfarramt meines Heimatortes, die mich auf die erste heilige Kommunion vorbereiten sollten, hatten das ihre dazu beigetragen. Sünder kamen in die Hölle, das war mir schauerlich bewußt. Und nun hatte der Teufel dieses Gespenst geschickt, um mich zu holen.

Ich war ein schlechtes Kind. Ich hatte Verbotenes ausgesprochen. Wie dankbar mußte ich meinem Vater sein, daß er mich trotzdem liebte! Und wie undankbar war ich, daß ich an seiner Liebe herummäkelte! Hatte der Teufel nicht ganz recht, mich holen zu wollen?

«Lieber Gott», betete ich, «bitte mach, daß ich nie wieder darüber spreche. Mach, daß ich ein gutes Mädchen werde. Amen.»

Von nun an war ich ohne jeden Vorbehalt ein gutes Mädchen, das seinem Vater Lust und Freude schenkte. Mein Widerstand war gebrochen. Sein Geheimnis war endgültig auch zu meinem geworden.

Der Selbsterhaltungstrieb des Menschen ist so stark, daß, wenn in existenzbedrohenden Situationen der Verstand nicht weiterweiß, das Unterbewußtsein nach Rettungsmöglichkeiten fahndet. Irgendwann begriff ich instinktiv, daß das Krankenhaus ein sicherer Ort für mich war. Irgendwann merkte ich, daß der Husten eine Art Rettung sein konnte.

Ich weiß nicht mehr, wie oft ich als Kind im Krankenhaus landete wegen Krupphusten, wegen Mandelentzündung und Polypen – und wegen diverser Kopfverletzungen. Sicher ist, daß ich zumindest die Kopfverletzungen selbst herbeiführte. Ich rannte einfach mit dem Kopf gegen die Wand – nahm Anlauf und knallte dagegen. Wer dies einmal mit ansehen mußte, glaubte seinen Augen nicht zu trauen. Ein Kind, das sich mutwillig blutige Beulen schlägt und nicht eine Miene dabei verzieht – war das noch normal?

«Sie muß krank sein», sagte Tante Inge. «Ein gesundes Kind tut so etwas nicht.»

«Sie hat halt einen Dickschädel», antwortete meine Mutter. «Sie will einfach immer mit dem Kopf durch die Wand. Das ist alles.»

Sie legte mir ein Pflaster auf oder hielt eine kalte Messerklinge an das wachsende Horn auf meiner Stirn. Das war's. *Warum* ich mich immer wieder selbst verletzte, interessierte sie nicht.

Ich selbst war mir meiner Gründe auch noch nicht bewußt. Ich zog nur, wie ein Tier, aus Erfahrungen Lehren. Ich lernte:

Wenn ich mich verletzte, erhielt ich Zuwendung. Dann kümmerte man sich um mich, nahm mich ernst; im schönsten Fall streichelte mich eine freundliche, sanfte Hand und schenkte mir eine Berührung, für die ich nicht bezahlen mußte.

Bei meinem Vater, den ich von allen Menschen auf der Welt am verzweifeltsten liebte, funktionierte dies allerdings nicht. Es regte ihn nicht sonderlich auf, wenn ich meinen Kopf gegen die Wand rammte. Er blickte nicht einmal von seiner Zeitung auf. «Wenn du so weitermachst, kriegst du einen Dachschaden», sagte er nur. «Willst du das?»

Was ein Dachschaden war, wußte ich. In der Nachbarschaft gab es einen Mann, der einen hatte. Er schielte und ließ die Zunge aus dem Mund hängen, und manchmal machte er seine Hosen naß. Nein, einen Dachschaden wollte ich nicht. Trotzdem rannte ich weiter gegen die Wand.

«Tu doch, was du nicht lassen kannst», sagte mein Vater. «Ein Gesicht wie 'ne Bratpfanne ist auch was Schönes. Aber wenn du glaubst, daß du mich damit erpressen kannst, bist du schief gewickelt!»

Was war das: erpressen? Stefan klärte mich auf: «Erpressen ist, wenn einer was will, was der andere nicht will, und was hat, daß der andere es dann doch tun muß.»

Ich rannte mit dem Kopf gegen die Wand, damit mein Vater mich trösten und streicheln und in den Arm nehmen sollte, ohne Liebe mit mir zu machen. Nach dem, was mein Bruder gesagt hatte, war das ein Erpressungsversuch. Aber mein Vater hatte klargemacht, daß er nicht auf meine Wünsche eingehen würde. Er war nicht erpreßbar – jedenfalls nicht durch mich. Also hörte ich allmählich auf, mit dem Kopf gegen die Wand zu laufen.

Für eine, die laut Papas Aussage einen Intelligenzquotienten von drei hatte – «Blechdose hat vier» –, fand ich erstaunlich schnell ein anderes wirkungsvolles Mittel, mein Ziel zu erreichen. Heute bin ich mir sicher, daß ich schon von klein auf wußte, welche Macht ich mit einem schweren Hustenanfall in der Hand hatte, und auch früh erkannte, wie ich einen solchen forcieren oder unterdrücken konnte.

Den wohl schwersten Krupphustenanfall meines Lebens bekam ich wenige Tage nach der Gespensternacht. Er endete beinahe tödlich.

Noch in der Nacht, in der der Geist erschienen war, als ich in Papas Bett Schutz suchte und nichts als seinen ekligen Pimmel fand, kündigte der Anfall sich an. Ich spürte, wie der Husten sich in meiner Brust zusammenklumpte. Ich stellte ihn mir vor als ein Heer Tausender klitzekleiner Kobolde, die nun von überall her aus meinen Adern zusammenströmten und nur darauf warteten, daß ich ihnen das Zeichen zum Einsatz gab. In dieser Nacht gelang es mir noch, die Männchen zurückzudrängen, ehe sie Ernst machen konnten. Wahrscheinlich waren meine Angst vor einem weiteren Gespensterauftritt und meine Dankbarkeit Papa gegenüber so groß, daß ich alles dafür tat, die Kobolde im Zaum zu halten.

Doch als an einem der darauffolgenden Tage wieder Herrenbesuch bei meiner Mutter angesagt war, setzte die Erinnerung an den ersten Penetrationsversuch meines Vaters so massiv ein, daß ich das Erlebte nicht mehr in meine Traumwelt verdrängen konnte. Der Anblick meiner Mutter mit ihren frisch lackierten Fingernägeln, die inzwischen wohlbekannte Geschäftigkeit, mit der sie uns Kinder antrieb, das Wohnzimmer aufzuräumen, ließen mich den Klumpen in der Brust wieder spüren.

Als mich dann noch mein Vater so verschwörerisch anlächelte, schnürte es mir den Atem ab. Vergeblich versuchte ich das Husten zu unterdrücken.

Mein Vater grinste mich an. «Gib dir keine Mühe. Ich weiß, daß du nicht krank bist.»

Vielleicht war ich in diesem Moment wirklich nicht krank. Aber ich wurde es, als meine Mutter stöhnend ihren Liebhaber empfing und mein Vater mich in sein Bett holte. Wie grausam er ächzte, während sein gräßlicher Pimmel in meinem Mund steifer und steifer wurde und seine Finger mich zwischen den Beinen quälten, daß ich mich vor Schmerzen krümmte.

«Schrei nicht! Wehe, du schreist!»

Wie einen Dolch sah ich das aufrecht stehende Ding an Papas

Bauch auf mich niederstoßen. Ich bekam keine Luft. Etwas schlug mir ins Gesicht. Mein Kopf schien zu zerspringen. Etwas drückte mir die Kehle zu, legte sich um den Hals, auf die Lungen und die Brust. Egal, ob Papa mich bestrafte – ich mußte sitzen. Etwas rasselte und schnarrte fürchterlich. War ich das?

«Mund auf! Atmen! Atmen!»

Wer schrie mich an?

Arme trugen mich weg. Ein Auto. Lichter rasten vorbei.

«Atme! Atme!»

Türen knallten. Leute in Weiß. Etwas senkte sich auf mein Gesicht. Den Geruch erkannte ich wieder. Langsam ließ der Druck in mir nach, verschwanden die Ängste.

Drei wunderbare Wochen lang lernte ich im Krankenhaus wieder atmen und wieder leben zu wollen. Drei Wochen lang war ich in Sicherheit.

Mein Vater besuchte mich jeden Tag. Er beugte sich über mich, um mir Stirn und Wangen zu küssen, und verlangte nichts dafür. Hier an diesem Ort konnte er nichts verlangen, denn fremde Augen sahen uns zu. Niemand durfte auf die Idee kommen, daß dieser liebevoll besorgte Vater ein Tag- und ein Nachtgesicht hatte. Das Geheimnis, das mich außerhalb des Krankenhauses bedrohte, wurde hier zu meinem Schutz. Es waren phantastische drei Wochen.

Auch meine Mutter verbrachte Stunden an meinem Krankenhausbett. Angeblich um möglichst viel Zeit für mich zu haben, hatte sie meine Brüder verteilt: Boris wohnte bei Oma Grete, Georg bei Tante Inge. Nur Stefan war zu Hause geblieben. Schließlich mußte wenigstens einer für Mama dasein und sie entlasten, also einkaufen, putzen, kochen.

Vor dem Klinikpersonal und den anderen Eltern, die ihre Kinder besuchten, spielte meine Mutter die Besorgte. Wie liebevoll sie mich beim Abschied zudeckte! Wie herzlich ihr «Werd schnell gesund! Du fehlst uns!» klang. Doch ich wußte, daß sie log. In Wahrheit war sie froh, mich los zu sein. Vielleicht machte sich ihr Mann jetzt an den Abenden wieder mehr aus ihr . . .

Mir zuliebe hätte meine Mutter nicht zu lügen brauchen. Ich wollte gar nicht gesund werden. Im Krankenhaus war es viel schöner als zu Hause.

«Liebe Frau B.», sagte die Ärztin, während sie meiner Mutter und mir zum Abschied die Hände drückte, «Ihre Tochter ist völlig wiederhergestellt. Aber vergessen Sie nicht, Monika braucht noch viel Ruhe. Mit einem Krupphusten ist nicht zu spaßen.»

«Natürlich», antwortete meine Mutter. «In meiner Zeit als Erzieherin in einem Kinderheim habe ich häufig mit derartigen Geschichten zu tun gehabt. Im Ernstfall weiß ich genau, was zu tun ist.»

«Auf Wiedersehen, Monika», sagte die Ärztin. «Bleib gesund, hörst du!»

Ich nickte. Die Ärztin war lieb. Und sie hatte mich auch ganz gern. Ob sie mich wohl auch dann noch gern hätte, wenn sie mein Geheimnis wüßte? Ich hatte nicht die geringste Lust, es auszuprobieren.

«Stefan hat Kuchen für dich gebacken», sagte meine Mutter auf dem Weg nach Hause. «Und Papa kommt früher von der Arbeit, extra für dich. Er kann es gar nicht mehr erwarten, seine Beste wiederzusehen.»

«Bin nicht seine Beste», murmelte ich.

«Stimmt!» grinste meine Mutter und sah alles andere als glücklich aus. «Seine Allerbeste.»

Den Rest des Weges legten wir schweigend zurück. Die alte Angst hatte mich wieder. Was gab es da zu sagen?

Stefan hatte tatsächlich Kuchen gebacken. Ananastorte mit Sahne nach Tante Inges Rezept. «Hallo!» grüßte er, als wir eintraten. So viele Worte machte er selten.

Boris und Georg rannten mir mit vorgehaltener Pistole entgegen und führten mich in Handschellen ins Kinderzimmer ab. Ich war wieder zu Hause.

Auch mein Vater bewies mir gleich in der ersten Nacht, wie glücklich er war, mich wiederzuhaben. Sein Pimmel stand schon, als er zu mir unter die Decke schlüpfte.

«Ich hatte solche Sehnsucht nach dir», flüsterte er, während er an meinem Schlafanzug zerrte. «Ich bin verrückt nach dir.»

Georg und Boris sahen ihm aus weit aufgerissenen Augen zu. Er kümmerte sich nicht darum. Nur einmal, als Georgs unterdrücktes Schluchzen nicht zu überhören war, zischte er: «Schnauze!» In dem Bett über uns wurde es totenstill.

Für diese erste Nacht nach meiner Rückkehr hatte mein Vater sich etwas ganz Besonderes ausgedacht.

Wenn ich eine Chronologie meines Mißbrauchs durch meinen Vater anfertigen würde, könnte jeder deutlich erkennen, daß es eine sich stetig beschleunigende Entwicklung zu immer härteren sexuellen Praktiken gab. Wenn sich der Mißbrauch eine längere Zeit auf einer bestimmten Ebene bewegt hatte oder sogar einmal eine kurze Pause eingetreten war, schlug das Pendel danach unweigerlich um so heftiger nach oben aus.

Als ganz kleines Mädchen empfand ich die Zärtlichkeiten meines Vaters einfach nur als schön. Ich liebte es, mich an ihn zu kuscheln und von ihm gestreichelt zu werden. Sein Pimmel war damals ein Körperteil wie ein Arm oder ein Bein. Es machte mir nichts aus, ihn zu berühren, an ihm herumzuspielen oder daran herumzunuckeln. Ich nuckelte ja auch an Papas Nasenspitze und fand es nur lustig. Ich hatte kein Bewußtsein davon, daß ich mißbraucht wurde. Unsere Spiele im Bett unterschieden sich für mich nicht qualitativ von allen anderen Spielen. Wäre da nicht meine Abscheu vor dem widerlichen weißen Zeug in meinem Mund oder auf meinem Bauch gewesen und wäre da nicht Papas grausames Stöhnen gewesen, dann wäre mir zu dieser Zeit nichts merkwürdig vorgekommen. Ein deutliches Nein setzte ich meinem Vater zu diesem Zeitpunkt nicht entgegen. Den Widerstand und den Ekel vor seinem Sperma hatte er rasch gebrochen. Ein Kind gewöhnt sich schnell an Alltägliches, auch wenn es unangenehm ist.

Später sagte mein Vater einmal zu mir: «Du warst von Anfang an voll bei der Sache. Du hattest es gern. Es war schön für dich. Du fingst doch schon an, an mir rumzufummeln, kaum daß du zu mir ins Bett kamst.»

Welch brutale Mißinterpretation meiner unschuldigen Freude an einem Spiel, das für mich zunächst denselben Stellenwert hatte wie etwa, Bausteine zu Türmen zu stapeln! Kinder lieben es, Spiele zu wiederholen. Und am liebsten wiederholen sie Spiele, die gern mit ihnen gespielt werden. In mir gab es keine Lust auf Sex. In mir gab es nichts als unschuldige Liebe. Doch ich brauchte Jahre, bis ich begriff, auf welch böswillige Weise mein Vater mein kindliches Verhalten mißverstand.

Je älter ich wurde, desto gezielter teilte mein Vater seine Zärtlichkeiten aus. Anstatt mich unterschiedslos am ganzen Körper zu liebkosen, ging er dazu über, sich auf bestimmte Stellen zu konzentrieren. Immer zielgerichteter wandte er sich meiner Brust, meinem Po, meiner Scheide zu.

Der nächste Schritt war, daß das, was als Zärtlichkeit begonnen hatte – und ich in dieser Phase durchaus noch gern hatte –, bald immer häufiger durchsetzt war mit Praktiken, die mir Schmerzen bereiteten oder die mich ekelten. Was als liebevolles Spiel begonnen hatte, wurde Gewalt. Ich begann, die Liebe, nach der ich mich sehnte, zugleich zu fürchten. Erstmals fing ich an zu ahnen, daß etwas Böses in der Art Liebe war, die mein Vater mir gab. Doch über diese Zweifel konnte ich mit niemandem reden, denn Papas Geheimnis verschloß mir den Mund.

Hatte mein Vater seine Spielchen mit mir zunächst nur klammheimlich, sozusagen unter Ausschluß der familiären Öffentlichkeit getrieben, so legte er diese Zurückhaltung später ab. War es ein zusätzlicher Nervenkitzel für ihn zu wissen, daß seine Söhne mit ansahen, was er mir antat? Wollte er seine Frau demütigen, indem er sich an mir verging, während sie in der Wohnung war?

Noch etwas später, als er meine Mutter zum Callgirl gemacht hatte und bei ihren Freiern abkassierte, gab er sich nicht mehr die geringste Mühe, vor ihren Augen zu verbergen, was er mit mir trieb. Brauchte er die Gewißheit, daß ich im Gegensatz zu seiner Frau nur ihm selbst gehörte? Oder mißbrauchte und vergewaltigte er mich, weil er in mir meine Mutter bestrafen wollte? Mißachtete und zerstörte er mich stellvertretend für alle Frauen, weil er sie als Huren betrachtete?

Was hatte aus dem patenten Burschen, mit dem man Pferde stehlen konnte, einen perversen, im höchsten Grade sadistischen Kinderschänder gemacht? Ich begreife nicht, was in meinem Vater vorging – und ich habe inzwischen die Hoffnung aufgegeben, es jemals zu begreifen.

Für diese erste Nacht nach meinem Krankenhausaufenthalt hatte sich mein Vater, wie gesagt, etwas Besonderes ausgedacht.

Vor den Augen meiner Brüder spielte er wie rasend an mir herum. «Schrei nicht!» stöhnte er, während er einen zweiten, einen dritten Finger in mich hineinschob. «Ich tu dir nicht weh.»

Und ob er mir weh tat! Dennoch schrie ich nicht. Bewegungslos lag ich da und versuchte, aus mir auszusteigen. Ich war ein Vogel. Der Wind nahm mich mit. Ich stieg bis zu den Wolken auf. Majestätisch glitt ich dahin. Nichts konnte mir mehr etwas anhaben...

Doch dann fuhr ein entsetzlicher Schmerz in mich, und ich sah das fremdartige weiße Instrument in Papas Hand, das sonst immer in der Schublade von Mamas Nachttisch lag.

«Es wird dir gefallen», keuchte er. «Es tut nicht weh. Ich pass' schon auf.»

Ich konnte nicht mehr fliegen. Ich war auch kein Vogel mehr. Ich war nur noch ein Kind, dem Schmerzen zugefügt wurden. Ich schrie unter der Hand, die meinen Mund zuhielt. Der Schmerz war wie ein Feuer, das den Vogel in mir verbrannt hatte.

«Weinst du?» flüsterte Georg, als mein Vater gegangen war. «Mußt du jetzt wieder ins Krankenhaus?»

Ich antwortete nicht. Mein Kopf war leer. Ich hatte geträumt, nur geträumt. Nichts war geschehen!

Ein Mädchen prügelt sich nicht. Ein Mädchen flucht nicht. Ein Mädchen suhlt sich nicht im Dreck ...

Ein Mädchen muß lieb sein. Ein Mädchen muß sich küssen lassen. Ein Mädchen muß ja sagen. Ein Mädchen muß mit Papa ins Bett. Ein Mädchen wird eine Frau, und eine Frau muß mit jedem ins Bett. Eine Frau ist nichts wert.

Mein Leben war voll mit Dingen, die ein Mädchen nicht tun darf, obwohl sie schön sind, und die es tun muß, obwohl sie nicht schön sind. Es war furchtbar, ein Mädchen zu sein!

Ein Junge darf prügeln und fluchen. Wenn er sich schlägt und gewinnt, ist er ein Held. Wenn er verliert, trägt er es wie ein Mann. Ein Junge zählt mehr als ein Mädchen und kann alles besser. Ein Mann darf über Frauen bestimmen. Es war herrlich, ein Junge zu sein!

«Kau nicht dauernd auf deinen Fingern herum!» schimpfte mein Vater, denn er wollte nicht, daß ich mit solchen abgeknabberten Fingernägeln seinen kostbaren Pimmel streichelte. «Mit derart ekligen Flossen kriegst du nie einen Mann ab!»

Ich wollte keinen Mann bekommen. Ich wollte selbst ein Mann sein – und wenn schon kein Mann, dann wenigstens ein Junge – und wenn ich schon kein Junge sein konnte, dann sollte wenigstens keiner merken, daß ich ein Mädchen war.

Ich hörte auf zu weinen und begann mich zu schlagen. Es gab Zeiten, da weinte ich monatelang nicht ein einziges Mal. Gelegenheiten zum Prügeln indes ließ ich nie aus.

Solche Gelegenheiten boten sich vor allem in der Schule.

Meine Brüder, meine Cousins und ich besuchten dieselbe Schule in der Innenstadt. Obwohl Tante Inges Söhne älter waren als ich, fühlte ich mich sofort zuständig, wenn einer von ihnen im Pausenhof attackiert wurde. Es genügte, wenn einer von ihnen einen grellen Schrei quer über den Hof schickte. Schon rollte Monika, die Walze, heran und machte alle Feinde platt. Ich liebte es, gewisse Körperstellen mit dem Fuß zu traktieren. Wenn die halbe Bande erst einmal ein paar Tritte eingefangen hatte und japsend am Boden lag, hatte ich mit den anderen leichtes Spiel. Meistens suchten sie das Weite.

Selten unterlag ich – und wenn es doch einmal passierte, tat ich selbstverständlich cool bis ins Herz. Tränen hätten meinem Image geschadet. Vor einer solchen Blamage fürchtete ich mich im Grunde mehr als vor der Keile, die mir drohte.

Ich war zehn, elf Jahre alt. Ich war zu lang aufgeschossen und viel zu schwer. Dennoch war ich klein und verletzlich. Ich sehnte mich nach Zuneigung, Freundschaft und Zärtlichkeit. Aber Gefühle kannte ich nur in Form von Gewalt – und so war Gewalt für mich mittlerweile auch die einzige Art, meine Gefühle zu zeigen. Sosehr ich mir ein nettes Wort, eine nette Geste wünschte – sie lösten Panik in mir aus. Freundlichkeit kannte ich nur als eine Art Vorspiel, als Vorbereitung zu Schmerzen, die mir zugefügt wurden. Kein Wunder, daß ich Freundlichkeiten mied und auch selbst keine zu geben vermochte.

Beliebt machte meine Rauflust mich nicht gerade. Als ich in späteren Jahren Mädchen aus meiner ehemaligen Klasse wiedertraf, erzählten sie mir, wie sehr sie sich vor mir gefürchtet hatten. Ich sei eine unflätig herumbrüllende, um sich tretende und schlagende Kampfmaschine gewesen, ein richtiges Monster. Ich hatte damals gar nicht gespürt, welche Angst ich um mich herum verbreitete. Mir war nur bewußt, daß die Mädchen mir aus dem Weg gingen. Ich war ihnen zu anders.

Ich gab mich nicht mit Puppen ab und hielt auch nichts davon, Arm in Arm mit anderen Mädchen über den Pausenhof zu flanieren und hinter vorgehaltener Hand Geheimnisse auszutauschen. Das Geheimnis, das ich mit meinem Vater teilte, deckte meinen Bedarf an Geheimem überreichlich ab. Aber das konnten die anderen Mädchen natürlich nicht wissen.

Daß niemand etwas mit mir zu schaffen haben wollte, hing aber wohl auch damit zusammen, daß ich alles andere als eine Augenweide war. Bis zu dem Zeitpunkt, da Stefan, was die Körpergröße angeht, mich endgültig hinter sich ließ, hatte ich kaum jemals ein neues Kleidungsstück besessen. Was ihm zu knapp geworden war, erbte ich. Und vieles hatte bereits er von verschiedenen Onkeln. Ließ ich tatsächlich noch einen guten Faden daran, ehe ich herauswuchs, wurde Boris damit beglückt, der allerdings, wie Georg, auch Sachen auftragen durfte, die vorher «nur» die Söhne meiner Tante getragen hatten. Für uns war alles gut genug.

Schlimmer noch war, daß meine Omaklamotten geradezu zum Himmel mieften.

Da wir Kinder selbst für unsere Sauberkeit und die unserer Kleider zuständig waren, stand es um beides nicht zum besten. Uns war nie nahegebracht worden, daß ein sauberer Hals und saubere Unterwäsche einen gewissen Stellenwert haben sollten. Uns war nicht einmal bewußt, wie wir aussahen und muffelten.

Vor allem hatte ich jahrelang mit dem Badezimmer wenig am Hut. Nicht zuletzt, weil es keinen Schlüssel für das Bad gab. Ganz egal, was einer dort machte – dauernd war Durchgangsverkehr. Mich nackt unter die Dusche zu stellen, nackt in die Badewanne zu steigen, nackt vor dem Waschbecken zu stehen – da wären mir alle Sicherungen durchgebrannt vor Angst. Nackt zu sein bedeutete: Ab ins Bett und Beine breit! Freiwillig zog ich mich nicht aus. Weder für Papa noch zum Waschen. Katzenwäsche mußte genügen. Allenfalls wenn Tante Inge da war, ließ ich mich gelegentlich zu einem Bad überreden.

Schmerzlicher als die Ablehnung der Mädchen traf es mich, auch von den Jungen links liegengelassen zu werden. Zwar übte ich mit meiner Kraftmeierei eine gewisse Faszination auf sie aus, so daß sie es ständig darauf anlegten, mich in eine Rauferei zu verwickeln. Doch sie akzeptierten mich nicht als ihresgleichen. Letztendlich blieb ich in ihren Augen, was ich nicht sein wollte: ein Mädchen.

Die Lebensschule, die mein Vater mir angedeihen ließ, machte mich jedoch erfinderisch. Du bekommst nichts umsonst und alles für Geld – nach diesem Motto begann ich, mir Freunde zu kaufen. Geld aufzutreiben war ein lösbares Problem. Ich stahl es meiner Mutter aus dem Portemonnaie, später auch Bekannten meiner Eltern und mit besonderer Vorliebe den Männern, die meine Mutter besuchten.

Mein schlechtes Gewissen ließ sich insofern leicht verdrängen, als meine Brüder ebenfalls klauten, was das Zeug hielt. Vor allem aber war meine Mutter die wohl perfekteste Unterschriftenfälscherin, die ich mir vorstellen kann. Wenn sie wieder einmal knapp bei Kasse war und mein Vater kein Haushaltsgeld mehr herausrückte, schrieb sie oft kurz entschlossen einen Scheck über vierhundert oder sechshundert Mark aus, unterzeichnete mit Papas Namen und schickte Georg oder mich damit zur Bank. Ich weiß noch gut, daß Georg schon mit sechs Jahren allein mit der Straßenbahn losfahren und mehrere wirklich lebensgefährliche Straßen überqueren mußte, um heimlich Geld abzuheben.

Wenn mein Vater einem von uns auf die Schliche kam, gab es jedesmal eine gehörige Tracht Prügel. Meine Brüder erhielten außerdem Hausarrest oder Fernsehverbot. Ich selbst mußte, nachdem ich meine Senge bekommen hatte, anschließend zur Versöhnung mit Papa ins Bett. Doch das schreckte mich nicht ab. Die Aussicht auf einen Pulk mich bewundernder, um dieses oder jenes anbettelnder Jungen ließ mich vieles in Kauf nehmen. Und außerdem wurde ich natürlich immer geschickter bei meinen Gelddiebstählen.

Waren alle anderen Möglichkeiten der Geldbeschaffung ausgereizt, dann gab es ein letztes Zaubermittel: Pornos. Die Bestände meiner Eltern waren unerschöpflich. Natürlich war es uns Kindern bei Strafe verboten, auch nur einen Blick darauf zu werfen, geschweige denn die Schmierenblätter zu klauen. Aber die Hefte mit den widerlichen Bildern waren bei meinen sogenannten Freunden so gefragt, daß ich immer wieder zugriff.

Unangenehm wurde es für mich, als einmal eines der Hefte während des Unterrichts aus meiner Schulbank fiel. «Was ist das?» Mein Lehrer schrie sich rot. «Wo hast du das her? So eine Schweinerei!»

Natürlich endete die Geschichte vor dem Rektor. Meine Eltern wurden einbestellt und mit den Pornoheften konfrontiert – auch den anderen, die man noch bei mir gefunden hatte.

«Nein, von uns hat sie diese Dinger ganz bestimmt nicht!» sagte mein Vater. Er schien aufrichtig empört. «Die muß sie irgendwo gefunden haben. So sind Kinder nun mal – stöbern überall herum.»

Der Rektor sprach ernste Worte. Meine Eltern versprachen Abhilfe. Und ich hatte vor Angst die Hosen voll.

An den Tagen darauf fiel mir das Sitzen schwer. Nicht etwa wegen der Prügel – die waren rasch verdaut –, sondern weil mir mein Vater Anschauungsunterricht erteilte. Wenn jemand so wißbegierig war wie ich, durfte der Wissensdurst nicht ungestillt bleiben. Da behob man das Informationsdefizit am besten durch praktische Übungen.

So kam es, daß ich erstmals Lederklamotten trug, während ich windelweich geschlagen wurde.

Mein Mackergehabe machte zu Hause vor allem Stefan das Leben schwer. Da war zum Beispiel die Sache mit dem Gummitwist. Sie kennen bestimmt dieses Spiel mit dem langen Gummiband noch, bei dem zwei Spieler als Gummihalter fungieren, während der dritte das Band in den verschiedensten Figuren überspringen muß. Ich liebte dieses Spiel. Das Problem war nur, daß es ein ausgesprochenes «Weiberspiel» war; Jungen über zehn gaben sich dafür absolut nicht mehr her. Mit Mädchen aber wollte ich nicht spielen. Was also tun?

Die Lösung fand sich in Gestalt zweier Stühle in unserem Kinderzimmer. Um ihre Beine schlang ich das Gummiband – und ab ging die Post. Der Nachteil war, daß ich selbst tun mußte, was sonst die Mitspieler taten: das Band immer etwas höher schieben. Der Vorteil lag darin, daß mich niemand auslachen konnte.

Meine Begeisterung und meine Ausdauer beim Gummitwisten waren unschlagbar. Ich sprang, daß Tisch und Betten zitterten und die Deckenlampe im Takt schwang. Ich nahm kaum wahr, daß es unten im Gegenrhythmus zu klopfen begann. Auch als es plötzlich an der Wohnungstür Sturm läutete, kümmerte ich mich nicht darum. Stefan war ja da, sollte er doch öffnen! Munter hüpfte ich weiter.

Erst als es draußen zu brüllen begann: «Seid ihr total verrückt geworden? Was ist das für ein Höllenlärm? Stellt das ab, und zwar dalli!», da schwante mir Übles. In meinem Magen begann es zu ziehen. Doch ich achtete nicht darauf. Das Gummitwisten war wie ein Zwang.

«Monika, verdammt, hör auf, du blöde Kuh!» Stefan stand wie ein Stier in der Tür. Er füllte sie fast aus, so groß war er.

Ich grinste ihn an. Meine Miene machte ihm unmißverständlich klar: «Komm doch, wenn du was von mir willst!»

Mit einem Satz war Stefan bei mir. Irgend etwas blinkte in seiner Hand. Zerschnitten fiel das Gummiband zu Boden.

«Zufrieden?» Stefan steckte das Band mit einem verächtlichen Schnauben in die Tasche.

Ich kochte vor Wut. Mir mein Twistband zu zerschneiden! Ich wußte: Diese Schmach konnte ich nicht auf mir sitzen lassen!

Kaum waren, nachdem Stefan die Tür geschlossen hatte, die Holzbotten des lieben Herrn Nachbar im Hausflur davongeklappert, schnappte ich mir ein Springseil und begann wie verrückt zu springen und zu trampeln. Gummitwist war nichts dagegen.

Es dauerte nur Sekunden, da hämmerte es schon wieder an die Wohnungstür. Stefan stürzte ins Zimmer. Er war stark, aber in Sachen Schnelligkeit war ich ihm überlegen – und ich hatte zu treten gelernt. Sein Schienbein war eine prächtige Zielscheibe. Stefan schrie auf, und ich entwischte ihm. «Altes Loch, schnapp mich doch!» Zwischen den Sesseln stand ich sicher verschanzt, konnte nach rechts ausweichen, nach links.

Stefan bückte sich. Ein Ruck, und der Teppich glitt unter mir weg. Ehe ich mich's versah, lag ich auf der Nase, und Stefan stand breit über mir. Ich hatte keine Chance, seiner Faust auszuweichen. In meinem Kopf knirschte es. Blut schoß aus meiner geplatzten Lippe. Stefan zerrte mich hoch, bleich im Gesicht, die Knöchel rot, und schüttelte mich, die Hand in meinem Genick, wie einen Hund. «Tu das nie wieder, hörst du!»

Ich hustete, würgte, spuckte Blut. Mir war übel. Torkelnd fand ich den Weg ins Bad, wusch mir Gesicht und Hände. Ich mußte nicht in den Spiegel sehen, um zu wissen: Meine Krone war weg und der halbe Zahn gleich mit. Was würde Papa sagen?

Stefan stand hinter mir in der Badezimmertür. «Du bist gestolpert», sagte er. «Bist über den Teppich gefallen. Kann jedem passieren, dem Dümmsten zuerst.»

Papas Lieblingsspruch. Die Dümmste war ich, und Dummheit gehörte bestraft. Papa würde sich schon eine passende «Belohnung» ausdenken.

Der Nachbar, der liebe Freund der Familie, der nie auch nur ein Sterbenswörtchen darüber verlor, wenn des Nachts das Schmerz- und Lustgeschrei meiner Eltern das Haus zum Zittern brachte – dieser Nachbar schwärzte mich bei meinem Vater an. Das Theater, das ich veranstaltete, sei Ruhestörung und Körperverletzung obendrein. Wenn es so schlimm um mich stünde, müsse man mich eben einliefern. Noch einmal lasse er sich so etwas nicht bieten.

Wieder einmal hatte ich erreicht, was mein Vater am meisten haßte: Man zeigte mit den Fingern auf uns, zerriß sich das Maul. Die Familie B. war aus der schützenden Menge herausgetreten. Man könnte etwas entdecken.

Ich war zu dumm, die Angst zu erkennen, welche meinen Vater zu einem rasenden Irren machte, der mich wie ein Berserker schlug, um danach seine Lust an mir zu kühlen. Wäre irgend etwas anders geworden, wenn ich diese Angst begriffen hätte? Würde Georg dann noch leben?

Mit Stefan hatte ich eine Rechnung offen. Ich hatte bezahlt, er nicht. Ich lauerte auf eine Chance, mich zu rächen. Mein Zahn war der Stachel in meinem Fleisch. Die Prozedur auf dem Zahnarztsessel schürte meinen Zorn.

Als für mich die Gelegenheit kam, gab es kein Halten mehr. Wenn ich die Augen schließe, sehe ich heute noch die Fleischwunde vor mir, die ich Stefan zufügte – mit dem Springseil quer über die nackten Beine. Er schrie, wie ich niemals hatte schreien dürfen. Sein Schreien tat mir gut. Es war, als schrie er für mich.

Als Stefans Wunde im Krankenhaus genäht worden war und er humpelnd nach Hause zurückkam, stand eine Kerze an seinem Bett. Er wußte, von wem sie war. Ich sah es an seinem Blick. Und als er sie anzündete, wußte ich, daß er mir nicht mehr böse war.

Für positive Gefühle gab es bei uns keine Worte.

In dieser Zeit – ich war damals zwölf – glich unser Kinderzimmer mehr und mehr einem Sexladen. Die Regale und der Fußboden waren übersät mit Pornoheften und Pornokassetten, Pornoposter hingen an allen Wänden. Stefan lag inmitten dieses Unrats und befriedigte sich selbst.

Nachträglich kommt es mir so vor, als hätte ich meinen großen Bruder von seinem 15. Lebensjahr an fast nur noch mit nacktem Unterkörper erlebt. Wenn das Gestöhne meiner Eltern und ihrer Gäste mal nicht zu hören war, dann hörte ich Stefans Gestöhne – und wenn meine Eltern es lautstark miteinander und mit fremden Männern trieben, dann onanierte er erst recht. Meine jüngeren Brüder und ich gewöhnten uns allmählich so an den Anblick, daß wir uns davon nicht einmal bei den Hausaufgaben oder beim Spiel stören ließen.

Wie sagte doch Stefan so schön vor Gericht? «Wir lebten eben zusammen.» Stimmt – keiner von uns hatte ein eigenes Leben. Keines von uns Kindern hatte auch nur den geringsten Platz für sich selbst. Die Betten wurden ebenso gemeinschaftlich genutzt wie die Spielsachen. Daß es so was wie eine Intimsphäre geben könnte, war uns völlig unvorstellbar. Noch heute ist es für mich das Selbstverständlichste auf der Welt, zum Beispiel einem Gast mein Bett zur Verfügung zu stellen. Daß es mindestens ebenso selbstverständlich ist, anschließend wenigstens die Bettwäsche zu wechseln, kapierte ich erst kürzlich, als eine Freundin, die bei mir übernachtete, mich darauf hinwies.

Wenn Stefan Lust auf sich selber hatte – und das passierte mehrmals täglich, rund um die Uhr –, scherte es ihn keinen Deut, wer ihm dabei zusah. Meine Eltern taten, als merkten sie es nicht. Das Kinderzimmer war für sie sowieso wie ein anderer Stern. Es gehörte irgendwie nicht zur Wohnung, und was darin vor sich ging, interessierte sie nicht.

Tante Inge war die einzige, die an Stefans öffentlicher Onanie Anstoß nahm. Nie werde ich ihr Gesicht vergessen, als sie meinen Bruder zum ersten Mal in sich selbst vertieft zwischen uns spielenden Geschwistern sah! Hastig zerrte sie uns aus dem Zimmer.

«Das ist nichts für euch», sagte sie. «So etwas tut man nicht, wenn andere es sehen.»

«Warum?» wollte Georg wissen. «Stefan sagt, es ist geil.»

Meine Tante wurde rot. «Das ist ein häßliches Wort. Ich will es nicht mehr hören. Versprichst du mir das?»

Georg nickte. Wie es so seine Art war, warf er sich Tante Inge an den Hals und fing an, die Finger spazieren zu lassen.

Meine Tante Inge schüttelte lächelnd den Kopf. «Hör schon auf, du Schmusekater.»

Georg strahlte. «Ich bin echt gut, was?» rief er. «Dazu bin ich doch super zu gebrauchen, oder?»

An diesem Nachmittag blieb Tante Inge, anders als sonst, so lange bei uns, bis mein Vater kam. «Mani», sagte sie, als sie sein überraschtes Gesicht sah, «ich muß mit dir reden. So geht's hier nicht weiter. Du mußt mir jetzt mal zuhören!»

Mein Vater zögerte. «Hast du wieder unsere Wohnung in Schuß bringen müssen?» fragte er und nahm Tante Inges Hand. «Du bist so gut zu uns. Ich weiß nicht, was ich ohne dich täte.»

«Ich mach's ja gern», sagte Tante Inge und schob uns in die Eßdiele, wo sie den Tisch gedeckt hatte. «Aber ich muß trotzdem mit dir reden. Es ist meine Pflicht als Christ und als deine Schwester.»

Wenn Tante Inge von Christenpflicht sprach, wurde es ernst, das wußte jeder von uns, auch mein Vater.

«Eßt, und rührt euch nicht vom Fleck!» sagte er, während er mit Tante Inge ins Wohnzimmer ging. «Worum geht es denn? Hat Monika etwa wieder Unsinn erzählt?»

Tante Inges Antwort verstanden wir nicht mehr. Doch natürlich hielt uns die Neugier nicht auf unseren Stühlen. Boris wollte auf Zehenspitzen zur Wohnzimmertür schleichen, um zu lauschen. Aber Georg hielt ihn grinsend zurück und winkte uns, den Finger am Mund, ins Schlafzimmer. Ein kluges Bürschchen, mein kleiner Bruder – denn durch das Loch in der Wand, das mein Vater für ein Kabel gebohrt hatte, das vom Schlaf- ins Wohnzimmer führte, konnten wir jedes Wort verstehen.

«Ich habe schließlich auch Söhne», sagte unsere Tante Inge soeben. «Aber so etwas habe ich mit ihnen noch nie erlebt. Befriedigt sich selbst, wenn die Kleinen im Zimmer sind! Das ist verboten, Mani! Das ist nicht normal! Versprich mir, daß du darauf achtest, daß es nicht wieder passiert!»

«Inge», gab mein Vater zurück, «du schießt mit Kanonen auf Spatzen. Wenn Stefan das tatsächlich gemacht hat, dann hat er sich halt mal vergessen. In seinem Alter kann das schon mal passieren; da probiert man eben alles mögliche aus. Wenn du das bei deinen beiden noch nie mitgekriegt hast, haben sie's bloß geschickter getarnt. Alle Jungs spielen an sich selbst herum, das weißt du doch!»

«Mag ja sein», sagte Tante Inge. «Aber doch nicht so, ohne alle Hemmungen, wenn andere dabei sind!»

«Wir sind da nun mal offener», antwortete mein Vater. Dann seufzte er tief. «Wenn das alles wäre – ich meine, daß Stefan mal das Schamgefühl vergißt –, wenn sonst alles in Ordnung wäre, lieber Himmel, ich würde mich gar nicht beklagen.»

«Wieder mal Lena?» fragte Tante Inge voller Mitleid. «Ist es denn immer noch so schlimm?»

«Ich halt's bald nicht mehr aus», sagte mein Vater mit brechender Stimme, als könne er nur mit Mühe die Tränen zurückhalten. «Sie bringt mich noch zur Verzweiflung. Dieser Schmutz! Kein gebügeltes Hemd! Und dann erst die Schulden!

Wenn sie wenigstens mit Geld umgehen könnte. Aber nein, mit den großen Hunden pinkeln wollen und dabei das Bein nicht hochkriegen.»

Jetzt mußte auch Tante Inge seufzen. «Es ist wirklich ein Kreuz. Ich wollte es dir eigentlich gar nicht erzählen – aber bei uns hat sie neulich auch erst wieder Geld geborgt und noch nicht zurückgezahlt.»

Meinem Vater gelang ein Seufzer, der alle bisherigen in den Schatten stellte. «Du bist zu gut für diese Welt. Du solltest ihr nichts mehr leihen. Sie muß endlich lernen, ihr Haushaltsgeld einzuteilen.»

«Sie behauptet, du gäbest ihr nie genug, sie könne mit dem Geld gar nicht auskommen.»

«Wir sind schließlich sechs Personen!» rief mein Vater. Dann klang seine Stimme ganz gepreßt. «Manchmal hätte ich große Lust, hier einfach alles stehen und liegen zu lassen und mich ins Ausland abzusetzen. Vielleicht nach Brasilien; erst neulich wurde ich in der Firma deswegen angehauen.»

«Manfred!» sagte Tante Inge entsetzt. «So etwas darfst du nicht einmal denken! Was sollte denn aus den Kindern werden ohne dich?»

«Du hast ja recht», sagte mein Vater. «Ich weiß es ja selbst. Aber manchmal ist das hier alles mehr, als ein Mensch ertragen kann.»

Mir brach danach vor Mitleid fast das Herz. Der arme, arme Papa! Wie schwer er es hatte mit meiner gräßlichen Mama! Als wir, kaum daß die Unterredung im Wohnzimmer beendet war, wieder am Tisch saßen und mein Vater mit seiner Schwester zurückkam in die Eßdiele, hatte er gerötete Augen. Er hatte wirklich geweint. Wie unglücklich mußte er sein!

In dieser Nacht wartete ich förmlich darauf, daß er mich zu sich ins Bett holte. Er sollte nicht traurig sein. Ich hatte ihn so lieb. Und als er in meinen Armen flüsterte: «Nie könnte ich deine Mutter so lieben wie dich!» – da war ich, trotz allem Widerwillen, sogar etwas stolz.

Ich habe nie erfahren, ob mein Vater mit Stefan jemals ein ernstes Wörtchen wegen des Onanierens gesprochen hat. Wenn ja, blieb es ohne Wirkung.

Heute bin ich überzeugt, daß die Selbstbefriedigung für Stefan wie eine Droge war. Sie half ihm, sein eigenes Leben für eine kurze Zeit zu vergessen. Immer hatte er nur gehört, wie unerwünscht und ungeliebt er war, weil unsere Mutter durch seine Schuld unglücklich geworden war. Was immer er für diese Mutter tat – er konnte nie wiedergutmachen, daß er gezeugt worden war. Sie verzieh ihm nie. Sie liebte ihn nie. Und mein Vater liebte ihn noch viel weniger.

So bescherten ihm wohl nur seine Orgasmen wirklich schöne Gefühle im Leben. Das Beste war: Diese Gefühle konnte er sich selbst verschaffen, wann immer ihm danach zumute war. Sie gehörten ihm allein, niemand konnte sie ihm nehmen, er mußte für sie weder bezahlen noch dankbar sein. Vor allem konnte sich Stefan in den kurzen Momenten des Hochgefühls absolut sicher sein, daß sein Körper ihm gehörte, daß er nur ihm gehorchte, nur ihm zur Verfügung stand.

Das alles verstehe ich allerdings erst heute. Damals hatte ich nicht einmal den Ansatz einer Erklärung für Stefans stundenlange Fummelei am eigenen Körper. Ich selbst hatte ja keine sexuellen Bedürfnisse – wie hätte ich die meines Bruders verstehen sollen? So blieb mir, der bis heute alles Geschlechtliche am eigenen Körper verhaßt ist, Stefans Onaniererei ein Buch mit sieben Siegeln.

Der einzige von uns Jüngeren, der offen gegen Stefans Verhalten aufmuckte, war Boris. Er, der früher immer sofort Spaß daran gefunden hatte, von seinem größeren Bruder dazu animiert zu werden, seinen eigenen Pimmel mit dessen zu vergleichen, brüllte Stefan nun immer häufiger an: «Hör auf, du Sau!» oder er ging sogar mit den Fäusten auf ihn los.

Am liebsten hätte ich es selber getan. Mich ekelte Stefans Gebaren an. Wenn er sich auf sein Bett warf, eine Kassette in den Recorder schob und die Hose runterließ, wäre ich gern aus dem Zimmer gerannt. Doch die «geilste» und zugleich die sicherste Zeit zum Onanieren war für Stefan ja dann, wenn es im Schlaf- oder Wohnzimmer ebenfalls rundging. Dann aber herrschte ein absolutes Verbot für uns Kinder, unser Zimmer zu verlassen. So mußten wir Stefans Aktivitäten ertragen, ob es uns gefiel oder nicht.

Georg empfand nicht weniger Widerwillen als ich. Als hätten wir uns miteinander abgesprochen, saßen wir immer mit dem Rücken zu Stefan, wenn er es mit sich selber trieb.

«Eklig, gell?» flüsterte Georg dann oft. «Wie der stinkt!»

Einmal hörte Stefan Georgs Bemerkung. «Der stinkt nicht», sagte er grinsend. «Der pißt weißes Gold. Is 'n echt geiles Feeling. Komm her, faß ihn mal an. Los, komm schon, ich zeig's dir!»

Georg schüttelte stumm den Kopf.

Stefans Grinsen wurde breiter. «Komm schon, Kleiner, komm schon!» flüsterte er und streichelte demonstrativ sein Glied noch intensiver.

Georg hatte keine Chance. Wenn Stefan so bösartig grinste, war eine Tracht Prügel nicht weit. Ich schloß die Augen, als Georg aufstand. Ich wollte das nicht mit ansehen. Meine Ohren jedoch konnte ich nicht verschließen. Georg weinte. Es war kaum zu hören. Aber es reichte, meine Angst um mich selbst zu übertönen.

«Nein!» schrie ich, während ich aufsprang und mich vor Georg stellte. «Hör damit auf, du Idiot! Laß ihn in Ruhe! Er ist doch dein Bruder.»

«Ach nee, guck mal einer an, unser Schwesterchen!» sagte Stefan. «Vögelt mit ihrem eigenen Vater und predigt mir Moral.» Mit einem Griff packte er mich an den Haaren und zerrte mich zu sich. «Los, zeig mal, was du kannst!»

Ich konnte mich nicht wehren. Wie gelähmt ließ ich es mir gefallen, daß Stefan meine Hand an sein Glied führte und nicht wieder losließ, bis er gehabt hatte, was er wollte.

«Gar nicht übel, sprach der Dübel und verschwand in der Wand», sagte er und wischte sich das Sperma mit dem Bettlaken vom Bauch. «Als Nutte hast du echt Talent, Schwesterherz. Machst bestimmt mal Karriere.»

Ich wußte nicht, was eine Nutte ist. Es war mir auch gleich. Ich kauerte vor Stefans Bett, die Beine gehorchten mir nicht. Bilder zogen an mir vorbei. Erst Opa, dann Papa, dann Stefan: Was war falsch mit mir, daß sie diese Sachen mit mir machten? Was war an mir, das sie dazu brachte? Mein Blick fiel auf meine Hand. Sie war feucht und klebrig. Würde sie je wieder sauber sein? Doch war es überhaupt *meine* Hand? Wenn sie mir gehörte – warum gab sie sich dann zu etwas her, das ich nicht wollte? Warum gehorchte sie allen anderen, nur mir nicht?

Georg zog mich am Arm hoch. Ich hatte das Gefühl, mich gleich übergeben zu müssen. Stefans Gelächter verfolgte mich bis ins Bad.

«Ich will nicht, daß er das mit dir macht!» sagte Georg, der in der Badezimmertür stand. «Es ist gemein. Ich hau' ihm eine rein, ehrlich! Er soll das nicht!»

Mein Magen schmerzte, als hätte ich etwas zu Scharfes gegessen. «Er macht's ja nicht wieder», sagte ich und schluckte gegen den Brechreiz an. «Mach dir keine Sorgen.»

«Bestimmt?» fragte Georg.

Wie gern hätte er mir geglaubt! Ich sah es ihm an.

«Klar!» antwortete ich. Und hoffte sogar ein bißchen, ich würde Recht behalten.

Von diesem trüben Herbsttag an war ich Stefans rechte Hand – wie er es selbst spöttisch ausdrückte. Nie verlangte er mehr von mir als meine Hand. Nicht einmal einen Kuß. Er fügte mir auch keine körperlichen Schmerzen zu. Diese Bescheidenheit rechnete ich ihm zeitweilig so hoch an, daß ich es ihm nicht einmal übelnahm, daß er mich erpreßte.

Stefan, ohne Zweifel das intelligenteste der B.-Kinder, hatte schon früh andere Mittel als Schläge parat, uns Jüngere zur Räson zu bringen. Eines dieser Mittel war Erpressung. Zum Beispiel konnte er damit drohen, er würde verraten, daß ich die Unterschrift meines Vaters unter einer schlechten Klassenarbeit gefälscht hatte. Auch hatte er mich bei so manchem verbotenen Griff in Mamas Haushaltskasse ertappt. Und er kannte noch etliche weitere Verfehlungen von mir – vom kleinen Kaufhausdiebstahl bis zu Prügeleien, bei denen ich irgendeinen Schaden angerichtet hatte.

Meine Angst vor meinem Vater war kein Geheimnis. Stefan hatte also leichtes Spiel. «Entweder du tust, was ich will», sagte er, «oder ich petze. Such's dir aus, Schwesterherz; du hast die freie Auswahl.»

Natürlich hatte ich sie nicht, die freie Auswahl. Nein zu sagen war unmöglich. Also hielt ich still, überließ Stefan meine Hand und dachte an den Vogel über den Wolken, bis es vorüber war.

Entsprechend der Doppelmoral, die unsere Eltern uns vorlebten – und die nach außen hin so wenig erkennbar war, daß fremde Frauen sich in unserem Elternhaus Ratschläge holten für die Kindererziehung –, sorgte Stefan dafür, daß ihn fortan beim Gebrauch meiner Hand niemand beobachtete. Entweder behielt er mich unter irgendeinem Vorwand in der Wohnung zurück, während unsere Brüder draußen herumtobten, oder er kam nachts zu mir, wenn sie schliefen.

Vielleicht schämte er sich auch, die Kleinen zugucken zu lassen. Vor allem für Georg, an dem er sehr hing, empfand er ein starkes Verantwortungsgefühl. Es muß ihm schwer zugesetzt haben, daß der Kleine ihn eine ganze Zeitlang schnitt und nichts mehr mit ihm zu tun haben wollte, nachdem er das eine Mal gesehen hatte, wie sein großer Bruder mich sexuell benutzt hatte.

Stärker als Stefans Verantwortungsbewußtsein gegenüber Georg aber war wohl seine Angst davor, mein Vater würde etwas merken. Er hatte nicht nur – wie jeder meiner Brüder – oft genug mit angesehen, wie mein Vater sich an mir verging, sondern er wußte auch, daß dieser mich zu jener Zeit noch als Alleinbesitz betrachtete. Und sich an dem Eigentum seines Vaters vergreifen – das tut man tunlichst nicht im Beisein von Zeugen.

Daß ich etwas erzählen würde, brauchte er nicht zu fürchten. Ich hielt schon vor Angst den Mund. Und außerdem würde mir sowieso niemand glauben, das wußte er auch. Anders verhielt es sich da schon mit meinen Brüdern, vor allem mit Georg. Er war nicht so leicht einzuschüchtern. Wenn er sich für etwas entschieden hatte, steuerte er geradewegs auf sein Ziel los. Die Folgen waren ihm schon als kleinem Kind egal. Wenn er meinem Vater hätte erzählen wollen, was Stefan mit mir trieb, dann hätte er es auch getan – ohne Angst davor, danach vielleicht von seinem Bruder nach Strich und Faden vermöbelt zu werden. Mag sein, daß Georg – oder auch Boris – meinem Vater etwas erzählte oder zumindest ihm gegenüber Andeutungen machte.

Wie auch immer – ich hatte das Gefühl, daß mein Vater von Anfang an durchschaute, was sich zwischen Stefan und mir abspielte. Vermutlich war es ihm nicht einmal unlieb. Schließlich hatte er nun für gewisse nicht auszuschließende Notfälle einen Sündenbock, der gegebenenfalls die Zeche bezahlen müßte.

Zugleich aber plagte ihn von nun an die Eifersucht. Und die Sorge, seine Pläne, die er mit mir hatte, könnten durch irgendeine Person, irgendein Ereignis durchkreuzt werden.

Mein Vater wußte: *Noch* war er der Abgott meines Lebens – und der einzige Mann, der mich je sexuell berührt hatte. Dies sollte so bleiben – wenigstens so lange, bis er als erster mit mir richtig geschlafen habe. Daß Stefan an mir herumspielte und ihm womöglich zuvorkommen könnte, machte ihn rasend. Von nun an setzte er alles daran, mich so schnell wie möglich zur uneingeschränkt funktionsfähigen Vollfrau zu machen.

Wenn er mich jetzt zu sich ins Schlafzimmer rief oder sich im Kinderzimmer über mich hermachte, schob er mir nicht nur einen Finger in die Scheide, sondern zwei oder drei. Sein Ziel war, mich zu dehnen.

«Du bist so eng!» keuchte er dabei. «Tut's dir noch weh?»

Als ob er nicht genau gemerkt hätte, wie weh er mir tat!

Wie so oft fanden Papas schmerzvolle Spielchen mit mir in dem dunklen Kinderzimmer ein Echo: in Stefans lustvollem Gestöhne und dem verhaltenen Weinen von Boris und Georg. Mein Vater beachtete weder das eine noch das andere. Er hörte nichts, wollte nichts hören. Seine Söhne waren willkommene

Zaungäste. Ihr Entsetzen und ihre Lust steigerten seine eigene Geilheit und das Bewußtsein seiner Macht über uns alle.

Nur Licht durfte nicht angeschaltet und keine Silbe durfte gesprochen werden. Im Dunkeln jedoch war alles erlaubt.

Mein Vater hatte bereits mehrmals die Erfahrung gemacht, daß ich für ihn unberechenbar wurde, sobald mir jemand aufrichtige Zuneigung und Wärme entgegenbrachte. Solange nur Stefan als möglicher Verbündeter in Betracht kam, mit dem ich gemeinsame Sache machen könnte, war das Risiko gering und durch den angenehmen kleinen Zusatzkitzel, seine Geliebte mit dem Stiefsohn zu teilen, ausgeglichen. Plötzlich aber wehte der Wind von einer zweiten Seite.

Ich hatte zur damaligen Zeit auf Anraten Tante Inges begonnen, aktiv am Gemeindeleben unserer Pfarrei teilzunehmen. Da meine Eltern sich als engagierte Katholiken zeigten, die jeden Sonntag zur Messe und regelmäßig zur Beichte gingen, mußte mein Vater es zähneknirschend akzeptieren.

Tante Inge sprach es zwar nie deutlich aus, doch war mir klar, daß sie mit diesem Schachzug versuchte, mich so oft wie möglich von zu Hause loszueisen. Sie wollte mich wenigstens stundenweise aus dem dortigen Chaos herausholen und mich nicht zuletzt von dem unerquicklichen Anblick befreien, den mir der onanierende Stefan bot. Ich war ihr dankbar und sah in ihren Anstrengungen ein Zeichen, daß sie mich gern hatte.

Nicht zuletzt um Tante Inge keine Schande zu machen, widmete ich mich voller Eifer den Aktivitäten der katholischen Jugendgruppe, der ich beigetreten war. Da ich mit Mädchen nach wie vor auf Kriegsfuß stand, hatte ich mich für eine Jungengruppe entschieden. Für meine neuen Freunde ging ich durchs Feuer.

Mein Eifer fiel nicht nur dem für die Jugendarbeit zuständigen Kaplan auf, sondern auch einer jungen Frau, die unsere Gruppe mit betreute. Bald schon entwickelte sich eine recht freundschaftliche und vertrauensvolle Beziehung zwischen ihr und mir.

Als meine Tante merkte, daß ich nun endlich einmal eine Freundin gefunden zu haben schien, berichtete sie überglücklich meinem Vater davon. Dieser wurde sogleich hellhörig: War hier vielleicht ein neuer Feind in Sicht?

Bisher war es ihm nahezu perfekt gelungen, mich im engsten Familienkreis zu halten. Jeder legte die Art, wie er mich von der Umwelt abschirmte, als liebevolle Fürsorge aus. Nicht einmal meine Mutter und meine Brüder begriffen, was er mit dieser väterlichen Fürsorge bezweckte. Statt mich zu bedauern, beneideten sie mich, das Lieblingskind, das immer bevorzugt wurde.

Ich selbst hatte auch gar keine Beziehungen zu anderen Mädchen gesucht. Die bloße Vorstellung, eine meiner Klassenkameradinnen in unsere schmutzstarrende, unaufgeräumte Wohnung einzuladen, genügte, mir jeden Wunsch nach einer Freundin auszutreiben.

Außerdem schreckten mein äußeres Erscheinungsbild und verkrampftes Wesen sowieso jedes Mädchen ab.

Jetzt erstmals war es anders. Gisela war keines jener albernen, zickigen, gleichaltrigen Mädchen, die ich nicht ernstnehmen konnte. Sie war für mich wie die ältere Schwester, die ich nie gehabt hatte. Sie war lebenserfahren, weltoffen und ansteckend fröhlich. So vieles verstand sie ohne Worte. Ihr wäre es auch nie in den Sinn gekommen zu sagen: «Du hast aber einen wunderbaren Vater!»

Im Gegenteil, sie regte sich darüber auf, daß ich nicht ohne Begleitperson auf die Straße durfte, und darüber, wie pedantisch mein Vater darauf bestand, daß ich pünktlich auf die Sekunde zu Hause zu sein hatte.

Natürlich schwärmte ich von Gisela. Auch vor meinem Vater. Es kam sogar immer häufiger vor, daß ich ihm widersprach: «Gisela hat aber gesagt ...»

Als ich eines Abends mit der Nachricht heimkehrte, Gisela werde heiraten, zog mein Vater alle Register.

«Weißt du, warum die heiraten?» fragte er scheinheilig.

«Weil sie sich lieben», antwortete ich.

«Weißt du überhaupt, was das ist: Liebe?» Mein Vater lächelte auf mich herunter. «Soll ich es dir zeigen?»

Dieses Lächeln kannte ich! Alles in mir wurde hart und kalt. «Nein!» sagte ich voller Angst. «Nein, nein, ich will es nicht wissen.»

«Solltest du aber», murmelte mein Vater, und sein Atem wurde schwer. «Eine junge Frau sollte immer genau wissen, was in der Hochzeitsnacht auf sie zukommt.»

Ich schob meinen Vater mit beiden Händen zurück. «Nein, bitte, bitte nicht! Laß mich doch, Papa, bitte, nein!»

Kennen Sie das Märchen vom gläsernen Berg, auf dem der Ring der ewigen Glückseligkeit verborgen liegt? Wie der Prinz, der hinaufzuklettern versucht, aber immer wieder an den Hängen abrutscht, fühlte ich mich, als mein Vater meine Knie auseinanderdrückte.

«Deine Freundin», sagte er und zog sich dabei mit einer Hand den Reißverschluß der Hose auf, «die sieht da unten so aus wie du. Und ihr Macker hat so einen wie ich – bloß kürzer und dünner und längst nicht so gut. Erst küssen sie sich. Und dann . . .»

Verzweifelt versuchte ich den Film anzuhalten, der in meinem Kopf lief: Pornos, die ich mir in letzter Zeit hatte ansehen müssen. Der Filmton und die Stimme meines Vaters vermischten sich. Und dann sah ich Giselas Verlobten mit Gisela all die schmutzigen Dinge tun, die mein Vater in diesem Moment mit mir tat.

«Ich will dich, Monika!» keuchte er und schob sich über mich. «Komm, sei lieb, laß den Papi rein!»

«Nein!» Ich erschrak von dem Klang meiner eigenen Stimme. «Nein!»

Das Gesicht meines Vaters verzerrte sich. Wie ein Tier fletschte er die Zähne, bevor er zuschlug. Mein Kopf flog hin und her zwischen den klatschenden Händen.

Ganz plötzlich war Ruhe. Meine Nase blutete, und das Blut rann widerlich süß in meinen Mund. Als ich zu würgen aufhörte, sah ich plötzlich das Messer. Ein Schweizer Taschenmesser mit Schere, Säge und vielen verschiedenen Klingen. Ich selbst hatte es meinem Vater zum letzten Namenstag geschenkt.

Er starrte mich mit irrem Blick an. «Wenn ich es nicht darf, darf es auch kein anderer!» sagte er. «Du gehörst mir, mir, mir ...»

Jedes «mir» war ein Schnitt. Ich weiß nicht, wie oft die Klinge über meine Schamlippen fuhr. Vor Grauen verspürte ich nicht einmal Schmerz. Erst später – beim Gehen, beim Sitzen, immer – war er da, so beißend, als fresse er mich von innen her auf.

Damals kam ich nicht auf den Gedanken, mir einen Handspiegel zwischen die Beine zu halten, um mir selbst Gewißheit über meine Verletzungen zu verschaffen. Erst recht kam ich nicht auf die Idee, die Wunden irgendwie zu behandeln. Ich verabscheute und haßte nichts stärker als diesen Teil meines Körpers. Es geschah ihm recht, daß er litt! Er hatte es nicht besser verdient. Wenn er doch nur abfallen würde von mir! Dann könnte niemals wieder geschehen, was bereits geschehen war.

Heute komme ich um den Spiegel nicht mehr umhin. Denn die Wunden, die ich mir selbst beibringe, sind noch tiefer als jene ersten, die mir mein Vater schnitt. Sie müssen versorgt werden, weil sie eitern und kaum heilen wollen.

Ich drücke Zigaretten auf meinen Schamlippen aus, malträtiere meine Scham mit allem, was scharf ist, bohre Nadeln in mein Fleisch, bis nur mehr die Köpfe zu sehen sind, bohre bereits vernarbte Wunden wieder auf. Die Narben meiner ersten Verletzungen sind kaum noch zu entdecken. Doch in der Seele sind sie noch längst nicht verheilt.

Die Frage, warum ich mich selbst verletze, ist nicht in ein, zwei Sätzen beantwortet. Mir selbst ist nicht voll und ganz bewußt, was dabei in mir abläuft. Drei wichtige Gründe aber glaube ich erkannt zu haben. Ich kann sie in diesem Moment relativ sachlich analysieren; dennoch habe ich in gewissen Situationen keine Gewalt über das, was sich in mir abspielt.

Der erste Grund für mein «autoaggressives Verhalten», wie Fachleute es nennen, ist der Wunsch, mich selbst zu schützen. Ich füge mir selbst Verletzungen zu, weil ich nicht mehr mißbraucht werden will. Da die sexuelle Lust eines jeden Menschen, der meine zerschnittenen Schamlippen sieht, abgetötet wird, bedeuten meine Wunden Schutz. Dies lehrte mich mein Vater mit dem Messer in der Hand. Wenn die Erinnerungen und Alpträume über mich herfallen und die Angst vor einer Wiederholung der Vergangenheit mich um den Verstand zu bringen droht, gibt mir das Messer Erlösung und Ruhe. Solange mein Körper, und vor allem meine Scham, nicht begehrenswert ist, bin ich außer Gefahr.

Ich verletze mich aber auch aus Wut auf meinen Vater. Ich habe nicht gelernt, Zorn gegen andere zu richten, weil ich nicht gelernt habe, andere für ihr Fehlverhalten verantwortlich zu machen. Von klein auf erfuhr ich, daß ich selbst schuld an allem sei, was mir widerfuhr. Bis heute sitze ich über mich selbst zu Gericht, obwohl ich längst weiß und durch Psychologen und Richter darin bestätigt wurde, wer der wahre Schuldige ist. Doch alles Wissen nützt nichts. Dieser Mann ist mein Vater. Ich habe geglaubt, daß er mich liebt. Ich habe ihn geliebt, ich liebe ihn noch heute und will ihn nicht hassen müssen. Dies aber *müßte* ich, wenn ich erkenne, daß er mich nur benutzt und nie wirklich geliebt hat. Eine solche Erkenntnis wäre das Schmerzhafteste, das ich mir vorstellen kann. Denn wenn nicht einmal mein Vater mich je geliebt hat, wer könnte mich dann jemals lieben? Bin ich dann nicht ein widerwärtiges, abstoßendes Nichts? Diese Gedanken, die mich verzweifeln lassen, führen mich dazu, mich selbst zu verbrennen. Ich verletze mich, um mich selbst von der Schuld meines Vaters abzulenken.

Nicht zuletzt aber verletze ich mich, um meinen Körper wieder fühlen zu können. Meine Haut, die verletzlich aussieht wie jedermanns Haut, ist in Wahrheit wie ein Panzer. Ich habe mir diesen Panzer im Laufe der Jahre zugelegt. Meine Empfindungen habe ich mit ganzen Schichten schützender Hüllen umgeben und immer tiefer in mich verdrängt. Sie sind noch da – aber tief vergraben, auch für mich selbst oft unauffindbar.

In Therapiestunden oder auch während der bitteren Arbeit an diesem Buch schlage ich Breschen in meinen eigenen Panzer. Oft habe ich Angst, unter den schützenden, stützenden Hüllen nichts mehr vorzufinden. Wer bin ich, wenn der Panzer vollends abgelegt sein wird? Kann ich es überhaupt ertragen, anderen Menschen ohne diesen Schutz gegenüberzutreten? Werde ich dann wieder zum Opfer – endgültig diesmal?

Obwohl ich Angst habe vor meinem eigenen Mut, wünsche ich mir in letzter Zeit häufig, die Schutzhüllen möglichst rasch ablegen zu können. Ich will endlich leben, will mich endlich öffnen, meinen Körper spüren! In solchen Momenten brauche ich den körperlichen Schmerz. Er bricht Stücke aus meinem Panzer heraus, schlägt Brücken in mein Innerstes. Der Schmerz tut mir gut, weil negative Empfindungen immer noch besser sind als gar keine.

Ob mein Vater wohl weiß, wie nachhaltig sein Messer mich zerstörte?

Seit Stefan männliche Verhaltensweisen an den Tag legte, hatte ich Angst vor ihm – und je häufiger meine Hand für seine Befriedigung herhalten mußte, desto mehr. Obwohl er nach wie vor in unserem Kinderzimmer schlief und onanierte, obwohl er uns abwechselnd drangsalierte und beschützte wie zuvor, obwohl er Rausgehverbot wie wir anderen erhielt, wenn Gäste da waren, gehörte er nicht mehr so ganz zu uns. Er war jetzt ein Mann. Ich spürte es überdeutlich. Mein Vertrauen zu ihm war hin. Zwar war, verglichen mit dem, was mein Vater mit mir machte, das, was Stefan von mir verlangte, die reinste Erholung. Aber wie lange noch? Wann würde er mehr wollen?

Nachts, wenn er mit meinen Eltern um die Wette stöhnte und das Licht der Straßenlaterne seinen Schatten zu dem eines Monsters verzerrte, konnte ich oft vor Panik nicht schlafen. Wie, wenn Stefan jetzt, in dieser Nacht, in mein Bett käme? Oder wenn er mich hinüber zu seinem Bett zerrte?

Ich wehrte mich gegen den Schlaf. Das Stöhnen meiner Eltern bot keine Sicherheit mehr. Hatte die Müdigkeit mich nach Stunden dann doch übermannt, wachte ich mitten in der Nacht schreiend und um mich tretend wieder auf.

Georg war genervt. Er wollte nicht mehr neben mir schlafen.

«Du bist doch bekloppt», sagte er. «Echt hohle Birne. Wenn dich ein Krokodil verschluckt, kann's nicht mehr tauchen. Schieb ab, Alte! Deine Kiste ist unten.»

Es konnte nichts Schlimmeres für mich geben, als aus Georgs Bett verbannt zu werden, das wie eine Oase in der Wüste war. Noch nie hatte sich mein Vater dazugemogelt, wenn ich neben meinem kleinen Bruder lag. Er hatte mich dann zwar geholt oder zu sich gerufen – aber in Georgs Bett war noch nie das Unaussprechliche getan worden. Es roch zwar nach ungelüfteten Kissen und zu lange benutzter Wäsche. Aber die Matratze stank nicht nach Sperma und hatte keine «Landkarten», wie Stefan die Flecke nannte. In diesem Bett nicht mehr schlafen zu dürfen, ließ für mich eine Welt zusammenbrechen.

«Ich geb' dir Geld», bettelte ich Georg an. «Ich geb' dir alles, was du willst!»

Georg tat cool. «Hundert Eier», sagte er. «Drunter läuft nichts.»

Einhundert Mark – das war ein Vermögen. Woher sollte ich so viel Geld nehmen? Seit Tante Inge meiner Mutter kein Bargeld mehr lieh, sondern statt dessen Lebensmittel kaufte, wenn es bei uns mal wieder zappenduster aussah, herrschte absolute Ebbe in der Kasse. Da wäre für den geschicktesten Langfinger nichts mehr zu holen gewesen – und ich war nicht einmal geschickt.

«Ohne Moos nix los», hakte Georg nach. «Ist nun Zahltag oder nicht?»

«Morgen», versprach ich rasch. «Ich besorg' die Kohle, echt, du kriegst den Riesen.»

«Die Alte lügt doch», stichelte Boris. «Die und Knete besorgen!»

Aber Georg lachte mir zu. In dieser Nacht war der Platz an seiner Seite noch einmal mein. Und morgen würde mir schon etwas einfallen. Eine ganze Nacht Galgenfrist hatte ich gewonnen ...

Der nächste Tag war ein Sonntag. Wie immer, wenn mein Vater freihatte, weckte meine Mutter uns früh gegen neun. «Raus aus den Federn, Frühstück machen!» rief sie und riß dem Erstbesten von uns die Bettdecke weg. «Papa hat Hunger, also dalli!»

Keiner von uns hätte zu protestieren gewagt. Während meine Muter zurück ins Schlafzimmer rollte und die Bettfedern zu quietschen begannen, weil mein Vater zur ersten Nummer des Tages durchstartete, machten wir Kinder uns wie die Heinzelmännchen ans Werk. Frühstückseier, Marmelade und Honig, Wurst und Käse, alles fein garniert, fanden sich bald auf dem mit Kerzen und Servietten geputzten Wohnzimmertisch, an dem die hohen Herrschaften zu speisen geruhten. Die Hauptarbeit fiel Stefan zu; immerhin wollte er Koch werden.

Boris und ich deckten derweil den kleinen Eßtisch in der Diele. Hier frühstückten wir Kinder. Wir mußten mit den Resten von den Vortagen vorliebnehmen. Die Butter war manchmal schon leicht ranzig. Nicht einmal frische Servietten gab es für uns; meine Eltern legten sie nach eigenem Gebrauch immer für uns Kinder zurück.

Georg machte sich an diesem Sonntag, während wir anderen das Frühstück bereiteten, einen Spaß daraus, an der Stereoanlage meines Vaters herumzuspielen und das Gestöhne aus dem Schlafzimmer auf Kassette aufzunehmen. Auch wenn er das Küken unter uns war, war keiner technisch versierter als er. Wenn Boris, er und ich allein zu Hause waren, kramte er gern seine Schätze hervor und lachte sich gemeinsam mit uns über die gräßlichen Töne schlapp. Er und Boris imitierten bei solchen Gelegenheiten mit Inbrunst unsere Mutter, wie sie mit einem ihrer heißgeliebten Julia-Romane in den Kissen dahinschmolz und sich von ihren Söhnen verwöhnen ließ. Natürlich stellte Georg den Apparat ab und warf die Kassette in seinen Schulranzen, als Boris an die Schlafzimmertür pochte und «Der Kaffee ist fertig!» rief.

Wenig später nahmen meine Eltern am gedeckten Tisch Platz.

Während meine Mutter meinem Vater außer dem Kauen alle Arbeit abnahm, mußte einer von uns meine Mutter bedienen. Fast immer fiel die Wahl auf Stefan und Boris. Georg und ich waren zu tölpelhaft dazu – was den Vorteil hatte, daß wir in Ruhe essen konnten. Nach dem Frühstück rauschten meine

Eltern wieder ins Schlafzimmer. Jetzt wurde lustvoll vollendet, was vorher begonnen worden war. Nun endlich kam auch mein Vater, der sogenannte Nummern zum Anwärmen liebte und vor dem Frühstück sich selbst nur ein bißchen in Fahrt gebracht hatte, voll auf seine Kosten.

Wir Kinder hatten unterdessen aufzuräumen und zu putzen, und Stefan bereitete das Mittagsmahl vor, das gegen drei serviert wurde. Was meine Eltern übrigließen, war «für die Gottlosen», also uns. Nachspeise war nie dabei.

Nach dem anstrengenden Vormittag hatten meine Eltern selbstverständlich einen ausgiebigen Mittagsschlaf nötig. In dieser Zeit durften wir nur auf Zehenspitzen durch die Gegend schleichen. Und wehe, beim Abwasch klirrten Teller!

Gegen fünf ging es dann richtig los. Mein Vater wurde zum Herrscher über das Badezimmer. Ich hatte ihm Wasser in die Wanne einzulassen – ja nicht zu heiß und ja nicht zu kalt! – und später seinen göttlichen Leib zu massieren. Dabei mußte das Fernsehgerät in voller Lautstärke laufen, weil die Sportschau nicht verpaßt werden durfte. Meine Mutter ruhte sich indessen mit Georgs Hilfe aus und übernahm dann, sobald mein Vater sich rasierte, das noch lauwarme Badewasser. In der Zwischenzeit hatte ich die Ehre, die Bluse und den Rock aufzubügeln, die sie anzuziehen wünschte.

An diesem Sonntag nutzte ich die Badezeit meiner Eltern für meine eigenen Zwecke. Sie hatten gesagt, daß sie abends ausgehen wollten. Ich wußte, was das bedeutete: Sie wollten einen sogenannten Club besuchen. Mein Vater hatte mich schon einmal dorthin mitgenommen. Ich erinnerte mich nicht sehr deutlich an diesen ersten Clubbesuch. Wahrscheinlich war ich noch sehr klein gewesen. Die Leute hatten seltsame schwarze Kleidungsstücke getragen, aus deren Löchern überall Haut herausschaute. Mich hatten alle bewundert und süß gefunden. Als ich müde war, schlief ich in den Armen irgendeiner Frau ein, während ringsumher Leute schrien und aufeinander einschlugen.

Irgendwann hatte ich im Schlafzimmer meiner Eltern ein Werbeblatt oder so etwas ähnliches sowie eine Eintrittskarte für diesen Club gefunden. Daher wußte ich, daß mein Vater pro Abend mindestens 150 Mark bezahlen mußte und vermutlich genügend Bargeld einstecken haben würde. Er liebte es, den «Big Boss» zu spielen und mit Scheinen um sich zu werfen.

Jetzt kam es nur darauf an, rechtzeitig, bevor er aus dem Badezimmer kam, die Brieftasche zu finden. Ich hatte auch auf Anhieb Glück. Ordnungsliebend, wie mein Vater war, hatte er das Geld für den Abend in der Schublade des Nachttisches deponiert. So rasch haben fünfzig Mark wohl selten den Besitzer gewechselt. Als mein Vater herumbrüllte, ob ich, verdammt noch mal, seine Schuhe denn noch immer nicht geputzt hätte, stand ich längst am Bügeltisch und plättete Mutters Bluse.

Fünfzig Mark – das war zwar nicht der versprochene Blaue. Aber Georg ließ sich erweichen, mir trotzdem Platz in seinem Bett einzuräumen. Dankbar an ihn gekuschelt, schlief ich ein. In dieser Nacht würde nichts geschehen.

Als mein Vater sich am nächsten Morgen das Frühstück von Boris und mir auftragen ließ, war er verkatert wie immer nach dem Clubbesuch. War mir nur so – oder starrte er mich wirklich mißtrauisch an? Er mußte das Fehlen der fünfzig Mark bemerkt haben. Aber wann? Ich hoffte, es war, als er schon nicht mehr nüchtern genug war, um genau zu rekapitulieren, wo das Geld abgeblieben sein könnte. Zugeben würde ich nichts – so viel stand fest.

Zum Glück hatte mein Vater an diesem Morgen keine Lust auf Zoff. So kam ich ungeschoren davon.

Vielleicht machte das Glück mich übermütig. Auf jeden Fall beschloß ich, mir das fehlende Geld in der Schule zu besorgen. Fast jedes Kind meiner Klasse hatte Geld dabei. Fünfzig Mark kämen dabei leicht zusammen. Ich mußte nur die große Pause abwarten. Dann schien alles ganz einfach. Bauchschmerzen waren eine prima Ausrede, bis über das Pausenläuten hinaus auf der Toilette zu verharren. Danach schlich ich in meine Klasse zurück, stellte zufrieden fest, daß die beiden vom Tafeldienst schon im Hof waren, und machte mich ran an die Schultaschen. Die hinterste Reihe hatte ich schon gefilzt, als plötzlich die Tür aufging und eine Mitschülerin hereinkam. Irma!

«Was machst du denn da?» rief sie und begriff noch in demselben Moment. «Gib das her! Du Diebin!»

Sie rannte auf mich zu. Ich rannte weg. An irgend etwas blieb ich hängen, stürzte und kam nicht wieder hoch. Ich konnte mein Knie nicht mehr bewegen. Der geringste Stellungswechsel tat weh.

Irma war ebenso bleich wie ich. «Das ist die Strafe», sagte sie. «Das hast du dir selbst zuzuschreiben.»

Hatte ich mir nicht immer alles selbst zuzuschreiben?

«Ich verpetz' dich nicht.» Irma trat ein paar Schritte von mir weg. «Ich gebe den andern das Geld zurück. Wir sagen einfach, wir hätten es hier gefunden. Aber du darfst es nie wieder tun. Nie!»

«Nie!» versprach ich.

Nach der Schule hakte mich Irma unter. Den anderen Arm nahm einer meiner Cousins. So humpelte ich nach Hause. Wie die Nachbarn die Köpfe zusammensteckten, hinter mir her grinsten, sich an die Stirn tippten! «Die von den B.s schon wieder. Die tickt nicht ganz richtig; kein Wunder, daß der so was passiert!» So oder ähnlich werden sie getratscht haben.

Kurz bevor wir unseren Wohnblock erreichten, blieb ich stehen. «Den Rest pack' ich allein», sagte ich. Ich wollte nicht, daß meine Mutter Irma sah. Vielleicht hatte ich endlich eine Freundin gefunden. Und das ging niemanden etwas an.

Mein kaputtes Bein konnte ich natürlich nicht geheimhalten. Es war so dick und unbeweglich geworden, daß selbst meine Mutter es mit der Angst bekam. An der Hand von Georg hinkte ich nachmittags zum Arzt und erhielt prompt einen Gips verpaßt. Was genau passiert war, weiß ich bis heute nicht. Aber der Gips blieb für vier volle Wochen. Wochen, in denen mein Vater sein Image als Supervater zum Glänzen brachte und hinter den Kulissen den vollen Preis dafür bei mir kassierte.

Täglich brachte er mich mit dem Auto zur Schule und holte mich mittags dort wieder ab, um mich bei Tante Inge abzusetzen. Nach Feierabend nahm er mich dort wieder in Empfang und mit nach Hause. Fürsorglich, großzügig, wahrhaft ein besorgter Vater, nicht wahr? Einen besseren kann sich niemand wünschen, ich weiß, ich weiß ...

Ich weiß allerdings noch mehr: nämlich, was er im Auto mit mir machte, nachdem er es auf irgendeinem Waldweg abgestellt und die Liegesitze so umgeschlagen hatte, daß mein steifes Bein zum Fenster hinausgestreckt werden konnte. Dann trat der andere Papa auf, der, den niemand außer mir kannte. Da sah keiner uns zu. Außer den Blättern im Wald. Doch die schienen keine Notiz von mir zu nehmen – und wenn ich noch so schrie.

Es war in der Zeit, als Georgs Erstkommunion näher rückte. Er war mein Bruder, und ich hatte ihn lieber als jeden anderen, aber ich dachte trotzdem nicht über ihn nach. Er gehörte so selbstverständlich zu meinem Leben wie die Luft, die ich atmete. Und doch fiel mir eines Tages auf, daß Georg ungewöhnlich bedrückt wirkte.

«Hat dir einer weh getan?» fragte ich. «Soll ich einem ans Schienbein treten?»

Georg schüttelte den Kopf. Sein Haar war blonder als meines; ich nahm es zum ersten Mal bewußt wahr.

Ich wollte mich schon abwenden, da murmelte er: «Glaubst du an die Hölle, Moni? Glaubst du, daß es die echt gibt?»

Die Hölle? Voller Unbehagen zog ich die Schultern zusammen.

«Der Kaplan sagt, daß es sie wirklich gibt», fuhr Georg fort. «Und daß man da im Fegefeuer sitzt und alles.»

Ich hätte gern «Quatsch!» gerufen und «Blödsinn!», hätte Georg gern umarmt und getröstet. Statt dessen saß ich da und sagte kein Wort. Ja, ich kannte sie, die Hölle. Sie war hier, bei uns. Der nachts in mein Bett kam, war der schlimmste aller Teufel.

Georgs Unterlippe zitterte. «Wenn einer unkeusch ist, wenn einer einen da immer anfaßt und alles ...» Hilflos sah er mich an. «Wenn einer in der Beichte ist, muß er alles sagen. Aber wenn einer doch nicht beichten *kann*? Muß er dann in die Hölle, Moni? Tante Inge sagt, er muß.»

«Tante Inge schwätzt viel!» wollte ich schreien. «Sie sagt auch, daß ich lüge und mir alles bloß einbilde. Und doch ist es wahr. Tante Inge hat keine Ahnung! Glaube ihr nicht!» Aber ich brachte kein Wort heraus.

«Beichtest du?» fragte Georg.

Ich schüttelte langsam den Kopf. Wie sollte ich beichten? Papas Geheimnis verschloß mir den Mund. Außerdem hatte ich gelernt, daß Gott alles sieht und alles weiß. Und da er kein Flammenschwert auf meinen Vater niedersausen ließ, hatte er offenbar nichts dagegen, was dieser mit mir anstellte. Und so einem sollte ich beichten?

«Moni», sagte Georg, «ich will nicht in die Hölle. Du?»

Was sollte ich ihm schon antworten. Daß Kinder nie in die Hölle kommen? Oder daß es die Hölle gar nicht gibt? Wie sollte ich ihm das sagen, wo wir doch mittendrin steckten?

Tage vergingen. Georg und ich sprachen nicht viel. Vielleicht fehlten uns die Worte. Vor allem aber hatte ich ein neues Problem: Ich hatte meine Periode bekommen.

Morgens war sie plötzlich da. Mein Schlafanzug war blutig. Ich begriff nicht, warum. Was war mit mir los? War ich krank? Hatte Papa etwas an mir kaputtgemacht?

Meine Mutter bemerkte, wie ich mich über dem Waschbekken mit den Blutflecken abmühte, die meinen einzigen noch akzeptablen Schlafanzug verunzierten. «Willkommen im Club!» sagte sie sarkastisch. «Hast du den Mist jetzt endlich auch? Na, dann viel Spaß damit!»

Schon oft hatte ich mich gefragt, was es wohl mit den dicken, weichen Papierdingern auf sich habe, die mein Vater einmal im Monat aus einer Packung nahm und abgezählt in ein Körbchen legte, das nahe der Toilette stand. Jetzt griff meine Mutter eines der Dinger und reichte es mir. «Leg das in deinen Schlüpfer», sagte sie. «Sonst versaust du noch alles.»

Welchen Sinn die Menstruation hat, welche Probleme man als Frau damit haben kann und wie man damit umgeht – all das erfuhr ich erst in einem Alter, in dem viele andere Frauen bereits Mütter sind.

Das mag vielleicht unglaubwürdig klingen. Man denkt, wer Erfahrung mit Sex hat, ist auch aufgeklärt. In der Tat: Ich war damals sexuell schon ungeheuer erfahren. Ich hatte in den kurzen Jahren meines Lebens schon so manche Variante des sogenannten Liebesspiels über mich ergehen lassen müssen, die den meisten Frauen ein Leben lang verborgen bleibt. Wie der weibliche Körper äußerlich beschaffen ist und auf welche Weise ein Mann welchen Teil dieses Körpers benutzen kann, war mir sehr wohl bekannt. Von der inneren Struktur des Körpers indes wußte ich nichts. Es interessierte mich damals auch nicht. Ich wollte nichts von diesem Körper wissen, der angeblich mir gehörte. Sollten doch die sich um ihn kümmern, die ihn benutzten. Was hatte ich damit zu schaffen?

Die Binden meiner Mutter nahm ich jedoch wohl oder übel an. Daß sie abgezählt waren und jede fehlende ein Zeichen für meinen Vater darstellte, ahnte ich nicht. Erst abends begann es mir zu dämmern.

Mein Vater war im Badezimmer gewesen, um sich den Arbeitsmief abzuwaschen. Als er wieder ins Wohnzimmer kam, machte mir das Glitzern in seinen Augen klar, daß er die Neuigkeit plötzlich herausgefunden hatte.

«Hört mal alle her», sagte er da auch schon. «Unsere Monika ist ab heute eine richtige Frau. Wenn das kein Grund zum Feiern ist! Haben wir noch ein Tröpfchen zum Anstoßen im Haus, Lena?»

Meine Mutter sah aus, als würde sie mir lieber Arsen kredenzen als ein Glas Wein. Aber sie gehorchte. Klirrend stießen die Gläser zusammen. «Prost!» sagte mein Vater und trank das Glas in einem Zug leer. «Kommt Besuch heute?»

Wir alle wußten, daß Besuch angesagt war. Am Nachmittag hatte ein Mann angerufen. Als ich den Hörer abnahm und mich meldete, hatte der Typ mich gefragt, welche Farbe denn das Haar meiner Muschi hätte, und war fuchsteufelswild geworden, als ich ihm erklärte, nur die Tochter zu sein. «Dann schick mir gefälligst deine Alte an die Strippe!» hatte er geschimpft. «Auf Kinder steh' ich nicht.»

«Ich kann abtelefonieren, Schatz!» antwortete meine Mutter

verwirrt. «Wenn du willst... Ich meine, ich bin viel lieber mit dir allein.»

«Dein Wort sei ‹Ja, ja› oder ‹Nein, nein›!» sagte mein bibelfester Vater. «Abgemacht ist abgemacht, da gibt es nichts. Wenn wir Besuch erwarten, ist er willkommen. Mal rein in die Kartoffeln, mal raus aus den Kartoffeln – das kommt nicht in Frage. Was sollen denn die Kinder denken?»

Diesen Ton kannte ich. O lieber Gott, hilf mir! Mir wurde schwindlig, und ich mußte mich setzen.

In meinem Tagebuch hielt ich fest, was damals geschah: «Als wir zu Bett geschickt wurden, konnte ich nicht einschlafen. Ich horchte auf Papas Schritte. Als er vor dem Kinderzimmer stand und den Drücker bewegte, hielt ich mich an Georgs Hand fest. Er flüsterte noch, ich solle schnell in sein Bett kommen, aber Papa stand schon im Zimmer. Ich zitterte am ganzen Körper und klammerte mich an Georg fest. Er hielt mich auch fest. Aber Papa riß mich mit Gewalt von Georg los. Ich ahnte, was mir blühte, und so verschwand ich für unbestimmte Zeit aus meinem Körper.

Papa fummelte an mir herum. Ich spürte, wie sein Pimmel immer steifer wurde. Zuerst lag er dabei noch neben mir. Plötzlich aber schmiß er sich auf mich und machte regelrecht Zielschießen. Vier Anläufe brauchte er! Ich schrie vor Schmerzen, wenn ich nicht sogar kreischte. Ich versuchte mich zu wehren, doch es half nichts. Im Gegenteil, es spornte ihn an. Er sagte, ich sei so süß, wenn ich mich wehrte, es würde ihn ganz verrückt machen, so toll wäre es, und dann schlug er mich. Er wurde immer brutaler, so daß ich es vorzog, alles über mich ergehen zu lassen; Hauptsache, es ging zu Ende.

Nach einer Zeit hörte er auf und pißte mich dann an. Ich hielt meine Hände vor das Gesicht, weil ich nicht wollte, daß er mich sah, noch, daß ich ihn ansehen müßte.»

Daß Georg und meine beiden anderen Brüder alles mit angesehen und mit angehört hatten, war mir während der Vergewaltigung und auch in den restlichen Nachtstunden nicht bewußt. Erst morgens merkte ich, daß Georg neben mir in meinem verpesteten Bett lag und mich mit beiden Armen umschlungen hatte. Mein Kissen unter seinem Gesicht war naß. Er hatte geweint.

Der arme Junge! Da erst kamen auch mir die Tränen.

Noch Tage später hatte ich einen blutigen Ausfluß und Unterleibsschmerzen, die so stark waren, daß ich dachte, ich müßte sterben. Doch leider starb ich nicht.

In den folgenden Nächten machte mein Vater sich regelmäßig über mich her. Es störte ihn nicht, daß ich blutete. Es machte ihm auch nichts aus, daß ich Schmerzen hatte. Ganz im Gegenteil, meine Schmerzen brachten ihn erst richtig in Fahrt. Wenn ich dem Ganzen nicht dieselben Lustgefühle abgewinnen konnte wie er, war ich selbst schuld.

Anfangs schickte er meine Brüder noch auf die Straße oder wenigstens ins Wohnzimmer, wenn er am Spätnachmittag Lust auf mich hatte und mit mir ins Kinderzimmer verschwinden wollte. Dies wurde ihm jedoch bald zu dumm. Besonders Georg mit seinem ewigen «Warum denn?» ging ihm auf die Nerven.

«Guck doch zu, wenn's dich juckt!» brüllte er ihn an. «Dann weißt du wenigstens, wie's funktioniert.»

Nur Boris nahm die Aufforderung ernst.

Von nun an legte sich mein Vater keine Beschränkung mehr auf. Er verging sich fast täglich an mir und lebte seine perversen Wünsche immer ungehemmter an mir aus. Je stärker er mich peinigen und erniedrigen konnte, desto größer war sein Lustgewinn.

Ich gewöhnte mir ab zu weinen, zu bitten, zu flehen, zu schreien. Ich wand mich nicht mehr, wenn er mich mißbrauchte oder schlug. Ich lernte, aus meinem Körper auszusteigen, bis er unempfindlich wurde und kalt, ein lebender Leichnam. Mein Vater merkte es nicht. Oder wenn er es merkte, nahm er es nur als Aufforderung hin, mich noch hemmungsloser, noch sadistischer, noch bestialischer zu schänden, um auf diese Weise endlich doch die gewünschte Reaktion zu erzwingen.

Mit dumpfer Verzweiflung mußte ich erkennen, warum meine Blutungen Periode genannt wurden: weil sie wieder- und wiederkehrten. Zwar blutete ich nie sonderlich stark, häufig auch nur einen Tag; doch die Folgen für mich waren immer die gleichen: Der erste rote Tropfen, die erste der abgezählten Binden im Bad – und mein Vater kam, um sich sein Recht zu holen.

Nach und nach wurde mir klar, daß seine sexuellen Aktivitäten sich dem Rhythmus meiner Periode anpaßten. Vom ersten Regeltag an bis etwa vierzehn Tage danach blieb mir nichts erspart. An jedem dieser Tage leerte er sich früher oder später unter gräßlichem Ächzen in mir aus. Während der folgenden Zeit bis zum ersten Tag der Regel bevorzugte er andere Spielchen.

So legte er mir beispielsweise Pornohefte vor und verlangte von mir, die dort abgebildeten Szenen nachzustellen. Am meisten liebte er eine Stellung, die er wegen meines ungeschickten Benehmens «Trampeltier» nannte. Dabei mußte ich auf allen vieren knien, so daß er bequem in mich eindringen konnte. Mein Vater «belohnte» mich gern mit dieser Position, wenn ich mich etwa einmal nicht seinen Wünschen gemäß verhalten hatte, wenn ich vielleicht doch einmal geweint oder «Nein!» geschrien hatte. «Ich habe dich gewarnt!» hieß es dann. «Du hattest es in der Hand. Du wolltest es so. Du bist selber schuld.»

Selber schuld! Unauslöschlich prägten sich diese Worte in mir ein.

Seit jeher hatte ich meinen Körper verachtet. Jetzt fing ich an, ihn zu hassen. Warum wuchs mein Busen? Warum trocknete meine Scheide nicht ein? Warum wurde mein Körper nicht unfähig, diesen widerlichen Riesenpimmel in sich aufzunehmen? Warum war ich eine Frau? Warum lebte ich noch?

Ich glaube nicht, daß ich mich wirklich umbringen wollte, als ich die Schlaftabletten meiner Mutter schluckte. Ich wollte Ruhe und in Ruhe gelassen werden. Ich wollte, daß mein Vater diesen stummen Protest verstand. Aber der einzige, der verstand, war Georg.

Er fand mich, als er vom Fußballspielen nach Hause kam. Bis zum Hals in die Bettdecke eingerollt und voll angezogen, lag ich in seinem Bett. Als er mich rüttelte, wachte ich nicht auf. Dann sah er das Tablettenröhrchen neben dem Bett und das verschmierte Glas auf dem Nachttisch. Er weinte, als er es mir später erzählte, in diesem Moment aber weinte er nicht. Er zerrte mich an die Bettkante, bis mein Kopf herunterhing, und steckte mir den Finger in den Hals. Der Brechreiz weckte mich auf.

«Tu das nie wieder!» Georg schrie mich an. «Laß mich hier ja nicht allein!»

So weit hatte ich nicht gedacht.

Meine Müdigkeit und die fehlenden Tabletten im Medizinschränkchen – als meine Mutter abends nach Hause kam, hatte sie eins und eins rasch zusammengezählt. Wie eine Furie raste sie auf mich los. Ob ich mich wieder mal interessant machen müsse? Auf diese Weise werde ich auch nicht erreichen, daß Papa sich mehr aus mir macht. Wenn ich so etwas noch einmal versuchen würde, käme ich ins Heim, dafür werde sie schon sorgen. Schließlich habe sie Beziehungen genug. Diesmal ließe sie noch mit sich reden, aber wenn ich Ärger suchte, könne ich ihn kriegen.

Ich weiß nicht mehr, was sie alles aus sich herausbrüllte. Kopf und Magen taten mir weh. Ich wollte nur noch schlafen.

Als mein Vater nachts in mein Bett und in mich eindrang, spürte ich kaum, was er tat. Die Tabletten: kleine, weiße Wunderwirker! Ich hatte endlich ein Mittel gefunden, meinen eigenen Körper auszuschalten.

«Moni», sagte Georg mitten in eine dieser albernen Samstagabend-Fernsehshows hinein, «wie ist das eigentlich, wenn man stirbt?»

Niemand konnte uns hören. Unsere Eltern waren im Club, Stefan hatte sich ins Kino abgeseilt, Boris war über Nacht bei Oma Grete.

Georgs unvermittelte Frage ließ mich innerlich erzittern. Tief in mir breitete sich eine diffuse Vorahnung aus. «Woher soll ich das wissen?» Ich sprach betont unfreundlich. Vielleicht gab er auf.

Ich hätte es besser wissen müssen. Wenn Georg sich etwas in den Kopf gesetzt hatte, gab es kein Pardon und kein Zurück. «Du hast es doch versucht», sagte er. «Hat es weh getan?»

Langsam nahm ich die Füße von der Couch. «Nein», gab ich zurück und sah Georg an. «Die Tabletten schmeckten scheußlich, sonst war nichts.»

«Aber dann?» bohrte Georg. «Als du eingeschlafen bist, wie war das? Der Kaplan sagt, da geht man wie durch einen Tunnel, und am Ende ist ganz viel Licht, und da warten dann alle schon.»

Ich hatte keinen Tunnel gesehen und auch sonst nichts. Mein Magen hatte gebrannt und der Hals. Ich hatte den bitteren Geschmack der aufgelösten Tabletten bis tief unten geschmeckt. Dauernd wollte das Zeug wieder hoch und raus. Es fiel mir schwer, nicht zur Toilette zu rennen und dort alles auszuspucken.

«Ich wurde ziemlich schnell müde», sagte ich. «Erst war's ganz wirbelig im Kopf, mit so einem Sausen in den Ohren. Dann rückte alles irgendwie immer weiter von mir weg. Die Arme und die Beine waren ganz schwer. Ich dachte noch, daß es ein komisches Gefühl wäre. Von danach weiß ich nichts mehr.»

Eine Weile guckten wir diesem Dauergrufti, Peter Alexander, zu, bei dem meine Mutter vor Entzücken immer Stöhnanfälle bekam.

«Eines schönen Tages», sagte Georg plötzlich träumerisch, während er einen Arm um mich legte und seinen Kopf an meine Schulter drückte, «eines Tages verschwinden wir von hier, nur wir beide, für immer und ewig. Das haben sie dann davon. Dann werden sie schon merken, wie das ist, wenn sie keinen mehr haben, den sie dauernd runtermachen können. Dann werden sie dumm rumstehen und heulen und betteln, daß wir doch wiederkommen sollen, und versprechen, daß sie sich ändern werden. Aber wir kommen nicht zurück. Keiner kann uns mehr kriegen. Und wir bleiben immer zusammen.»

Mit einem Ruck richtete er sich auf und sah mich starr an. «Du – geh ja nie mehr ohne mich! Laß mich hier ja nie allein! Hörst du? Niemals!»

Ich schüttelte den Kopf. Ich wollte nicht, daß Georg mir näher erklärte, was ich längst verstanden hatte.

«Versprochen?» drängte er und nahm meine Hand.

«Versprochen!» flüsterte ich. Ich dachte nicht im entferntesten daran, mein Wort zu halten. Doch ich ahnte nicht, daß Georg es auch nicht tun würde. Daß er – wie umgekehrt auch ich – nur darauf aus war, mich durch dieses Versprechen zu binden und am Leben zu erhalten, sich selbst aber alle Wege offenzuhalten.

Immer wieder sprachen wir heimlich miteinander über dieses Verschwinden, ohne es jemals offen beim Namen zu nennen. Es war unsere Magie, unser Ritual und streckenweise unser einziger Schutz.

Immer häufiger fingen Georgs Sätze an mit: «Wenn ich erst weg bin ...» Ich nahm es hin, ohne darüber nachzudenken. Oft reichte die Kraft nicht zum Denken.

Seit ich menstruierte, schien mein Leben nur noch aus Blut, Schmerz und Sperma zu bestehen. Ich haßte mein Geschlecht, meinen Körper. Wenn ich mich beim Waschen berühren mußte, wünschte ich mir meine Finger taub, so ekelte es mich vor mir selbst. Auch wenn ich stundenlang unter der Dusche gestanden hatte, vermeinte ich noch den Geruch meines Vaters auf meiner Haut wahrzunehmen. Alles an mir schien verseucht von dem, was er mich zu schlucken zwang. Kein Spiegel zeigte ein anderes Bild von mir selbst als dasjenige, das mir aus dem riesigen neuen Schlafzimmerspiegel über dem Bett meiner Eltern begegnete, während das ächzende Monster auf mir und in mir war.

Ich war erst 14 und fühlte mich doch uralt. Ich stand am Anfang meines Lebens und war doch völlig am Ende. Manchmal kämpfte ich noch darum, als Person beachtet zu werden, aber immer richtete ich die Spitze gegen mich selbst.

Als könnte ich alles Weibliche in mir auslöschen, indem ich

es verleugnete und versteckte, lief ich in Pullis herum, die – wie mein Vater sagte – den Sack zum Modehit kürten. Röcke waren gefährlich, sie konnten als ein «Faß mich an» mißverstanden werden. Also zog ich Hosen an, möglichst lang, möglichst schlabberig und weit.

Trotz aller Tarnversuche wurde die Frau in mir doch entdeckt – durch meinen Vater. Er schenkte mir Reizwäsche, damit ich sie für ihn trug, und eigens für mich maßgefertigte Lederklamotten. War die Frau in mir denn nie zu beseitigen?

Ich hatte von einer operativen Geschlechtsumwandlung gelesen. Eine Frau war ein Mann geworden. War es das, was ich wollte: ein Mann sein? Wochenlang wachte ich danach schreiend aus Alpträumen auf, in denen mein Vater mit seinem Messer an mir herumschnitzte, bis mir unten ein Monsterding wuchs. Nein, ein Mann wollte ich nicht sein, sowenig wie eine Frau. Ich wollte überhaupt kein geschlechtliches Wesen sein, sondern nur ich, Monika B.

In den Prozeßakten heißt es, ab 1980 sei meine Mutter dreimal im Krankenhaus gewesen – zuerst wegen einer Fehlfunktion der Schilddrüse, danach wegen des Blinddarms und zuletzt, um sich sterilisieren zu lassen. Nur dreimal? Mir kommt es heute so vor, als habe sie mehr Zeit in der Klinik als zu Hause verbracht. Aber wahrscheinlich spielt mir die Erinnerung einen Streich: Die Wochen, in denen meine Mutter weg war, dehnten sich ins Unendliche, weil mein Vater sich in dieser Zeit wie ein Rasender an mir austobte; ich hatte quasi neben meiner altgewohnten Rolle auch noch die der Ehefrau zu spielen. In dieser Zeit vergaß er sogar, die Monatsbinden gewissenhaft abzuzählen, und schlief mit mir, wann, wo und wie oft es nur ging.

Sogar auf Baustellen, auf denen er zu tun hatte, nahm er mich mit, um in irgendeinem schmutzigen Bauwagen sein Mütchen an mir zu kühlen, während von draußen die lauten Stimmen von Arbeitern zu hören waren, von denen jeden Moment einer zu uns hereinschauen konnte. Nach jedem Mal schwor ich mir, niemals wieder mitzufahren. Und doch fiel ich immer wieder aufs neue auf die scheinheilige Schmeichelei meines Vaters herein. «Ich bin so alleine dort», sagte er und bekam diesen feuchten, tränenschweren Blick, der mir das Herz brach. «Mit wem soll ich denn reden? Dort versteht mich doch keiner. Schließlich muß ich doch mal einen Menschen haben, der zu mir gehört.»

Mein Vater hatte ja recht: Er brauchte mich wirklich. Er

hatte mich lieb. Nicht einmal Mama liebte er so wie mich. Er hatte es mir doch gesagt. Ich war doch sein ganzes Glück. Was machte es schon, daß er mich jede Nacht windelweich schlug und meine Hände fesselte oder meine Füße an Tischbeine band, damit ich nicht wegrutschen konnte? Wenn er satt war und müde von der Liebe, die er mir gegeben hatte, ließ er mich manchmal sogar ein Weilchen an seiner Brust ruhen. Da hörte ich dann sein Herz schlagen. Es schlüge nur für mich, sagte er. Wie sollte ich ihn da nicht lieben?

«Ich bin dein Vater», sagte er. «Ich habe dich gemacht. Aus unserem feinen Freund da unten bist du herausgekommen. Du gehörst mir. Wenn ich dir den Hals umdrehe, kräht kein Hahn danach. Du sollst deinen Vater ehren. Das steht in der Bibel. Nur schlechte Kinder ehren den Vater nicht. Was ist: Hast du mich lieb oder nicht?»

«Ja», antwortete ich und streichelte die Haut über dem Herzen, das für mich schlug.

Aber Worte waren meinem Vater nicht Beweis genug.

«Ich will, daß das aufhört», sagte Georg eines Tages zu mir, «daß es vorbei ist.»

«Was vorbei?» fragte ich. Ich hatte nicht recht hingehört.

«Das alles!» sagte Georg. «Der ganze Scheiß hier.»

Ich starrte Georg an und schwieg. Denn ich hatte Papas Stimme im Ohr: «Wehe, du quatscht! Es passiert was!»

«Meinst du, ich weiß nicht, was hier läuft? Bin ich denn blöd? Habe ich etwa keine Augen oder Ohren?» Georg faßte mich an beiden Armen und rüttelte mich. «Meinst du echt, ich kriege nicht mit, was Papa mit dir macht – und Stefan, und Boris vielleicht auch bald, wenn er erst richtig kann? Bin ich denn bescheuert? Oder bin ich ein Baby, das nicht mitkriegt, was Mama mit mir macht oder mit Boris?»

Ich bekam vor Schreck kaum Luft. Georg sprach über Papas Geheimnis – und ich wehrte mich nicht dagegen. Mein Vater würde es mir ansehen. Die Ohren würden ihm klingeln. Lieber Himmel, die Stereoanlage! In Panik sprang ich auf, stürzte auf den Apparat zu.

«Das Ding ist nicht an», sagte Georg. «Feind hört nicht mit.»

Wie so oft war er längst einen Schritt weiter als ich. Erst als er für immer aus meinem Leben gegangen war, merkte ich, wie sehr er in Wahrheit nicht mein kleiner, sondern mein großer Bruder gewesen ist.

«Wir müssen etwas unternehmen», sagte er nach einer Pause. «Wir müssen etwas machen, damit die Polizei kommt und alles findet, die Hefte, die Kassetten, den ganzen Mist. Dann kriegen die alles raus, was wir hier mitmachen, und sie sorgen dafür, daß wir hier wegkommen, oder die Alten werden bestraft. Egal wie – Hauptsache, das hört auf hier!»

«Die würden uns doch kein Wort glauben!» wandte ich ein und dachte an das Erlebnis mit Tante Inge. «Die denken doch alle, wir haben sonstwas für Supereltern.»

Georg zog wichtigtuerisch die Augenbrauen hoch. «Ich bitte um eine kurze Unterbrechung der Verhandlung, Hohes Gericht.»

Er sauste aus dem Wohnzimmer.

Ich hörte die Kinderzimmertür aufgehen, ein kurzes Rumoren, und schon war Georg wieder da. «Ta-ta-ta-ta. Da ist sie, die Sensation des Prozesses B. gegen B. Was sehen Sie hier? Dreimal dürfen Sie raten, Hohes Gericht.»

«Eine Kassette», sagte ich unwirsch, denn das Gerichtsspiel weckte mein Unbehagen. «Was sonst?»

«Der Kandidat hat hundert Gummipunkte», rief Georg und schwenkte seine Sensation vor meiner Nase. «Und nun die Zusatzfrage: Was ist auf der Kassette drauf?»

«Musik – oder was?»

Geheimnisvoll legte Georg den Finger an den Mund, huschte auf den Flur, schaute hinaus zur Wohnungstür, drehte den Schlüssel von innen herum, kehrte zurück und legte seine Kassette ein.

Aus dem Lautsprecher kamen Geräusche, Stimmen, abgerissene Worte, Stöhnen ... Ich wußte, was es war. Und dann eine Stimme, hoch, jammernd, dumpf vor Schmerz – *meine* Stimme!

«Mach das aus!» brüllte ich. «Mach das sofort aus! Woher hast du das?»

Georg wartete ab, bis ich mich beruhigt hatte. «Der Beweis!» sagte er endlich. «Ich hab's aufgenommen, damit wir einen Beweis haben. Dann müssen sie uns glauben. Dann können sie gar nicht anders.»

«Und wenn die beiden lügen?» flüsterte ich. «Wenn sie behaupten, das bin ich nicht? Meine Stimme hört sich da ja ganz anders an, nicht wie normal.»

«Trotzdem!» sagte Georg und drückte mir sein Beweisstück in die Hand. «Tu sie zu deinen Sachen. Paß gut auf sie auf! Du brauchst sie garantiert noch.»

Erst später fiel mir auf, daß er nicht «*Wir* brauchen sie noch» gesagt hatte, sondern «*Du* brauchst sie noch». Absicht? Zufall? Ich werde es nie mehr erfahren.

Georg und ich wurden Verbündete. Rückhaltlos vertrauten wir einander unsere Gedanken, unseren Kummer und unsere Erlebnisse an. Nichts blieb ungesagt.

Das Geheimnis meines Vaters war gläsern geworden. Er geilte sich daran auf, daß jeder meiner Brüder voll im Bilde darüber war, was er mir antat. Was sollte dieses Wissen ihm schon anhaben? Ob sie davon wußten oder nicht – was tat's? Er war der Herr, sein Wille geschah. Er hatte uns gezeugt, er zog uns auf, er wusch unser Gehirn. Wir waren die Marionetten im Panoptikum seines Lebens, Zuschauer, Zuhörer, Mitwisser und Mitspieler in einem. Wenn er wollte, daß wir nichts sahen, nichts hörten, so wurden wir sehenden Auges blind, hörenden Ohres taub und trauten den eigenen Wahrnehmungen nicht. Da sein Schweigegebot uns einsam machte, war jeder von uns mit seinen Wahrnehmungen allein. Kein Vergleich brachte die Wahrheit ans Licht. Keine Gemeinsamkeit machte uns stark. Wenn wir in den Augen meines Vaters je eine Seele besaßen, so hatte er sie fest im Griff.

Nur Georg hatte die Kraft, Widerstand zu leisten. Und er ermutigte mich, es auch zu tun. Er war der erste Mensch, der zu mir sagte: «Du kannst doch nichts dafür!»

«Meinst du?» fragte ich. Es tat so gut, in Schutz genommen zu werden.

«Wenn einer so was macht, kommt er in den Knast», sagte Georg. «Oder manchmal, da schneiden sie einem alles ab, so richtig mit 'nem Messer, zack und ab. Da singt er dann im Knabenchor und kann keiner Maus mehr was anhaben.»

«Quatsch!»

«Wohl!» sagte Georg. «Der Kaplan hat's gesagt.»

Der Kaplan? Hatte Georg etwa mit dem Kaplan gesprochen? Starr vor Entsetzen, wagte ich nicht nachzufragen.

Georg erriet meine Gedanken. «Keine Angst, von uns weiß er nichts. Ich hab' nur mal gefragt, ganz allgemein, so als würd's mich eben interessieren. Da hat er's gesagt und war total wild.»

Papas Messer fiel mir ein und meine Schmerzen. Wie viele Narben hatte ich jetzt schon? Eine Gänsehaut überzog mich. Würde Papa brüllen vor Schmerz, wenn es einer bei ihm machte?

«Bloß schade, daß man bei 'ner Mutter nichts absäbeln kann», murmelte Georg.

Ich schüttelte den Kopf, verscheuchte die Bilder darin. «Wieso?»

«Weil», Georg schrie fast, «weil Mama will, daß ich das mit ihr mache, was Papa mit dir macht.»

«Du?» Ich starrte Georg an.

«Streicheln, abknutschen, abfummeln, ablecken, mit dem weißen Ding rummachen. Äh! Igittigitt!» Georg schüttelte sich. «Und dann, wenn's ihr kommt, das Gestöhne. Und dann will sie noch mehr mit dem Ding, aber mit dem großen. Ich halt's nicht mehr aus! Die eklige Fettsau, die doofe! Und sobald ich's kann, muß ich's ihr richtig besorgen, sagt sie. Sie will's mir beibringen, für später und so.»

Ich sah Mama vor mir, rosig und aufgekratzt, frisch aus dem Bad, einen Arm um Georg gelegt, und sie flötete: «Na, bist ja doch zu was zu gebrauchen, ein echtes Naturtalent. Wenn du nicht wärst, würde ich dich ganz schön vermissen. War ja doch nicht so schlecht, daß ich dich noch bekommen habe.» Oder

Mama krank im Bett, leidend: «Schorschi, komm, verwöhn Mama ein bißchen! Na, komm schon unter die Decke!» Und ich sah Georg, wie er zu ihr hineingeht und wie er bleich und mit verquollenen Augen wiederkommt, wie er danach ausrastet bei jeder Kleinigkeit.

Endlich verstand ich. Nichts blieb zu sagen. Stumm hielten wir uns im Arm. Niemals mehr würde ich Mama zu ihr sagen. Dieses Ungeheuer!

Von dieser Stunde an war die Frau, die mich geboren hatte, nicht mehr meine Mutter.

Ich war 15, als mein Vater mich eines Tages fragte, warum ich schon so lange keine Binden mehr aus dem Körbchen genommen hätte. Wieder einmal lag er bei mir im Kinderzimmer. Bis auf das eine hatte er sich schon alles von mir genommen. Doch heute, das sah ich ihm an, war ihm mein Mund nicht genug. Seit Tagen wartete er auf den Beginn meiner Periode, doch sie kam und kam nicht.

Manchmal konnte sein Flüstern so klingen, als würde er schreien. «Glaubst du, du kannst mich hinters Licht führen? Gib's zu, du hast dir heimlich Binden genommen, hast mich betrogen, du Miststück! Na los, gib's endlich zu!»

Seine Schläge trafen mich überall. Wie ich mich auch drehte und wendete, seine Hände waren schneller.

«Nein!» rief ich. «Ich lüge nicht, Papa, bestimmt nicht!»

Mir war übel. So oft war mir übel in letzter Zeit. Alles drehte sich vor meinen Augen. Dann wurde es schwarz. Ich sah Georg vor meinem bewegungslosen Körper stehen. Er sagte zu meinem Vater: «Ist sie tot? Du bist schuld! Du hast sie umgebracht. Du Schwein! Wenn sie tot ist, zeig' ich dich an!»

Ein Schlag, ein Fall. Stille. Dann Hände, die meine Wangen klopften. «Monika! Wach auf! Ich bin es, Papa!»

Ich wollte nicht wach werden. Nie mehr wollte ich wach werden! Mein Vater beugte sich über mich. Seine Pupillen waren noch groß vor Erregung. «Du bist krank», sagte er leise und verzog das Gesicht. «Ich glaube, wir müssen zum Arzt gehen, wir zwei.»

Ich war krank, mein Vater hatte es gesagt. Aber was für eine Krankheit hatte ich? «Habe ich Blinddarm?» fragte ich. «Muß ich ins Krankenhaus?»

Meine Mutter war gerade in die Klinik gekommen. Sie sollte am Blinddarm operiert werden. Ihr war auch immer übel gewesen.

«Glaub' ich nicht», sagte mein Vater und streichelte mit meiner Hand sein gräßliches Ding. «Jetzt machen wir es uns aber erst mal gemütlich, wir zwei. So schön haben wir's so bald nicht wieder.»

Über mir hörte ich Georgs ersticktes Weinen.

Am nächsten Tag kam mein Vater schon mittags von der Arbeit nach Hause. Tante Inge war bei uns gewesen, hatte geputzt und gekocht. Doch mein Vater hatte keinen Hunger. «Wir haben einen Termin beim Arzt», sagte er zu mir. «Zieh dich an.»

Es machte mir angst, daß mein Vater mich zu einem Arzt brachte. Und erst recht war mir unheimlich, daß er mich ins Sprechzimmer begleitete. Die düster-geheimnisvolle Miene, die er aufsetzte, ließ mich an unheilbare Krankheiten denken. Der Anblick des Arztes verstärkte die Angst. Ich erkannte ihn wieder: Er war einer der Gäste meiner Mutter. Ich hatte ihn durch einen Spalt der Kinderzimmertür gesehen. Was hatte dieser Mann mit mir vor? Warum brachte mein Vater mich ausgerechnet zu ihm?

Richtig in Panik geriet ich jedoch erst, als wir das Untersuchungszimmer betraten. Ich war vorher noch nie bei einem Frauenarzt gewesen. Dieser Stuhl mit seinen Beinstützen und Ledergurten löste Assoziationen in mir aus, die meine Ängste in eine schreckliche Richtung lenkten. Wortlos versuchte ich zu entkommen. Doch mein Vater hielt mich fest.

«Ausziehen!» befahl er. «Alles! Rauf auf den Stuhl! Hoch die Beine!»

Mein Körper stand zur Verfügung, mein Ich flog unerreichbar davon. Als die Untersuchung vorüber war, wußte ich nicht, was im einzelnen geschehen war.

«Schwanger», stellte der Arzt lakonisch fest. Er sah mich nicht an dabei. «Sie kriegt ein Kind.»

Ich? Ein Kind? Ich war doch selbst ein Kind! Ungläubig blickte ich von einem zum anderen.

«Sie will nicht sagen, mit welchem Kerl sie sich herumgetrieben hat», sagte mein Vater. «Spielt auch keine Rolle. Sie kriegt das Kind nicht, ist zu jung, versaut sich das Leben. Sie müssen ihr helfen.»

Der Arzt schüttelte den Kopf. «Nein, das geht nicht. Abtreibung ist illegal. Ich würde meine Existenz aufs Spiel setzen.»

«Wo ein Wille ist, ist auch ein Weg», antwortete mein Vater. Dann beugte er sich über den Schreibtisch und sagte mit gedämpfter Stimme: «Meine Frau hat sehr gute Beziehungen zur Presse, zur Polizei, sogar ein hohes Tier vom Gericht ist dabei. Sie glauben ja gar nicht, wie schnell sich da Gerüchte verbreiten! Also, wenn da mal etwas durchsickern würde, daß ein gewisser Arzt aus Sowieso pädophile Neigungen hat – na, ich will ja nichts beschwören, aber ...»

Der Arzt hatte mehrmals versucht, meinen Vater zu unterbrechen. Jetzt hob er hilflos die Hände. «Schon gut, schon gut. Aber nicht hier. Mein Ruf, Sie verstehen. Kommen Sie zu mir, privat. Wir telefonieren. Ich muß mich auf Ihre äußerste Diskretion verlassen können. Wenn die Sache auffliegt, sind Sie mit dran.»

«Wann?» fragte mein Vater kurz, während er mich von dem Stuhl hochzog, auf den er mich zu Beginn des Gesprächs gedrückt hatte.

«Heute abend.» Der Arzt stand auf. Der Besuch war beendet. Ich hatte nichts begriffen.

Ich war 15, mein Verstand war jedoch auf dem Niveau einer höchstens Elfjährigen. Mit dem Begriff Schwangerschaft konnte ich kaum etwas anfangen. Kinder wurden für mich immer noch vom Klapperstorch gebracht, auch wenn ich wußte, daß es etwas mit Liebe-Machen zu tun hatte. Wenn man mit einem Mann ins Bett ging, konnte dabei irgendwie ein Kind entstehen. Man mußte es sich nur wünschen, dann passierte es. Meine Mutter zum Beispiel wünschte sich kein

Kind mehr. Sie ging mit vielen fremden Männern ins Bett, ohne davon schwanger zu werden. Warum also sollte ausgerechnet ich davon ein Kind bekommen? Schließlich tat ich es nur mit *einem* Mann, und gewünscht hatte ich mir noch nie, eines zu bekommen.

«Papa», fragte ich, als wir das Haus des Arztes verlassen hatten, «warum kriege ich denn ein Kind? Ich will keines!»

«Mach dir keine Sorgen!» erwiderte mein Vater, während er das Auto aufschloß und mich auf den Beifahrersitz schob. «Das kriegen wir schon hin. Kannst dich auf deinen lieben Papa verlassen. Der hat bisher noch alles geschaukelt. Aber keinen Ton zu Mama oder zu irgendwem, sonst...»

Sonst passiert was! Diesen Spruch kannte ich schon. Ein Geheimnis zieht das nächste nach sich. Bald würde ich eine ganze Sammlung davon haben.

Mir war klar, daß ich besser den Mund halten sollte. Aber etwas war mir so wichtig, daß ich es meinem Vater sagen mußte – auch wenn er mich dafür vielleicht krankenhausreif prügelte. Im Krankenhaus wäre ich wenigstens sicher vor ihm. «Papa», sagte ich also und nahm meinen ganzen Mut zusammen, «ich will kein Kind, wirklich! Ich hab's nicht bestellt! Ich kann nichts dafür, bestimmt!»

Ich begriff nicht, warum mein Vater lachte. Er konnte gar nicht wieder aufhören. Endlich nahm er mich in den Arm, immer noch lachend. «Du bist so süß!» sagte er. «So unheimlich süß. Na, und ob du etwas dafür kannst, daß du ein Kind kriegst! Du machst mich nämlich verrückt. Du machst, daß ich mich total vergesse. Ach du, ich könnte schon wieder mit dir! Du machst mich rasend! Wegen dir verliere ich noch mal den Verstand. Komm, ich will dich. Sag, daß du mich liebst. Sag es, sag es!»

«Ich liebe dich, Papa!» sagte ich und schämte mich, weil Leute an unserem Parkplatz vorbeigingen und ins Auto starrten.

«Kümmer dich nicht um die Leute!» flüsterte mein Vater und küßte meine Brust. «Kann jeder sehen, wie verrückt du mich machst.»

Nachdem mein Vater mich zu Hause abgesetzt hatte, war es in unserer Wohnung zum Fürchten still. Meine Brüder waren in der Schule, Stefan arbeitete. Ich versuchte im Kinderzimmer aufzuräumen, um meinen Fragen davonzulaufen. Doch sie holten mich immer wieder ein. Wenn ich ein Kind bekam, war mein Vater zugleich der Vater des Kindes. Wir hatten also denselben Vater. Kinder, die denselben Vater haben, sind Geschwister. War ich also die Schwester meines eigenen Kindes? Wie konnte ich meinen eigenen Bruder oder meine eigene Schwester bekommen? Und wieso war dieses Kind überhaupt in meinem Bauch? Hatte Papa es sich gewünscht? Wollte er, daß ich ihm ein Kind schenkte, weil meine Mutter es nicht mehr tun wollte? Aber warum hatte er dann gesagt, der Arzt müsse es wegmachen?

Bekam man ein Kind, wenn man seinen Vater verrückt machte? Hatte ich ihn verrückt gemacht? Aber ich wollte ihn doch gar nicht verrückt machen. Ich wollte auch kein Kind. Warum tat mein Körper immer, was ich nicht wollte? Hatte ich mir dieses Kind vielleicht selbst zuzuschreiben? War es meine Schuld? Immer wieder: meine Schuld!

Als mein Vater abends von der Arbeit nach Hause kam, war die Wohnung so sauber wie selten. «Da wird Mama sich aber freuen», meinte er. «Du verwöhnst sie ja richtig. Wenn ich das erzähle, wird sie gleich schneller gesund!»

«Für diese Schlampe habe ich nicht geputzt!» wollte ich schreien. «Ich hab's für dich getan, nur für dich, damit du dich freust und mich lobst und damit du mir sagst, daß ich nicht nur im Bett deine Beste bin!»

Wahrscheinlich hätte ich es so nicht ausdrücken können. Aber es waren meine Gedanken. Doch im Grunde war es ja gleich. Ich hielt den Mund. Nur die Flasche Wein, die ich offen für ihn auf den Tisch gestellt hatte, als Überraschung, die stieß ich um. Aus Versehen natürlich. Daß ausgerechnet die beste Tischdecke meiner Mutter durch Rotweinflecke verhunzt war, war selbstverständlich auch nur ein Versehen.

«Kann jedem passieren, dem Dümmsten zuerst!» Der Lieblingsspruch meines Vaters paßte zu jeder Gelegenheit.

Kurz nach dem Essen – ich hatte keinen Hunger und war froh, daß mein Vater mir verboten hatte mitzuessen – brachen wir auf. Mein Vater fuhr schnell, er schien den Weg zu kennen. Ein drückendes Gefühl stieg aus meinem Bauch in den Brustkorb auf, legte sich wie eine große Hand um mein Herz, das plötzlich zu flattern, schmerzhaft zu rasen begann.

«Papa», fragte ich und erschrak, wie piepsig meine eigene Stimme klang, «Papa, wie macht der das Kind denn weg?»

Keine Antwort, nur ein schräger Blick, ein Schulterzucken, Knietätscheln.

Das Auto wurde unerträglich eng. Papas Hand auf meinem Bein – zu nah, viel zu nah! Dieses Zittern von innen heraus! Mit beiden Händen stützte ich mich auf dem Sitz ab, doch das Zittern war nicht zu verhindern. Mein Vater grinste. Als wir endlich stoppten, war mir schlecht vor Angst.

Der Arzt öffnete. Ohne ein Wort ließ er uns ein und schloß sofort die Tür hinter uns. Er hatte in seiner Wohnung ein ähnlich eingerichtetes Sprechzimmer wie in der Praxis. Aber die Möbel waren älter, auch der gräßliche Stuhl.

Was genau der Arzt mit mir machte, weiß ich nicht mehr. Vermutlich will ich es auch gar nicht mehr wissen. Wenn ich die Augen schließe, sehe ich nur dieses lange, löffelähnliche Instrument vor mir, das der Arzt in meine Scheide schob.

Ich weiß auch nicht mehr, ob ich danach, als ich wieder zu Hause war, Schmerzen hatte. Sicher ist nur, daß ich tagelang krank war. An mein Bett gebunden, war ich allein mit meinen Gedanken. Meine Klamotten waren bald durchgeblutet. Klumpig kam das Blut aus mir, wenn ich auf der Toilette war. Und wenn ich lag, spürte ich es heiß aus mir rinnen. Mir war schwindlig. Der Bauch schmerzte, ohne daß ich hätte sagen können, wo genau.

Da meine Mutter wegen ihrer Blinddarmoperation im Krankenhaus lag, bat mein Vater Tante Inge, mich zu versorgen. Die Lügengeschichte, die er ihr über meine Krankheit auftischte, konnte ich durch die hellhörigen Wände Wort für Wort verstehen.

«Was passiert ist?» Er lachte. «Das ist ein Witz, typisch unsere Alte. Kennst doch Monika! Dreht durch, weil irgend etwas nicht nach ihrem Kopf geht, und richtet sich da unten zu, daß Gott sich erbarm. Weiß der Himmel, womit sie in sich herumgebohrt hat. Vielleicht hat sie sich etwas bei Stefan abgeguckt. Weißt ja, wie der sich benimmt – hast es ja oft genug selbst mitbekommen.»

«Eine Schande!» Tante Inges Empörung über Stefan flammte wieder mal auf. «Sich vor den Augen der anderen ... also nein! Sie blutet, sagst du, und darf nicht aufstehen?»

«Alles halb so wild», sagte mein Vater. «Ein paar Tage Bettruhe, dann ist sie wieder fit. Bloß gut, daß Lena den Zirkus nicht mitbekommt. Weißt doch, wie sie ist.»

«Und ob!» Tante Inge strömte über vor Mitgefühl mit ihrem armen Bruder. «Ein Jammer, daß du ausgerechnet an diese Person geraten bist!»

«Wo die Liebe hinfällt.» Mein Vater öffnete die Kinderzimmertür. «Tante Inge ist da. Sie bekocht dich.»

Scheinheilig gab er mir ein Küßchen auf die Stirn. «Gute Zeit, Engelchen. Werd schnell wieder gesund!» Weg war er – fort in die Kneipe um die Ecke, in den Club – oder was weiß ich.

«Du hast wirklich den denkbar besten Vater, Monika», sagte Tante Inge und reichte mir zur Begrüßung die Hand. «Wie kannst du ihm nur solchen Kummer bereiten?»

Als ich in einer Zeitung das Wort «Mogelpackung» las, stellte ich fest, daß dies eine treffende Bezeichnung für diesen treusorgenden Supervater war. Verpackung und Inhalt stimmten nicht überein. Doch niemand riß ihm jemals die schöne Dekoration herunter.

Auch Tante Inge tat es nicht. Sie fragte nichts. Sie schöpfte keinen Verdacht. Es kam ihr nicht befremdlich vor, daß sich ein heranwachsendes Mädchen angeblich selbst im Genitalbereich blutig geschnitten hatte. Obwohl sie selbst Kinder geboren hatte, fiel es ihr nicht wie Schuppen von den Augen, als sie meine durchgebluteten Binden sah. Und die neuesten Ereignisse lösten in ihr auch keine Erinnerungen an das kleine

Mädchen aus, das vor Jahren zu ihr gesagt hatte: «Es gefällt mir nicht, was Papa mit mir spielt.»

Nein, Tante Inge hielt sich an Papas Wahrheiten. Zweifel an ihrem Abgott gab es nicht.

So geschickt mein Vater seine Wahrheit bei Tante Inge auch verkauft hatte – als meine Mutter aus dem Krankenhaus nach Hause zurückkehrte, flog der Schwindel doch auf. Nicht etwa Tante Inge, nein, Georg brachte den Stein ins Rollen. Er erzählte meiner Mutter, ich sei ebenfalls krank gewesen und Tante Inge habe mich pflegen müssen, weil ich fast verblutet wäre.

«Verblutet?» fragte meine Mutter und ließ die Scheibe Brot sinken, die sie meinem Vater soeben mit Teewurst bestreichen wollte. «Wie das?»

Mein Vater setzte geistesgegenwärtig sein Unschuldsgesicht auf. «Weiß ich, wieso die Alte blutet? Bin ich neuerdings dafür zuständig, wann sie ihre Tage hat?»

Natürlich war er dafür zuständig. Er war ja bei uns für alles zuständig. Und meine Mutter wußte es ganz genau. Auch ihr zählte er ja im Bad die Monatsbinden ab und tobte, wenn ihre Regel nicht an dem Tag begann, an dem er sie nach seinen Berechnungen erwarten durfte.

Es wäre so einfach für meine Mutter gewesen, mich selbst zu befragen. Sie saß mir unmittelbar gegenüber. Aber sie fragte mich nichts. War ich Luft für sie, ein Phantom? Oder fragte sie mich nichts, weil sie längst schon genug wußte? Wollte sie nur nichts wissen? Bedeuteten Fragen an mich das Risiko, den Selbstschutz zu gefährden, den die angebliche Unwissenheit ihr gab? Hatte sie Angst, ihr Wissen dann nicht länger hinter Verschweigen verstecken zu können? Angst, reagieren zu müssen?

Wie so oft war das Verhalten meiner Mutter widersprüchlich. Einerseits rührte sie nicht offen an der Version meines Vaters, andererseits jedoch war ihr Mißtrauen geweckt. Argwöhnisch kontrollierte sie an den folgenden Tagen, wieviel Binden ich verbrauchte.

«Du solltest zum Arzt!» sagte sie. «Sonst behältst du vielleicht noch bleibende Schäden. Manche kriegen keine Kinder mehr nach so was.»

Ich fragte nicht, was sie damit meinte. Sie beließ es bei der Andeutung.

Ein paar Tage später, am Nachmittag, hörte ich, wie sie Tante Inge aushorchte. Wann denn das geschehen sei, die Geschichte mit meinen Blutungen? Wie, mein Vater habe erzählt, ich hätte mich selber verletzt? Windeleinlagen habe sie für mich gekauft, und selbst die waren durchgeblutet...?

Am Abend dieses Tages hatte mein Vater nichts mehr zu lachen. Nie zuvor und nie danach machte meine Mutter ihm eine ähnliche Szene. Sie kreischte: «Du Schwein! Du erbärmliches Miststück! Du hast mir versprochen, du machst nichts mit ihr. Nur Spielchen, hast du gesagt, nur ein bißchen Appetit holen, gegessen wird zu Hause. Von wegen! Sie war schwanger, das Drecksweib! Du hast ihr ein Kind gemacht. Du!»

Klatschende Schläge, ihr immer lauter werdendes Kreischen, dazwischen mein Vater, der sich Gehör zu verschaffen versuchte: «Du spinnst! Ich war's nicht. Meine eigene Tochter! Unerhört! Die Nachbarn! Halt's Maul! Wenn das einer mitkriegt!»

«Wer sonst, wenn nicht du?» Meine Mutter heulte vor Wut. «Glaubst du denn, ich bin blind. Die klebt doch an dir. Die schmeißt sich doch ran an dich. Die macht dir schöne Augen, sonst keinem. Du hast es gemacht. Ich weiß es, du ganz allein!»

Es polterte, als fielen Möbel um. Schläge und immer wieder Schläge. Wimmern und schließlich das altbekannte Stöhnen. Friede den Dächern, dem Sieger den Kranz – mein Vater hatte es geschafft! Niemals würde auch nur ein Mensch mir glauben.

Die Schwangerschaft ihrer Tochter, die selbst noch ein Kind war, und die Abtreibung schreckten meine Mutter auf. Das Prinzip der drei Affen – nichts sehen, nichts hören, nichts reden – ließ sich nicht mehr beibehalten. Wieder einmal war der äußere Schein von Ordnung und Wohlanständigkeit bedroht, begann die Welt, die sie sich aufgebaut hatte, zu wanken. Mit letzter Energie fing meine Mutter noch einmal an, für die Illusion der heilen Familie zu kämpfen.

Es ist bezeichnend für ihre absolute Abhängigkeit von meinem Vater, daß sie nicht in der Lage war, ihn als wahren Schuldigen anzuprangern, obwohl sie in ihrem Innersten längst wußte, daß er es war, der mich geschwängert hatte. Zu keiner Sekunde gestand sie sich ein, daß dieser Mann keinen Deut besser war als seinerzeit ihr Vater und daß er ihr nicht die Liebe schenkte, von der sie träumte. Sie wollte, daß er der beste Vater und Ehemann war, den die Welt zu bieten hatte. Sie wollte, daß ihre Familie eine wahre Traumfamilie sei. Und jeder, der diese Traumfamilie gefährdete, war ein Feind.

Feind Nummer eins war ich, war es immer schon gewesen. Mein Vater liebte mich – das war in den Augen meiner Mutter schon schlimm genug. Da sie selbst nie erfahren hatte, wie wahre Liebe zwischen Vater und Tochter ist, verwandelte die Zuneigung meines Vaters mich schon als Baby in eine verhaßte Konkurrentin. Vielleicht hätte meine Mutter mich geliebt, wenn ich mich von meinem Vater abgewandt, ihn abgelehnt hätte, ihm aus dem Weg gegangen wäre. Vielleicht hatte sie dies sogar von mir erwartet. Statt dessen mußte sie mit ansehen und scheinbar hilflos ertragen, wie ich meinen Vater vergötterte. Wenn er mir Geschenke mitbrachte, nicht ihr, wenn er mich auf Baustellen mitnahm, nicht sie, mit mir in die Kneipe ging statt mit ihr – so war dies in den Augen meiner Mutter allein meine Schuld. Daß ich mir von meinem Vater nur Wärme, Zuneigung und ein wenig Zärtlichkeit erhoffte, nicht die Liebe eines Mannes zu einer Frau, begriff sie nicht. In ihrer von Eifersucht geprägten Wahrnehmung machte ich ihm schöne Augen und versuchte, ihn ihr auszuspannen.

«Wenn du einen Freund haben willst», schrie sie mich oft an, «dann such dir gefälligst einen. Das hier ist *mein* Mann, der geht dich nichts an! Laß gefälligst die Finger von ihm!»

Und ich wagte nicht, ihr zu sagen, daß er es war, der die Finger nicht von mir ließ. Sie hätte mir ja doch nicht geglaubt. Die Lügen meines Vaters waren ihre Wahrheit.

Nach dem Schwangerschaftsabbruch war ich für meine Mutter mehr denn je der Feind Nummer eins. Zwar wollte sie gern den Beteuerungen meines Vaters glauben, er habe nur harmlose Spielchen mit mir gemacht und nie – Ehrenwort! – mit mir geschlafen, aber ihr Mißtrauen war geweckt und blieb auch nach der Versöhnungsszene mit meinem Vater wach. Wie, wenn ich mich soweit vergessen hätte, meinen Vater zu verführen? Wie, wenn er mir trotz bester Absichten nicht mehr widerstehen konnte? Die Eifersucht wurde stärker und stärker.

«Ich weiß doch, daß sie dich anmacht!» schrie sie meinen Vater des Nachts im Bett schluchzend an. «Dieses Flittchen! Macht sich an den eigenen Vater ran! Ich sollte sie rausschmeißen! Umbringen sollte ich sie! Dieses Luder!»

Ich wäre ihr nicht einmal böse gewesen, hätte sie mich umgebracht. Doch meine Mutter fand eine andere Lösung. Sie bestand darauf, daß sie und mein Vater von nun an nur noch sexuelle Beziehungen zu Paaren aufnähmen, daß sie nicht mehr allein mit fremden Männern Sex hätte.

«Ich hab's immer nur für dich gemacht», sagte sie. «Damit ein bißchen was in die Kasse kommt und weil du gesagt hast, es macht dich heiß, wenn ich es mit anderen treibe. Aber wenn das Resultat ist, daß ich dir dann plötzlich nicht mehr genüge und du eine andere brauchst, die jünger ist als ich und schöner, hört das auf. Wenn ich dich schon mit anderen teilen muß, will ich wenigstens dabeisein und meinen Spaß daran haben.»

Mein Vater war außer sich. «Unerhört! Frechheit! Kein Vertrauen zu mir!» Zwei, drei Wochen lang schmollte er und schlief nicht mit meiner Mutter. Aber in Wirklichkeit lachte er sich über ihre «Klimmzüge am leeren Brotkorb» kaputt.

In dieser Zeit machte meine Mutter Stefan zu ihrem Feind Nummer zwei. Wenn mein Vater mich nicht geschwängert hatte, wer dann? Daß ich nicht mit Jungen umherzog, mußte selbst meine Mutter zugeben. Aber vom Himmel fiel eine Schwangerschaft nicht. Einer mußte es schließlich mit mir getrieben haben. Der Gedanke lag nahe: Stefan! Beschwerte sich nicht sogar Tante Inge darüber, daß er sich in Gegenwart seiner jüngeren Geschwister selbst befriedigte? Wie, wenn er sich vergessen hätte? Wenn er schwach geworden wäre und es mit mir versucht hätte?

Wie des Teufels leibhaftige Großmutter fiel meine Mutter über Stefan her. «Du warst es, ich weiß es, gib's wenigstens zu! Erst Scheiße bauen und dann abhauen! Wie dein Vater! Verdammter Drückeberger! Was hast du dir überhaupt dabei gedacht? Wenn der Mist aufgeflogen wäre, wie hätten wir dann dagestanden? Verschwinden hätten wir müssen, alles stehen und liegen lassen. Wegen dir! Ist das dein Dank dafür, daß du hier ein Zuhause bekommen hast und unseren Namen?»

Was nützte es schon, daß Stefan seine Unschuld beteuerte? Meine Mutter hatte ihr Opfer gefunden. Sie wollte, daß er es getan hatte. Wenn er es war, konnte mein Vater es nicht gewesen sein.

«Die Monika weiß, daß ich es nicht war!» schrie Stefan. «Los, Monika, sag's ihr! Sag ihr, daß ich es nie mit dir gemacht hab', daß nichts zwischen uns war!»

Meine Mutter ließ gar nicht erst zu, daß ich mich dazu äußerte. «Die?» Sie lachte. «Die lügt doch, wenn sie nur den

Mund aufmacht. Die ist doch zu doof, ihren Namen zu schreiben. Was die von sich gibt, interessiert mich nicht.»

Stefan war verzweifelt und am Boden zerstört. Auch wenn mein Vater seine Großzügigkeit unter Beweis stellte und ein Wort für ihn einlegte: «Schwamm darüber, Lena. Das Leben geht weiter. Wir sind alle mal jung gewesen, jeder hat mal Fehler gemacht. Reden wir nicht mehr darüber. Es kommen auch wieder bessere Zeiten.» Wie übel Stefan mitgespielt wurde, registrierte ich zunächst kaum. Erst Georgs Sorge um seinen großen Bruder machte mir in der Folgezeit klar, daß er genauso zum Opfer geworden war wie ich.

Mein Vater mied in dieser unruhigen Zeit zwar das Kinderzimmer, nicht aber mich. Daß er mich sogar hatte schwängern können, ohne dadurch in ernsthafte Probleme zu geraten, schien ihn endgültig davon überzeugt zu haben, daß er sich alles, wirklich alles mit mir erlauben könne – völlig gefahrlos und ungestraft. Jede Hemmung, jede Rücksicht, jeder Anflug von Zärtlichkeit waren ausgelöscht. Sex ohne Grenzen.

Georg, der sensibilisiert war durch das, was Stefan widerfuhr, bestürmte mich jetzt immer öfter: «Du mußt es sagen! Wir brauchen Hilfe. Nur du kannst es tun.»

Als ich einmal mit Knutschflecken übersät war und trotz des warmen Wetters einen Winterpulli mit Rollkragen und unter der langen Hose eine Strumpfhose trug, verlangte er wütend, daß ich mich im Sportunterricht ausziehen solle. «Du mußt es der Lehrerin zeigen», sagte er. «Wenn sie dich so sieht, kann sie nicht behaupten, du lügst. Die Flecke sind ein Beweis.»

Die halbe Nacht redete er auf mich ein, bis ich endlich nachgab.

«Du machst es!» sagte er morgens, bevor er zur Schule aufbrach. «Wenn die Lehrerin herkommt, sage ich es auch!»

In der Schule aber verließ mich der Mut. Nein, ich zog mich nicht aus – nicht einmal Georg zuliebe! Alle würden sehen, was ich mit meinem Vater trieb. Alle würden sagen: «Pfui, schaut euch diese Sau an!» Es reichte ja, daß ich selbst wußte, wie unfähig und verdorben und schlecht ich war. Die anderen mußten es ja nicht auch noch erfahren. Ich würde es ihnen nicht freiwillig beweisen.

Georg war wütend und verzweifelt zugleich. «Das war unsere einzige Chance!» schrie er mich an und ballte die Fäuste, als wollte er am liebsten auf mich einprügeln. «Du Versager! Du hast es verpatzt. Nichts bringst du auf die Reihe. Wie Mama! Du bist wie Mama!»

Sein Weinen traf mich noch härter als der Vergleich mit meiner Mutter.

Wir begannen im großen Stil zu stehlen. Boris, Georg und ich – die B.-Bande. Ladendiebstahl, Brieftaschenklau – es gab nichts, was uns geschreckt hätte. Boris machte es, weil er den Nervenkitzel liebte und immer bis auf den letzten Pfennig abgebrannt war. Georg und ich aber legten es darauf an, endlich aufzufallen.

War es Pech oder Glück, daß mein Vater überall Freunde und gute Beziehungen hatte? Wie oft uns ein Kaufhausdetektiv auch schnappte, wie oft dieser oder jener Ladeninhaber auch zornig bei uns zu Hause anrief, um unsere neuesten Schandtaten zu vermelden – es blieb immer ein Spiel. Niemand schickte die Polizei zu uns nach Hause. Niemand kam zur Hausdurchsuchung. Niemand stieß auf das Geheimnis unseres Lebens.

Doch als Stefans Zeitbombe hochging, konnte selbst mein rühriger Vater ihm nicht helfen.

Stefans Zeitbombe hieß Unterschlagung. Ein reichlicher Griff in die Kasse seines staatlichen Lehrherrn kostete ihn den sichersten Job seines Lebens. Anzeige, Kündigung, Jugendrichter, Strafe – aus.

Warum er es getan hatte? Die Gründe schienen für jedermann auf der Hand zu liegen. Er brauchte Geld. Oder er konnte der Versuchung nicht widerstehen. Doch nach den wahren Gründen, den Hintergründen fragte niemand. Es war ja auch so viel bequemer, über Labilität und sittliche Unreife zu lamentieren und die armen, geschlagenen Eltern zu bedauern, als sich Gedanken darüber zu machen, wie verzweifelt ein junger Mann sein muß, um das Gefühl zu haben, nur noch auf diese versteckte Weise um Hilfe schreien zu können, weil niemand ihm je zugehört hatte.

Ich selbst erlebte Stefans Verurteilung nur aus der Ferne mit. Tante Inge, die sich wohl doch ernsthafter Sorgen machte, als ich wußte, hatte gegen den Wunsch meiner Eltern eine dreiwöchige Kur für mich durchgesetzt. Nur durch Georgs Briefe erfuhr ich dort, was zu Hause vor sich ging.

Wie nicht anders zu erwarten, schämte sich das ach so treusorgende, stets um das Wohl ihrer Kinder besorgte Elternpaar für den auf die schiefe Bahn geratenen Sohn. In den Augen der Verwandten hatte mein Vater natürlich gar keinen Grund, sich zu schämen. Er hatte alles Menschenmögliche unternommen, diesem Jungen den bestmöglichen Start ins Leben zu geben. Er hatte ihm seinen ehrlichen Namen verliehen, ihm eine optimale Schulbildung finanziert, eine Laufbahn im Staatsdienst eröffnet – kurz: ihn wie einen eigenen Sohn geliebt und behandelt.

Der Vorwurf traf einzig und allein meine Mutter. Sie hatte dieses Kind unehelich in die Ehe gebracht. In ihm floß kein Tropfen B.sches Blut, dafür hatte er um so mehr von ihr mitbekommen – der Schlampe, der Scheckfälscherin und Schuldenmacherin, der schlechten Mutter, die ihre Kinder verlausen und verkommen ließ. Kein Wunder, daß aus Stefan nichts Rechtes geworden war. Der Apfel fällt nun mal nicht weit vom Stamm.

Meiner Mutter blieb das Getuschel der Nachbarn und Freunde natürlich nicht verborgen. Sie sah die Scheinwelt brüchig werden, hinter der sie sich verschanzt hatte, und geriet in Verzweiflung und Wut. Wieder einmal brachte dieses unerwünschte, ungeliebte, ihr zur Qual gewordene Kind sie in Verruf. Wieder einmal zeigten die Leute mit Fingern auf sie. Wieder einmal wühlte man öffentlich in der kunstvoll vertuschten Schande ihres Lebens herum. Wieder einmal stand sie als Versagerin da. Und als wäre all dies nicht schon unerträglich genug, besaß dieser Klotz an ihrem Bein auch noch die geradezu unfaßbare, unverzeihliche Dummheit, seiner Schwester ein Kind zu machen. So viel Rücksichtslosigkeit und Undank schlugen dem Faß den Boden aus.

In den Augen meiner Mutter gab es nur eine Möglichkeit, sich für jeden sichtbar von dem schwarzen Schaf zu distanzieren und damit ihre eigene Unschuld wiederherzustellen: Stefan mußte ausziehen.

«Raus! Verschwinde! Du bist nicht mehr mein Sohn! Ich will dich hier nicht mehr sehen!» So hatte sie es selbst mit Stefan im Bauch von ihren Eltern erfahren, und so gab sie es nun weiter. Wer zu dumm ist, die Spielregeln des Lebens zu lernen, hat es sich selbst zuzuschreiben, wenn er scheitert.

Doch meine Mutter hatte die Rechnung ohne den Wirt gemacht. Ausgerechnet diesmal fiel ihr mein Vater in den Rücken. Stefan gerade in diesem Moment vor die Tür zu setzen, in dem alle Welt auf die Familie starrte, erschien ihm äußerst unklug. Weit geschickter war es doch, damit einige Zeit zu warten und den Gaffern eine heile Welt vorzugaukeln. Sobald etwas Gras über die Sache gewachsen wäre, würde ein Auszug kein Problem mehr sein. Schließlich war Stefan in einem Alter, in dem Kinder sowieso flügge werden. Niemand würde seinem Rauswurf dann mehr Bedeutung zumessen, und den Gerüchten wäre der Boden entzogen.

Wie immer gab meine Mutter nach. So blieb Stefan wenigstens der offizielle Hinauswurf erspart.

Die Kleinen hätten von alldem nichts mitbekommen sollen. Geheimnisse waren ja die Spezialität des Hauses. Aber natürlich hatte Georg wie üblich seine Ohren überall. Seine Nachricht, daß Stefan rausgeschmissen werden solle, erreichte mich noch in der Kur.

Ich reagierte mit dem ersten Weinanfall meines Lebens sowie mit dem Beginn einer bis heute unbewältigten schweren Eßstörung. Tagelang lief ich mit rot entzündeten Augen im Kurheim umher und verweigerte jede Mahlzeit. Unerwarteterweise wurde dies zu einer positiven Erfahrung für mich: Mein Körper wurde dünner und dünner, weil ich ganz allein es veranlaßte und wollte.

Mein stummer Protest – dies war ebenso überraschend – führte nicht etwa dazu, daß man meine Eltern anrief und sie zur Rede stellte, sondern man sprach mit *mir.* «Wenn du weiterhin so großes Heimweh hast, daß du immer weinst und nichts essen willst, brechen wir die Kur ab und schicken dich nach Hause.» Die Kurärztin sagte es ganz freundlich.

Ich starrte sie sprachlos vor Entsetzen an. Nach Hause zurück? Fort von hier, wo es mir wie im Paradies erschien? Wo ich endlich frei war, ohne Gewalt, ohne Erpressung, ohne Mißbrauch? Verzweiflung keimte auf. Warum verstand mich denn niemand? Warum begriff denn keiner, was ich wirklich wollte?

Die Kurärztin lachte mich an. «Möchtest du denn gern nach Hause zurück?»

Heftig schüttelte ich den Kopf. Ich wollte nicht zurück, nie mehr wollte ich zurück! Es tat so gut hierzusein.

«Hast du denn kein Heimweh?»

Wie freundlich diese fremde Frau mich ansah. Sie erwartete eine Antwort. Aber was sollte ich denn sagen? Ich durfte doch nichts sagen!

«Ist es wegen deines Bruders?»

Woher wußte sie das? Wer hatte ihr von Stefan erzählt?

Als hätte sie meine Gedanken erraten, erzählte sie mir, sie habe Tante Inge angerufen. Diese hatte ihr die böse Geschichte mit Stefan anvertraut und ihr auch gesagt, wie sehr mich dies alles belaste, weil wir Geschwister alle ein enges, liebevolles Verhältnis zueinander hätten. «Ist es wegen deines Bruders?» fragte die Ärztin noch einmal. «Tut er dir so leid?»

«Ja», sagte ich. Stefan tat mir wirklich leid, sogar ganz furchtbar leid. Er hatte nur getan, was unsere Eltern ihm jahrelang selbst vorgemacht hatten. Sie waren die Schuldigen, nicht er. Er war erwischt worden und mußte nun ihre Zeche bezahlen.

Doch in meinen Gedanken drängte sich Georg vor Stefan. Ich wußte, was er in diesem Moment von mir erwartete. Ich hörte seine Stimme, die mich drängte, jetzt und auf der Stelle alles zu sagen.

Aber ich konnte es nicht. Wieder versagt, wieder eine Chance vertan. Ich stand neben mir und ergründete ganz sachlich meine eigenen Motive, und mir wurde so klar bewußt wie nie zuvor, wie sehr ich Papas Geheimnis zu meinem eigenen gemacht hatte. Es war nicht mehr nur sein Befehl, der mich zum Schweigen brachte, es war viel mehr meine Scham.

Vielleicht hätte ich mich doch überwunden zu reden, wenn die Kurärztin weiter in mich gedrungen wäre. Aber Tante Inges Erklärung für meine Eßstörung war einleuchtend. Da gab es nichts mehr zu fragen. Daß ich Mitleid mit meinem Bruder hatte, schien Grund genug für mein Verhalten. Warum sollte sie nach weiteren Gründen suchen?

«Du wirst sehen, alles wird gut», meinte sie. «Jeder begeht einmal eine Dummheit. Werde du erst wieder ganz gesund hier bei uns; damit kannst du deinem Bruder am besten helfen.»

Meine Chance, mich zu öffnen, war vertan. Es war die letzte für lange, lange Zeit.

Als ich nach der dreiwöchigen Kur nach Hause zurückkehrte, war Stefan zwar noch nicht offiziell ausgezogen, hielt sich jedoch überwiegend in einer Wohngemeinschaft auf und kam auch nachts kaum noch zu uns. Sobald er eine neue Lehrstelle und wieder ein geregeltes Einkommen hatte, wollte er endgültig bei der Wohngemeinschaft einziehen.

Das alles erzählten mir Georg und Boris heimlich, denn vor meiner Mutter durfte Stefan nicht mehr erwähnt werden. «Bei denen sieht's aus, also, dagegen ist das hier bei uns noch Gold», sagte Georg, der Stefan sogar schon einmal besucht hatte. «Alles Schrottmöbel und überall Viehzeug, ekelhaft!»

Als wir hörten, daß mein Vater trotz der Schande, die Stefan ihm bereitet hatte, einen Kredit aufnahm, um das veruntreute Geld an Stefans ehemaligen Arbeitgeber zurückzuzahlen und unseren Bruder vor einer harten Gefängnisstrafe zu bewahren, waren wir sehr erleichtert. Georg meinte zwar, mein Vater habe gar keine andere Wahl: Stefan habe unseren Vater schließlich in der Hand und könne ihn ins Gefängnis bringen, wenn er den Bullen erzähle, was bei uns lief. Aber Boris und ich hielten das für totale Spinnerei.

«Du glotzt zuviel Krimis!» sagte Boris. «Stefan erpreßt doch seinen eigenen Vater nicht!»

«Ach nein, so was tut der nicht?» rief Georg. «Und was ist mit Monika? Hat er die etwa nicht erpreßt, daß sie ihm einen runterholen muß und alles?»

«Ach, das!» grinste Boris und sah mich von der Seite an. «Was war denn das schon? Spielchen! Wegen so was wird einer doch nicht gleich kriminell.»

Georg gab auf. «Ich weiß, was ich weiß», sagte er. «Und daß du sowieso nichts blickst, weiß doch jeder.»

Mit dieser gehässigen Bemerkung spielte Georg darauf an, daß Boris seit einiger Zeit für unsere Mutter ebenso zum Verein der Gehirnamputierten gehörte wie Georg und ich. Seitdem er das Probejahr im Gymnasium nicht gepackt hatte und auf die Hauptschule zurück mußte, stand dieses Verdikt fest.

Da half es auch nichts, daß mein Vater wetterte, Boris sei zum Schulversager abgestempelt worden, weil man ihn, den Vater, treffen wollte und keine andere Chance sah, ihm ans Bein zu pinkeln. Zur damaligen Zeit war nämlich gerade die politische Karriere meines Vaters in der CDU und im Stadtrat meiner Heimatstadt unrühmlich beendet worden. Eine Prüfung der von ihm verwalteten Parteikasse hatte einen Fehlbetrag ergeben. Mein Vater geriet in Verdacht. Nachweisen konnte man ihm allerdings nichts. Lügen und Vertuschen waren schließlich seine Spezialität. Wie ich später herausfand, hatte mein Vater sein Amt als Kassenwart doch niederlegen müssen und galt intern als überführt.

Mein Vater behauptete nun, einige «CDU-Schweine» in den Reihen der Lehrerschaft am Gymnasium würden, weil er in ihren Augen zu Unrecht einer Strafe entgangen war, sich an seinem Sohn rächen. «Was die mit Boris machen, ist Selbstjustiz!» schrie er, als dieser einen blauen Brief nach dem anderen nach Hause brachte. «Die sollen mich kennenlernen! Mit mir nicht!»

In der Tat hatte Boris, bevor er aufs Gymnasium gekommen war, durchweg gute Noten erhalten. Und auch später, als er auf der Hauptschule war, konnten seine Leistungen sich sehen lassen. Niemand verstand, warum er in diesem einen Jahr Gymnasium so versagt hatte. Möglicherweise war mein Vater ja ausnahmsweise einmal im Recht.

Die Tatsache, daß es ihm gelungen war, die eigene Tochter zu schwängern und das mit ihr gezeugte Kind noch im Mutterleib töten zu lassen, ohne daß Gottes Blitz ihn strafte oder der Arm des Gesetzes zupackte, nahm meinem Vater die letzten moralischen Hemmungen. Der Gruppensex, den meine Mutter initiierte, um die Aufmerksamkeit ihres Mannes von mir abzulenken, schützte mich keineswegs vor ihm. Seine Gier, mich sexuell zu besitzen und zu benutzen, mich zu demütigen und zu quälen, wurde immer unersättlicher.

Tagtäglich verging er sich nun an mir – stets dann, wenn meine Mutter zum Kellnern außer Haus war. Da sie bis zur Sperrstunde arbeitete und er sie regelmäßig selbst mit dem Auto von der Kneipe abholte, blieb ihm, ohne daß er auf «Dallas» oder seine anderen Lieblingssendungen verzichten mußte, garantiert genügend Spielzeit mit mir. Zeit, die er nun noch brutaler und intensiver nutzte als je zuvor. Oft dauerte es Stunden, bis er endlich auf Touren kam, wie er es nannte. Ich dachte nicht darüber nach, warum er immer perversere Methoden, raffiniertere Hilfsmittel und grausamere Finessen brauchte, bis er sich endlich stöhnend in mir entleeren konnte.

Meine Mutter schien in jener Zeit wirklich nicht zu ahnen, was sich in ihrer Abwesenheit zwischen meinem Vater und mir abspielte. Meine Brüder, die es ihr hätten sagen können, schwiegen ebenso wie ich. Und mein Vater tat so unschuldig wie das Lamm Gottes. Wenn immer meine Mutter zugegen war, behandelte er mich betont distanziert, ja abschätzig.

Eine Zeitlang muß meine Mutter geglaubt haben, ihr Kampf um ihren Ehemann und seine Liebe sei gewonnen. Sie nahm sein Versprechen ernst: «Wir fangen noch einmal ganz neu an, nur wir fünf. Stefan gehörte sowieso nie richtig dazu. Eigentlich sind wir doch erst jetzt eine richtige Familie.»

Jeder konnte schließlich sehen, wie ernst es ihm mit dem Neuanfang war. Da war zum Beispiel die Sache mit dem Rauchen. Welcher Mann hörte schon Knall auf Fall damit auf, nur weil er seiner Familie nicht zumuten wollte, wegen seines persönlichen Lasters Opfer zu bringen? Mein Vater tat es. Keine Zigarette rührte er mehr an. Da er das Geld für die vier bis sechs Schachteln pro Tag nun sparte, kam am Monatsende jedesmal ein hübsches Sümmchen zusammen. Dieses gab er mit vollen Händen für die Familie aus. Meine Mutter setzte ihm vor Bewunderung fast einen Heiligenschein dafür auf und rieb uns bei jeder passenden und unpassenden Gelegenheit unter die Nase, daß wir einen so wunderbaren Vater gar nicht verdient hatten.

So ermöglichte es unser Mustervater zum Beispiel, daß die ganze Familie Fahrräder erhielt. Ich selbst erbte zwar von irgend jemandem ein gebrauchtes, dessen Gangschaltung nicht richtig funktionierte, aber meine Brüder erhielten nach und nach jeder ein neues mit allem Pipapo. Wir alle waren rückhaltlos begeistert von unserem lieben Papa und seiner Großzügigkeit, die wir doch gar nicht verdient hatten. Ich war zwar traurig, daß ich als einzige kein neues Fahrrad erhalten hatte – aber ich nahm es als Strafe für meine mangelnde Fähigkeit hin, Papa so lieben zu können, wie er es wünschte.

Heute ist mir klar, daß der Kauf der Fahrräder ein ausgeklügelter Schachzug meines Vaters war. Schon immer hatte er sich gern mit uns in der Öffentlichkeit gezeigt, um zu demonstrieren, welch eine mustergültige Familie wir doch waren. Die Schwierigkeiten, die wir Kinder ihm in letzter Zeit machten, ließen nun einen verstärkten Einsatz geraten erscheinen. Schließlich mußte um jeden Preis verhindert werden, daß Boris' Scheitern auf dem Gymnasium, mein Sitzenbleiben in der achten Klasse und Stefans Sündenfall in Verbindung gebracht wurden. Das Fehlverhalten der Kinder durfte nicht auf das Vorbild der Eltern zurückgeführt werden. Es galt also zu zeigen, daß diese über jeden Verdacht erhaben waren. Was konnte hierfür besser geeignet sein als gemeinsame Unternehmungen in öffentlichkeitswirksamer Form?

Aus diesem Grunde unternahmen wir von nun an eine Fahrradtour nach der anderen. An eine von ihnen erinnere ich mich besonders gut. Die Fahrt führte über eine Entfernung von über hundert Kilometern an Dortmund vorbei ins Lippeland, wo wir Verwandte hatten. Meine Mutter, die mittlerweile den Führerschein erworben hatte, fuhr uns mit dem Auto voraus. An einem vereinbarten Treffpunkt hinter Dortmund sollte sie uns mit Brötchen und Getränken erwarten.

Die Strecke von uns aus bis Dortmund ist die reinste Schinderei. Bergauf, bergab, bergauf – wer da keine Kondition hat, ist verloren. Wir schwitzten alle wie die Tiere, und mein Vater mußte uns immer wieder anfeuern – ganz besonders mich. Ich hatte nicht nur die schlechteste Kondition und das schlechteste Rad, dessen Gangschaltung nicht funktionierte, sondern auch ständig heftige Schmerzen. Ich scheuerte mich wegen der Narben im Genitalbereich auf dem ungepolsterten Uraltsattel auf und konnte nach einer Weile kaum mehr sitzen.

Mein Vater und Boris amüsierten sich köstlich über mich. Georg jedoch konnte die Quälerei schließlich nicht mehr mit ansehen und tauschte mit mir das Rad. Da kam er aber schön bei meinem Vater an! Mich auf Georgs neuem Rad sehen und losbrüllen waren für ihn eines. Ob ich mich denn nicht schäme, meinem kleinen Bruder das Rad abzuluchsen? Schließlich sei er jünger und schwächer und habe sein Rad weiß Gott nötiger als ich.

Das Rad war schnell wieder abgegeben. Der Zorn meines Vaters verrauchte weniger rasch. Kaum hatten wir endlich den vereinbarten Rastplatz erreicht, an dem meine Mutter schon wartete, griff mein Vater das Thema wieder auf. «Wenn du jetzt schon so kaputt bist, daß dein kleiner Bruder dich locker in die Tasche stecken kann, packen wir dich doch lieber gleich mitsamt dem Rad ins Auto», sagte er. «Bei deinem Schnekkentempo kommen wir ja nie mehr an.»

«Quatsch!» schrie ich. «Ich kann noch! Ich will mit euch mit und nicht mit dem doofen Auto!»

Meine Mutter setzte ihr Ach-du-Niete-Grinsen auf. Wahrscheinlich sah sie mich im Geiste schon neben sich im Auto sitzen und überlegte, wie sie mich unterwegs am besten fertig machen könnte: Was für ein Versager ich doch wäre, und daß sie ja schon immer gewußt hätte, daß ich sogar zum Fahrradfahren zu blöd sei. Nein, diese Blöße konnte ich mir nicht geben!

Also bettelte ich noch einmal: «Laß mich doch weiterfahren, Papa! Ich schaff's bestimmt! Ich jammer' auch nicht mehr. Bitte, Papa, nimm mich doch mit!»

Das Glitzern in den Augen meines Vaters kam nicht vom Licht. Ich kannte es schon. «Also gut», sagte er. «Aber nur, wenn du lieb bist!»

Wir wußten beide, was das hieß. Meine Mutter sah von einem zum anderen. Kannte sie diesen Blick an Papa auch? Als sie wütend zu kreischen begann, daß es doch immer wieder dasselbe Spiel sei, daß Papa sich jedesmal von mir um den Finger wickeln lasse, wußte ich, daß auch sie verstanden hatte, was «lieb sein» hieß.

Doch was meine Mutter dachte, war mir in diesem Moment völlig egal. Ich wollte nicht mit ihr mitfahren. Lieber biß ich die Zähne zusammen.

Wie ich den Rest der Strecke auf diesem elend harten Sattel überstand, weiß ich nicht. Von der Landschaft, die allmählich immer ebener wurde, nachdem wir die qualmenden Schlote des «Reviers» längst hinter uns gelassen hatten, sah ich nicht mehr viel. Aber ich machte nicht schlapp. Wieder und wieder spornte ich mich selbst an. Nur keine Blöße geben! Und ich hielt durch. Daß meine Narben an der Scheide aufrissen und bald eine einzige offene Wunde waren, ging keinen etwas an. Was wog der Schmerz gegen den Triumph, durchgehalten zu haben?

Das Geld floß immer üppiger. Meine Eltern gönnten sich mehrere Kurzurlaube in der Eifel, wo sie sich bei und mit Freunden vergnügten. Und unerwarteterweise waren nun auch Mittel für ein neues Kinderzimmer vorhanden. Endlich wurde frisch tapeziert, wir erhielten Schränke und Regale, das alte Sofa, auf dem meist Stefan geschlafen hatte, landete auf dem Sperrmüll, und ein neues Etagenbett ersetzte das wacklige alte. Nur die Ausziehliege blieb.

Warum mein Vater diese für jedermann sichtbare Ausstattungsorgie inszenierte? «Weil er Schiß hat!» sagte Georg.

Vielleicht hatte er recht. Ich jedoch verspürte eher eine sich steigernde Lust am Spiel mit der Macht und zugleich auch mit der Gefahr bei ihm als «Schiß». Niemand hatte meinen Vater bisher in seine Schranken verwiesen, ihn zur Rechenschaft gezogen oder sogar bestraft. Im Gegenteil, alles, was er im Schilde führte, gelang ihm. Niemand kam ihm auf die Schliche. Welche Lügen er auch verbreitete, jeder nahm sie ihm als Wahrheit ab. Selbst meine Mutter, unter deren Augen er mich geschwängert hatte, vertraute ihm blind.

Ich glaube, mein Vater hielt sich mittlerweile für unverwundbar. Es bereitete ihm einen Heidenspaß, alle Welt für dumm zu verkaufen. Seine Erfolge gaben ihm das Gefühl, der einzig Gescheite unter lauten Narren zu sein. Er konnte das perfekte Verbrechen begehen, ohne auch nur in Verdacht zu geraten. In kritischen Zeiten, wenn er entdeckt zu werden drohte, lief mein Vater zur Höchstform auf. Die Angst im Nacken, wurde ihm das Spiel zum reinen Genuß. Wie weit würde er den Bogen noch spannen können? Wieviel Lügen würden ihm die Leute noch abnehmen?

Selten war mein Vater stärker unter Druck als nach dem Sommer 1983. Er selbst verdächtigt, CDU-Gelder veruntreut zu haben, Stefan der Unterschlagung überführt, wir Kinder alle miteinander wiederholt beim Diebstahl ertappt – die gutbürgerliche Tarnung der Familie war brüchig wie noch nie.

Mit Feuereifer machte er sich nun daran, den guten Schein wiederherzustellen. Niemand durfte ja auf die Idee verfallen, die scheinbar fleckenlose Weste des braven Biedermannes etwas genauer zu betrachten. Was ihm blühte, wenn seine Geheimnisse ans Licht kämen, wußte er ja nur zu genau.

Eine seiner Gegenmaßnahmen war, den Anschein zu wekken, daß er und seine Frau sich für uns Kinder umbrachten, während sie selbst sich nicht das mindeste gönnten. Die bestmögliche Schulbildung, neue Fahrräder, neue Möbel für uns, speziell für mich Modekleidung nach dem letzten Schrei – für meinen Vater abgewetzte Hosen und Anzüge mit durchgescheuerten Ärmelstößen, für meine Mutter hauptsächlich Selbstgestricktes, Selbstgenähtes oder Abgelegtes von ihren Schwestern oder Schwägerinnen.

«Können wir uns nicht leisten...» Ich glaube, es gab in dieser Zeit keine häufiger benutzte Erklärung bei uns. Da mußten die Leute doch meinen Vater bewundern und sich ehrfurchtsvoll fragen, wie er es trotzdem schaffte, es seinen Kindern an nichts fehlen zu lassen.

Nur meine Mutter kratzte in dieser Krisenzeit trotz aller guter Vorsätze immer wieder einmal an dem sorgfältig aufgebauten Familien-Image. Wenn sie genügend Julia-Romane verschlungen und lange genug schluchzend im Bett gelegen hatte, brach irgendwann das Elend ihres Lebens über ihr zusammen. Und dann war Geld die einzige Droge, die half.

In solchen Stunden wurde ihr klar, daß sie als Callgirl so viel Geld anschaffte, daß sie sich ein wesentlich angenehmeres Leben hätte leisten können – hätte mein Vater ihr von diesem Geld etwas abgegeben und nicht alles nur für seine persönlichen Bedürfnisse eingesackt. Von dieser Überlegung bis zur Fälschung der Unterschrift meines Vaters auf einem Scheck war es nicht weit. Ein scheinbar gefahrloses Unterfangen, da sie sich nicht einmal persönlich an den Bankschalter begeben und einem Verdacht aussetzen mußte. Vielmehr hatte sie – ach, so krank – das Bett zu hüten, während entweder Georg oder ich als Boten unterwegs waren.

Einmal verlor ich auf dem Weg von der Bank sechshundert Mark, weil ich die Scheine vor Hast nicht in der Tasche verwahrt, sondern offen in der Hand behalten hatte. Ich war das unglücklichste Kind der Welt und hätte vollstes Verständnis dafür gehabt, wenn mich meine Mutter erschlagen hätte. Sonderbarerweise erschlug mich niemand, nein, nicht die geringste Strafe wurde mir zuteil. Mein Vater, dem meine Mutter den Vorfall natürlich brühwarm vortrug, weil es ihr gefallen hätte, wäre er wütend auf mich losgegangen, wagte nicht, mich zu schlagen. Tante Inge, der ich mich in meiner Todesangst anvertraut hatte, hatte ein gutes Wort für mich bei ihm eingelegt, und sie war der vielleicht einzige Mensch auf der Welt, den mein Vater wirklich fürchtete. In ihren Augen wollte er gut sein, um jeden Preis. Und außerdem hatte er schönere Methoden, mich zu strafen, als eine Tracht Prügel. Es war gut, eine Wohltat auf dem Konto zu haben, für die ich bei Gelegenheit zur Kasse gebeten werden konnte.

Merkwürdigerweise zweigten Georg oder ich nie etwas von dem Geld, das wir holten, für uns selbst ab. Heute ist mir völlig rätselhaft, warum wir, diebstahlerfahren und ausgebufft, wie wir waren, das Geld jedesmal auf schnellstem Weg bei meiner Mutter ablieferten. Vielleicht lag es daran, daß wir schon Ärger bekamen, wenn wir sie nur, ihrer Meinung nach, etwas zu lange hatten warten lassen. Einen Handfeger, Kochlöffel oder sonstigen hilfreichen Gegenstand hatte sie dann schnell zur Hand.

Kaum hatte meine Mutter das Geld von uns entgegengenommen, erlebten wir sogleich die wundersame Heilkraft blauer Scheine. Rasch genesen, warf meine Mutter sich in Null Komma nichts in Schale und rauschte ab in die Stadt. Ob der Grabbelstand im Kaufhaus oder die exklusivste Boutique – nichts war vor ihr sicher. Das Geld wollte rollen. Rechtzeitig bevor mein Vater von der Arbeit nach Hause kam, fuhr sie dann entweder hochherrschaftlich im Taxi vor oder hetzte zu Fuß herbei. Rasch die neuen Blusen, Pullis, Röcke in die Waschmaschine, auf die Couch gesetzt – und mein Vater durfte kommen.

Während die Waschmaschine aus neu kurzerhand alt machte, richteten wir Sklaven den Abendtisch. Oft hatte meine Mutter den Jungen etwas aus der Stadt mitgebracht, mir nie. Trotzdem dachte auch ich nicht im entferntesten daran, sie zu verraten. Es war auf eine nie hinterfragte, selbstverständliche Weise klar für mich, mit ihr in der Schwäche solidarisch zu sein. Auch wenn ich sie für ihre Verlogenheit und Willenlosigkeit haßte – sie tat mir zugleich auch leid, und ich hätte ein schlechtes Gewissen gehabt, sie nicht zu beschützen. Ob meine Mutter wohl jemals ein schlechtes Gewissen hatte, *mich* nicht beschützt zu haben?

Gewissensbisse erlebten wir Kinder bei ihr nur regelmäßig dann, wenn ihr Kaufrausch abgeklungen war. Spätestens wenn mein Vater wieder selbst zur Bank mußte und die Bescherung entdecken würde, wurde aus der mit Päckchen und Tüten beladenen Dame von Welt wieder das alte Häufchen Angst. Zitternd erwartete sie ihn. Ergeben und ohne die geringste Gegenwehr ertrug sie seine Wut, seine Schläge. Nur manchmal, wenn die Ohrfeigen allzu hart auf sie niederprasselten, schrie sie gegen das Wüten an: «Du verdammter Zuhälter! Sahnst bei mir ab und läßt mich im Regen stehen. Ich mach' ein eigenes Konto auf, dann werden wir ja sehen, wer die Knete hat. Dann machst du bitte, bitte bei mir!»

Solche Töne vertrug mein Vater absolut nicht. Sobald jemand ihm ernsthaft Widerstand leistete oder zu widersprechen wagte, brannten bei ihm alle Sicherungen durch. Mit Fäusten ging er auf seine Frau los, bis diese nicht mehr papp sagen konnte.

Wieder einmal hatte meine Mutter Papas Unterschrift auf einem Scheck gefälscht. Und wieder einmal war sie am darauffolgenden Abend grün und blau geschlagen worden. Während mein Vater in der nahe gelegenen Kneipe seine Wut hinunterspülte, heulten wir Kinder mit meiner Mutter um die Wette. Sie tat uns so leid mit ihrem verquollenen Gesicht und den blutend aufgeplatzten Lippen.

Als wir nach Stunden den wohlbekannten Schritt auf der Treppe hörten, verschwanden wir drei im Kinderzimmer. Meine Mutter blieb zitternd vor Angst im Wohnzimmer sitzen. Der Schlüssel drehte sich im Schloß. Geräusche von polternd abgestreiften Schuhen, Türklappen, Wasser im Bad – mein Vater ging zu Bett. Kein Wort hatte er an meine Mutter gerichtet. Das war schlimmer als Prügel. Wenn er am nächsten Morgen mit der alten Wut im Bauch erwachte, dann gute Nacht. Ratlos schauten Georg, Boris und ich einander an. Was sollten wir tun?

In diesem Moment huschte meine Mutter herein. «Ihr müßt mir jetzt helfen», flüsterte sie. «Papa ist so sauer auf mich und auf euch, weil wir das mit dem Geld gemacht haben. Wir müssen uns entschuldigen. Aber auf mich hört er jetzt nicht. Habt ihr ja selbst gemerkt. Monika muß hingehen, die hat er am liebsten. Der hört er am ehesten zu.»

«Immer Monika!» maulte Georg. «Warum immer die? Ich kann doch auch zu ihm gehen.»

«Oder ich», murmelte Boris. «Ich lass' mir auch gern eine reinhauen, wenn's ihm hilft.»

«Also gut», seufzte meine Mutter, «dann losen wir eben aus. Ich habe hier drei Zettel mit euren Namen. Gehen muß der, dessen Name auf dem Zettel steht, der gezogen wird.»

Jahre später gestand meine Mutter mir, daß sie den Protest meiner Brüder vorausgeahnt hatte. Um sicherzugehen, daß die Wahl auf mich fiel, hatte sie die Zettel präpariert. Auf allen drei Zetteln stand «Monika».

Damals ahnten wir von diesem falschen Spiel natürlich nichts. Ich war nun einmal der Pechvogel der Familie. Ich mußte mich dem vermeintlichen Schicksal fügen – auch wenn mir schwach war vor Angst, als meine Hand zitternd die Klinke der Schlafzimmertür niederdrückte.

Mein Vater lag wütend wie zehn Mann in den Kissen. Als er mich sah, schrie er mich an: «Verschwinde! Das hier ist eine Sache zwischen deiner Mutter und mir. Die geht dich nichts an. Hau ab! Sie soll kommen!»

Ich mußte mehrmals zum Sprechen ansetzen, bevor ein Ton herauskam. «Wir haben besprochen, daß ich komme», stammelte ich endlich. «Wir haben es fair ausgelost. Und ich rechne auch damit, daß ich jetzt ein paar geballert kriege von dir. Einer für alle und alle für einen, sagst du doch immer. Ich bin jetzt eben für alle hier. Wenn du mir eine reinhaust, sind alle mit dir quitt. Dann vertragen wir uns wieder, und du bist wieder lieb mit uns.»

«So, so», lachte mein Vater. «Und das hat sich die verdammte Schlampe, die fette Kuh da draußen gemeinsam mit euch ausgedacht? Weiß sie überhaupt, was sie da macht? Kann die wenigstens eins und eins zusammenzählen?»

«Ich glaube schon», sagte ich unsicher, denn sein grelles Lachen ließ mich erahnen, was jetzt kommen würde.

«Na, dann wollen wir mal», sagte mein Vater grinsend und schlug seine Bettdecke zurück, damit ich bewundern konnte, was nicht mehr zu verbergen war. «Zieh dich aus, Süße, aber schön langsam, damit ich auch etwas davon habe. Diesmal vergnügen wir uns nämlich mit Erlaubnis der Erziehungsberechtigten. Wenn das kein Grund zum Feiern ist! Na los, komm! Zier dich nicht so. Zeig mal, wie gut du deinen armen Papa trösten kannst!»

Leere im Kopf. Leere im Bauch. War wirklich ich es, die zu diesem grausam in die Luft stehenden Ding ins Bett kroch?

Mein Vater war schwer zu trösten in dieser Nacht. Mir wurde allerhand abverlangt, ehe sein Ächzen mir anzeigte, daß es jetzt endlich gleich vorüber war.

Meine Mutter fühlte sich inzwischen ganz schwach vor Angst, was mein Vater mir wohl antun würde. Jedenfalls erzählte sie das meinen Brüdern. Die Tränen liefen ihr dabei bis in den Kragen, so daß sie ihr Kleid ausziehen mußte. Zum Glück war mein Bett im Kinderzimmer frei. Womöglich wäre sie sonst vor Sorge um mich zusammengebrochen. Zum Glück waren auch vier kundige Kinderhände da, die meine Mutter trösten konnten. So kam endlich auch diese Geldaffäre zu einem guten Schluß, nicht wahr?

Meine Mutter hatte mich als Sexobjekt für meinen Vater freigegeben. Zwar versuchte sie, das eine Mal, da sie selbst mich zu ihm ins Bett geschickt hatte, zur Ausnahme zu erklären und zu verhindern, daß er sich zu intensiv mit mir befaßte. Doch dies gelang ihr nicht.

«Was soll der Quatsch?» gab ihr mein Vater zur Antwort, als sie ihm zum x-ten Male wegen mir eine Szene machte. «Glaubst du etwa, du bist das A und O der Welt? Guck dich doch nur mal im Spiegel an! Du wirst es mir doch wohl nicht übelnehmen, daß ich zwischendurch auch gern mal was Schlankes habe. Ausgerechnet du mit deinen tausend Typen!»

Irgendwie verstand er es immer, den Spieß umzudrehen. Ganz egal, was er selbst verbockt hatte – am Ende war jedesmal meine Mutter die Gelackmeierte. Diesmal aber rächte sie sich – doch nicht etwa an ihm, sondern, wie es ihre Art war, an mir.

Ich hatte schon geschlafen, als es zum ersten Mal geschah. Es war eine der wenigen Nächte, in denen ich unbesorgt zur Ruhe gegangen war, da mein Vater für mehrere Tage auf Montage war. Ich wachte auf, als eine Hand, die sich in mein Haar krallte, mich aus dem Bett zerrte. Sekundenlang glaubte ich, einen meiner üblichen Alpträume zu haben. Doch der Schmerz war echt, die Stimme meiner Mutter auch.

«Einmal Flittchen, immer Flittchen!» zischte sie. «Wollen doch mal sehen, wie toll du wirklich bist!» Sie stieß mich in das schummrig beleuchtete Wohnzimmer. «Hier, deine neue Partnerin!»

Erst nach einem Moment der Verblüffung nahm ich wahr, zu wem sie den letzten Satz gesprochen hatte. Starr vor Entsetzen sah ich einen mir wildfremden und splitternackten alten Kerl auf mich zukommen. Sein runzliges Ding baumelte bei jedem Schritt fast bis ans Knie.

«Nein!» keuchte ich. «Ich will nicht! Bitte nicht!»

Meine Mutter verstellte mir den Weg zur Tür. «Ich hatte dich gewarnt!» sagte sie. «Du solltest deine dreckigen Pfoten von deinem Vater lassen. Wer nicht hören will, muß fühlen. Selber schuld!»

Selber schuld! Bei jedem Stoß, den der Alte auf mir tat, fuhren die Worte mir schmerzhaft durch den Kopf. Sie erstickten jeden Widerstand im Keim.

Nach einer Weile ließ der Alte von mir ab. Er hatte sich offenbar vergeblich abgemüht. Sein angewiderter Gesichtsausdruck, mit dem er meiner Mutter einen Geldschein in die Hand drückte, sprach Bände. «Ich wollte gern mal wissen, wie's ist», sagte er. «Aber wenn ich eine kalte Hundeschnauze im Bett haben will, kann ich's auch mit meiner Alten machen. Die ist wenigstens umsonst.»

Meine Mutter zerrte mich hoch. «Zisch ab!» sagte sie. «Du hörst doch, dein Typ ist hier nicht mehr gefragt.»

Als Georg mich morgens entdeckte, hing ich zusammengekrümmt halb über, halb neben der Toilette.

«Ist etwas?» fragte er.

Schon wollte ich den Kopf schütteln. Ich war es gewohnt, daß meine Alpträume immer furchtbarer wurden. Da sah ich das Gesicht meiner Mutter hinter Georg in der Tür. Erst jetzt wurde mir klar: Es war kein Traum. Ich erbrach mich, als müsse sich mein Inneres nach außen stülpen.

Meine Mutter grinste. «Hier, dein Anteil!» Sie hielt zwei Zehnmarkscheine hoch. «Mehr war's nicht wert.»

Ich starrte sie sprachlos an, ihre feiste Visage, ihren Schwabbelbauch, und ich wußte: Ich mußte hier rauskommen! Ich wollte nicht werden wie sie. Und ich würde auch nicht werden wie sie. Nichts würde ich mit ihr gemein haben. Ich stand auf, zerriß die Geldscheine, warf die Schnipsel ins Klo und spülte sie lächelnd hinunter. Es tat mir gut zu sehen, daß meine Mutter wie unter einem Schlag zusammenzuckte.

Der November ging dem Ende zu. Ich weiß nicht, wie es mir gelang zu überleben. Vielleicht hatte ich mir die Seele ausgekotzt und war dadurch unsterblich geworden.

Von der eigenen Mutter verkauft! Kein Mensch, eine Ware – war ich das? Selbst eine Prostituierte, so hatte ich irgendwo gelesen, kann frei über ihren Körper verfügen und selbst entscheiden, mit wem sie es für wieviel Geld wann, wo und wie treiben will. War ich weniger als die Nutten, die ich mal im Rotlichtviertel gesehen hatte?

Jahre später, als mein erster Therapeut mir klarzumachen versuchte, daß mein Körper mir gehört, daß ich ihn akzeptieren und verantwortungsbewußt mit ihm umgehen müsse, konnte ich darüber nur lachen. Nie ist jemand behutsam mit meinem Körper umgegangen. Und so wie andere mit ihm umgegangen sind, gehe ich auch selbst mit mir um. Ich vernichte mich ja regelrecht. Mit Tabletten, Alkohol und Magersucht fing es an, mit Schneiden, Verbrennen, Verätzen, Vergiften ging es weiter. Manches hält bis heute an, ist wie eine Sucht, nie erledigt, nie vorbei – vielleicht bis ans Ende meines Lebens.

Wenn mein Körper jemals mir gehört hätte – wie hätte meine Mutter mich an diese Schweine verkaufen dürfen, die ihr weißes Zeug in und auf mir abspritzten? Wie hätte sie mich zwingen können, mich vor den fremden Typen zu präsentieren, bevor sie die Preisverhandlungen führte? Wenn mein Körper mir wirklich gehört hätte – wie hätte meine Mutter sich dann sogar selbst an mir vergehen können? Wie hätte sie mich als Strafe dafür, daß ich mich nicht weiter verkaufen lassen wollte, zwingen können, ihre eigene Geilheit zu befriedigen?

Sie wollen mir nicht glauben? Sie können sich nicht vorstellen, daß eine Frau ihre Tochter so behandelt? Ich werde es Ihnen trotzdem schildern.

Meine Mutter trug Ledersachen, genauer gesagt: ein paar spärliche Lederbänder auf nackter Haut. Sie war so breit wie hoch. Sie hatte Kassetten gehört und sich dadurch auf Touren gebracht. Sie forderte mich auf, sie zu streicheln, in und an ihr herumzufummeln. Ich wollte aus dem Zimmer rennen. Sie hinterher und mir ein Bein gestellt. Als ich mich wieder aufrappeln wollte, stand sie schon über mir und fesselte mich. Dann steckte sie mir einen Dildo zwischen die Beine und sagte: «Entweder du besorgst es mir jetzt, oder ich mache weiter!»

O Mann, war das eine tolle Wahl! «Nein!» schrie ich. «Ich will nicht! Verdammte Sau, hör auf!»

Zur Belohnung drosch sie auf mich ein, auch mit den Füßen. Ich versuchte, mich unempfindlich zu machen, mich neben mich zu stellen, aus mir selbst zu verschwinden, wie es so gut klappte, wenn mein Vater es mit meinem Körper trieb. Aber diesmal funktionierte es nicht; die Situation war zu neu für mich. Also wechselte ich die Taktik: Ich forderte sie auf, mich doch noch mehr zu schlagen, noch fester, auch hierhin und dorthin, wo ich besonders empfindlich war. Und – o Wunder – es wirkte! Nach einigen weiteren Schlägen hörte dieses perverse Weib doch tatsächlich auf.

Aber Prügel brachten meine Mutter nun einmal unheimlich in Fahrt. Und so blieb es mir nicht erspart, daß sie mir den Dildo wieder hineinschob und das unterbrochene Werk fortsetzte. Es tat weh. Ich wand mich, versuchte zu treten, mit den gefesselten Händen um mich zu schlagen. Meine Mutter keuchte vor Vergnügen.

Plötzlich hatte ich das Gefühl, zur Toilette zu müssen, sofort, oder ich müßte ins Bett pinkeln. Alles in mir sträubte sich, wehrte sich – und doch konnte ich es nicht verhindern. So dachte ich jedenfalls – bis ich verwundert feststellte, daß das Bett trocken war. Ich weinte vor Schmerz und vor Erniedrigung. Ich hatte soeben meinen ersten Orgasmus gehabt.

Meine Mutter half sich inzwischen selbst. Sie lachte, als sie meine Tränen sah. «War's so schön, ja? Hat's dir so gefallen?»

Nein, es hatte mir nicht gefallen. Auch später gefiel es mir nie. Ein Orgasmus – erst später lernte ich das Wort – war für mich nie ein Höhepunkt der Lust. Es war ein Höhepunkt der Gewalt und ein Höhepunkt der Erkenntnis, daß dieser Körper nicht mein Körper war.

Jeder Körper ist manipulierbar und reagiert quasi mechanisch auf bestimmte Reize. Ich wollte keinen Orgasmus und mußte ihn dennoch hinnehmen. Dies machte meinen Körper noch mehr zum Eigentum der anderen, die ihn benutzten, wie es ihnen gerade gefiel. Fast täglich wurde mir demonstriert, daß er nichts wert ist. Man bediente sich seiner ohne Sorgfalt, ohne Rücksicht, seine Zerstörung oder sogar Vernichtung in Kauf nehmend. Und zur Krönung aller Qual mußte ich mir, nachdem jeder, der meiner Mutter einen Schein in die Hand gedrückt hatte oder aber als Familienmitglied sozusagen ein natürliches Recht auf mich beanspruchte, sich an mir ausgetobt hatte, auch noch den Vorwurf gefallen lassen, ich sei ja so abweisend und kalt und gar nicht richtig bei der Sache.

Die Erinnerungen, die mich übermannen, sind Schnee von gestern – aber es ist der Schnee, der zu Gletschereis wird. Was die Sonne auftaut, was ich zu bewältigen beginne, gefriert im Schatten erneut. Wo immer ich bin, was immer ich unternehme – der Mißbrauch ist in mir. Aber es gelingt mir immer öfter, mir selbst mit Liebe und mit Achtung zu begegnen. Irgendwann wird dieser Körper tatsächlich mein Körper sein. Nicht in einem Monat, nicht in einem Jahr, aber eines Tages wird es soweit sein.

Ich bin voller Hoffnung. Als Kind und als junges Mädchen hatte ich diese Hoffnung nicht.

Es war wohl die Eifersucht meiner Mutter, die meinen Vater auf die wahrhaft geniale Lösung seines größten Problems brachte. Dieses Problem lautete: Wie konnte er seine ständig wachsende Gier auf möglichst junge, möglichst unerfahrene, möglichst hilflose Sexpartnerinnen stillen, ohne dauernd den lästigen Szenen ausgesetzt zu sein, die meine Mutter ihm machte, weil ich sein bevorzugtes Sexobjekt geworden war. Die Lösung: Er schlug seiner Frau vor, künftig nach Ehepaaren mit jungen Töchtern Ausschau zu halten und den längst zum Eheleben gehörenden Partnertausch auf diese Mädchen auszudehnen.

Ich weiß nicht, ob meine Mutter sich zu weigern versuchte. Falls ja, wurde sie rasch mundtot gemacht. Sie hatte nur die Wahl, diesen Vorschlag zu akzeptieren oder aber künftig gute Miene zum bösen Spiel zu machen, wenn mein Vater sich mit mir vergnügte.

«Erst packst du selbst sie mir ins Bett und machst mich heiß auf sie, und dann willst du davon nichts mehr wissen?» höhnte mein Vater. «So kannst du vielleicht deine Macker behandeln, aber mich nicht. So oder so, such's dir aus!»

Natürlich wußte mein Vater, daß es für meine Mutter gar keine echte Alternative gab. Freiwillig ihren Mann mit mir teilen? Nie! Daß sie ihn an tausend andere Frauen auslieh, manchmal nur für eine Nacht, manchmal für wiederholte Treffen, war ganz etwas anderes. Eifersucht empfand sie nur bei mir – bei keiner der fremden Frauen.

Mein Vater hatte ihr plausibel gemacht, daß andere Frauen ihm nur als Mittel zum Zweck dienten. Aus dem Angebot der Kontaktanzeigen oder im Club suchte er die Leiber aus, die seinen sexuellen Appetit anregten, um, wie er sagte, seine Lust dann um so intensiver mit meiner Mutter genießen zu können. Im Grunde wisse er nicht einmal, wie die Frau aussähe, mit der er sich gerade abgebe. Keine von ihnen könne meiner Mutter das Wasser reichen. Mit anderen sei alles rein körperlich, ohne Gefühl, aufregend zwar, doch ohne wirkliche, tiefe Bedeutung. «Du bist die einzige, die ich liebe», beteuerte er. «So schön wie mit dir kann es mit keiner sonst sein.»

Meine Mutter glaubte es nur zu gern. Denn sie wollte, daß es wahr sei. Vielleicht klingt es ja nach kitschigen Postkarten-Sonnenuntergängen am Mittelmeer – doch für meine Mutter gab es wirklich nichts Wichtigeres als diesen Mann und seine Liebe zu ihr.

Ihre Abhängigkeit von meinem Vater resultierte irgendwie aus der nie aufgearbeiteten Erfahrung, als Kind nicht geliebt und nicht geachtet worden zu sein. Genau wie ich hatte sie immer jemanden über sich, der bestimmte und dem nicht widersprochen werden durfte. Zuerst war es ihr Vater. Als sie diesen endlich abgeschüttelt hatte und auf eigenen Füßen stehen wollte, konnte sie es nicht. Sie hatte nicht gelernt, wie man verantwortungsvoll mit sich selbst umgeht, sich achtet und beschützt. Ja, sie wußte nicht einmal, daß sie ein Recht darauf hatte, über ihren Körper zu bestimmen.

Wie oft habe ich mir schon den Kopf zergrübelt, warum meine Mutter ausgerechnet an einen Mann wie meinen Vater geraten ist. Dies zu verstehen, ist so wichtig für mich. Weil ich Angst habe, eines Tages denselben Fehler zu begehen wie sie. Meine Furcht vor Männern liegt nicht zuletzt darin begründet. Ich befürchte, ihr Verhalten nicht richtig einschätzen zu können, ihre Signale zu mißdeuten.

War meine Mutter vielleicht genauso hilflos wie ich? War ihre unbewältigte Vergangenheit schuld daran, daß sie auf meinen Vater verfiel? Flog sie auf ihn, weil sie seine harte Hand, seine Gewalt- und Machtbereitschaft spürte und darin etwas Vertrautes wiedererkannte: den eigenen Vater? Wurde sie davon angezogen wie von einem Magneten? Mußte sie sich geradezu zwanghaft unterordnen? Hielt sie Bevormundung, Unterdrückung, Demütigung und Mißhandlung vielleicht für Liebe, weil ihr Vater sie gelehrt hatte, daß es keine Liebe ohne Mißhandlung gab?

Wie auch immer – meine Mutter wollte die Liebe meines Vaters um nichts in der Welt verlieren. Ganz gleich, welcher Art diese Liebe war – sie gehörte ihr. Sie hatte schon genug bezahlt dafür. Nie würde sie zulassen, daß ich ihr diesen einzigen Schatz, den sie besaß, stahl. Ich war zwar ein Kind, ihr Kind – in erster Linie aber die einzige Frau, die mein Vater außer ihr selbst liebte.

«Was hat sie, das ich nicht habe?» schrie meine Mutter meinen Vater in dieser Zeit oft an. «Was kann sie, das ich nicht kann? Genüge ich dir nicht mehr? Der Mohr hat ausgedient, der Mohr kann gehen. Ist es das?»

Jedesmal regte mein Vater sich künstlich darüber auf. «Spiel nicht verrückt! Wenn du mich nur halb so lieben würdest wie ich dich, würdest du dich freuen und mir von Herzen gönnen, daß ich ein bißchen Spaß habe. Du liebst mich nicht. Das ist der Punkt!»

Meine Mutter tat alles, um ihm das Gegenteil zu beweisen. Lieber lieferte sie ihm fremde Töchter ins Bett, als weiter zusehen zu müssen, wie er es ohne Unterlaß mit der eigenen trieb. Das Projekt Töchtertausch nahm seinen Lauf.

Ob ich mich umgebracht hätte, wenn ich gewußt hätte, was die Einladung bedeutete, die der Postbote eines Morgens als Expreßbrief ablieferte? Eigentlich hätte ich es ahnen können, hätte es dem Grinsen in Papas Gesicht ablesen können, hätte es an seinem Ton hören müssen, als er uns zurief: «Wißt ihr was? Am Samstag fahren wir in die Eifel und machen es uns schön gemütlich. Na, was sagt ihr?»

Wir lachten, klatschten, freuten uns.

«Wie, kein Küßchen für den Glücksboten?» rief er und tippte auf seine Wange. «Soll ich euch zu Hause lassen?»

«Monika vor! Monika vor!» Boris skandierte die Worte wie auf dem Fußballplatz.

Mein Vater schmunzelte. Wie lieb ich ihn hatte in diesem Moment! Was machte das schon, daß sein Bart kratzte? Und dieser Blick! Genauso hatte er mich früher immer angelacht, wenn er mich in die Höhe warf, himmelhoch, und wieder auffing. Nie hatte er mich fallen lassen. Wo war ich sicherer als bei ihm, in seinen Armen?

«Genug geschmust!» brummte er und küßte mich aufs Ohr. Der andere Papa! Hastig wich ich zurück. Ich las Spott in seinen Augen, aber auch eine Spur bitteren Ernst. «Und noch eins, besonders für dich, Fräulein Rückwärtsfresser: Blamiert mich nicht! Verstanden?»

Georg stieß mir vielsagend in die Rippen.

Rückwärtsfresser! Jeder wußte, worauf mein Vater anspielte. Bereits in den ersten Tagen nach meiner Rückkehr aus der Kur hatte er entdeckt, daß ich mir von dort eine seltsame Angewohnheit mitgebracht hatte: Nach jeder Mahlzeit mußte ich dringend zur Toilette.

«Vom Tisch ins Gebüsch!» lästerte er anfangs. «Sind das die Manieren, die man euch in der Kur beigebracht hat?»

Als er zum ersten Mal hörte, wie ich mich über dem Toilettenbecken erbrach, änderte sich sein Ton gewaltig. «Seit wann hast du das?» Er zählte die Binden im Bad. «Wenn das nicht besser wird, müssen wir wohl zum Arzt. Hast du Angst?»

Ich und Angst? Nein, die Angst hatte *er*! Angst, ich sei schwanger. Am liebsten hätte ich laut losgelacht.

Von nun an gab es keinen Tag mehr ohne Kontrollgang zur Bindenbank, wie er das Körbchen im Badezimmer nannte. Und es gab keinen Tag ohne Kontrolle bei mir. Ich redete auf meinen Körper ein. Einmal mußte er mir doch gehorchen! Doch nein, er ließ mich so im Stich wie immer. Wie erleichtert mein Vater war, als ich endlich meine Tage bekam! Kaum hatte er sein Glück gefaßt, traf er Vorsorge für die Zukunft. «Von jetzt an nimmst du die Pille! Den Zirkus mach' ich nicht mehr mit. Und die verdammte Kotzerei hört auf, sofort!»

Trotz Drohungen und Schlägen – ich steckte mir weiterhin den Finger in den Hals. Es war ein absolut tolles Gefühl, alles in sich hineinzufressen, manchmal acht Stücke Kuchen plus drei Tafeln Schokolade auf einmal, und die Macht zu haben, alles wieder herauszubringen, wenn mir danach war. Niemand sonst hatte diese Macht über meinen Magen. Erstmals erfuhr ich, daß zumindest dieser Teil meines ansonsten von anderen benutzten Körpers wirklich mir gehörte.

Es war wie ein Rausch, der mich überkam. Ich mußte die Erfahrung meiner Macht wieder und wieder machen. Da half es nichts, daß man die Badezimmertür bis weit nach Mitternacht absperrte oder mir verbot, ein Abendessen zu mir zu nehmen. Ich konnte warten – wenn es sein mußte, stundenlang. So schnell verdaute mein Magen nicht. Er war mein Freund. Er schmerzte, wenn mein Körper mißbraucht wurde; er war der einzige Teil von mir, der das Spiel nicht mitmachte. Vielleicht war er zu tief in mir drinnen, dachte ich oft, vielleicht erreichte ihn nichts. Ich zog mich in ihn zurück, wenn ich meine Ruhe haben wollte. Vielleicht wohnte meine Seele in ihm. Wenn ich es wollte, gab er noch Stunden nach dem Essen alles wieder her.

«Rückwärtsfresser!» schrie mein Vater mich an. «Weißt du überhaupt, wie widerlich du bist? Verfault bis oben hin! Nicht einmal eine Kuh ist so dämlich wie du; die frißt ihr Zeug wenigstens wieder!»

«Monika», säuselte er in anderen Situationen und verblüffte mich, daß er sich sogar an meinen Namen erinnerte. «Ich bin so traurig. Du tust mir weh, wenn du so etwas machst. Kind, du schadest dir doch bloß selbst! Du wirst noch so häßlich und dürr, daß dich kein Mensch mehr haben will.»

«Du auch nicht?» fragte ich.

«Ich auch nicht», sagte er und glaubte, mich damit zu schrecken. «Meinst du etwa, es macht Spaß, sich an dir blaue Flecke zu holen?»

Ich lachte. Er dachte wohl, sein Witz habe mir gefallen. Doch ich lachte, weil ich plötzlich etwas begriffen hatte, was er nicht begriffen hatte. Weil ich ihn überlistet hatte; vielleicht war ich blöd, aber er mußte noch blöder sein. Er hatte mir einen Weg gewiesen, ihm zu entkommen, und es selbst nicht gemerkt. Der einzige Ausweg war: mich zu zerstören und zu vernichten.

Das Wochenende in der Eifel begann so, wie Freizeit schöner nicht sein kann. Wir wanderten, sprangen über Bäche, lachten, spielten, badeten im hauseigenen Swimmingpool. Die Freunde meiner Eltern waren sehr reich – «stinkreich», wie meine Mutter kennerisch sagte. Ihr Haus war eine wunderschöne weiße Villa mit Hanglage und Blick bis hin zu Schneewittchen.

Georg, der sich bei jedem gleich wieder von seiner süßen Seite gezeigt und, wie mein Vater sagte, die Kennenlernstimmung entkrampft hatte, mochte die Leute nicht.

«Die sind doof!» meinte er. «Hast du gemerkt, wie der fette Sack dich beglotzt hat?»

Warum, frage ich mich, warum hatte *ich* dieses Gespür nicht? Warum ahnte ich nichts? Warum fiel ich aus allen Wolken, als dieser Mann mich abends am Swimmingpool zu befummeln begann?

«Hilfe!» wollte ich schreien. «Papa, hilf mir!»

Angstvoll suchten meine Augen die Umgebung nach ihm ab. Er mußte doch in der Nähe sein!

Der Typ war nicht stark, aber schwer. Mühelos drückte er mich mit seinem massigen Leib zu Boden. Dieser schnaufende, nach Knoblauch stinkende Atem an meinem Gesicht!

Sah ich wirklich meine Mutter vorbeigehen, Arm in Arm mit der Frau dieses noblen Herrn?

Und hörte ich sie wirklich lachen, als dieses Monster zum ersten Mal sein Ding in mich schlug und ich «Papa!» schrie? Drehte sie sich tatsächlich nach mir um? In Träumen, wenn ich diese Szene wieder und wieder erlebe, höre ich sie rufen: «Papa hat keine Zeit. Er steht nicht mehr auf dich, Schätzchen!»

Ich weiß nicht mehr, ob sie es wirklich sagte. Es ist auch nicht wichtig.

Doch warum tat *Papa* mir das an? Warum auch er? Wußte

er, daß meine Mutter mich an ihre eigenen Kunden verkaufte? Warf er mich jetzt als wertlos beiseite – so wie schon damals, als er von meinem Opa erfuhr?

Ich hörte einmal von einem Mädchen, das von seinem Vater mißbraucht wurde und dies einer Schulfreundin anvertraute. Diese reagierte sehr empört und nahm das mißbrauchte Mädchen mit nach Hause. Dort berichteten beide dem Vater, was dem mißbrauchten Mädchen angetan worden war, und baten ihn um Hilfe. Unter dem Vorwand, etwas aus dem Keller holen zu müssen, lockte der Mann – bis zu diesem Zeitpunkt ein tadelloser Familienvater – beide Mädchen mit sich und führte dort all die Greuel selbst an ihnen aus, von denen sie ihm vertrauensvoll erzählt hatten.

Ein andermal las ich in der Zeitung, eine Frau sei nach einer Vergewaltigung mit dem Taxi nach Hause gefahren. Als sie unterwegs dem Taxifahrer berichtete, was ihr widerfahren war, vergewaltigte dieser sie ebenfalls. Dabei sagte er ihr, er wolle ihr nur beweisen, daß guter Sex auch Spaß machen könne.

Ich spürte, daß diese beiden Fälle irgendwie mit mir zusammenhingen. Beide Männer erfuhren, was einem wehrlosen Opfer angetan worden war, wurden durch die Schilderung erregt und vergingen sich dann selbst auf womöglich noch abscheulichere Weise an ihm. Mein Vater erfuhr, was mein Opa mir angetan hatte, und tat es mir dann selber an. Zwei meiner Brüder erfuhren, was mein Vater mir antat, und taten es mir dann selber an. Dachte vielleicht jeder: «Die Alte» ist sowieso entehrt; wozu will ich noch moralische Skrupel an sie verschwenden?

Mißbraucht zu werden war ich schon gewohnt. Doch jetzt kam noch etwas Schlimmeres hinzu: das Gefühl, daß Papa mich von dem Sonderplatz in seinem Herzen verstoßen hatte. Hatte er erfahren, daß meine Mutter mich verkaufte? Konnte er mich nun ohne schlechtes Gewissen weiterreichen, mich als ein Tauschobjekt behandeln, das nur noch das wert war, was andere für mich boten?

Oder versuche ich jetzt nur wieder, meinen Vater zu entlasten? Nicht nur mir, sondern auch Ihnen einzureden, ich sei keiner besseren Behandlung würdig gewesen und habe selber schuld an dem, was mir geschah?

Nicht einmal Georg mochte ich mich nach dieser Nacht anvertrauen. Er hätte mir sowieso nicht helfen können. Warum sollte ich ihn unnötig noch mehr belasten? Die Geräusche der Nacht beunruhigten ihn schon genug.

«Hast du nichts gehört?» fragte er mich, als die Erwachsenen sich nach dem gemeinsamen Frühstück wieder zu Bett begeben hatten.

«Nö», sagte ich und versuchte mir den Schreck nicht anmerken zu lassen. Was konnte er gehört haben? Wie weit lag das Kinderzimmer, in das er einquartiert war, von dem Gästezimmer weg, in dem ich geschlafen hatte?

«Jemand hat geschrien», flüsterte Georg. «Ich glaube, es war diese komische Elvira.» Er wies mit dem Kopf auf einen Liegestuhl am Pool hin, in dem die Tochter unserer Gastgeber saß. Sie war zwölf. Beim Frühstück hatte sie total verheult ausgesehen.

«Geschrien?» Ich zuckte mit den Schultern, als interessiere mich dieses Gespräch absolut nicht.

Aber Georg ließ nicht locker. «Und wie!» sagte er. «So ganz hoch und lang. So wie auf den Kassetten, du weißt schon – aber noch viel schlimmer.»

«Keine Ahnung», gab ich zurück, während in meinem Kopf die Gedanken purzelten. Darum also war mein Vater mir nicht zu Hilfe gekommen! Nach wem wohl hatte Elvira vergeblich geschrien?

Georg schwieg. Endlich. Aber ich spürte, daß die Angelegenheit für ihn noch nicht erledigt war.

Würdest du noch leben, Georg, wenn ich in dieser so wichtigen Phase mit dir geredet, wenn ich dich ins Vertrauen gezogen hätte? Hast du geglaubt, nun finge auch ich damit an, vor dir Geheimnisse zu haben und Lügennetze zu spinnen? Dich auszugrenzen aus meinem Leben? Dich von mir zu stoßen, wie unsere Mutter dich von sich gestoßen hatte, als sie das erste Zeichen deines Lebens erhielt?

Du gingst mir nach diesem Gespräch, das keines war, aus dem Weg und nahmst dir vor, selbst herauszufinden, was geschehen war. Immer wolltest du ja alles wissen – und wenn noch so sehr feststand, daß es dir deswegen an den Kragen gehen würde. Ahntest du, daß es nicht unser letzter Besuch in diesem verflucht vornehmen Hause sein würde?

Was gäbe ich darum, jetzt mit dir reden zu können, Georg! Damals, als noch Zeit dazu gewesen wäre, konnte ich es nicht, weil ich mich so unaussprechlich schämte. Wie konnte ich mich nur so in den Schmutz ziehen lassen? Warum ließ ich mich nicht lieber erschlagen, als stillzuhalten und mich in einem Winkel meiner Seele zu verstecken, bis es vorüber war? Wieso wehrte ich mich nicht? Ich wußte doch, wie man Männer körperlich am sichersten schachmatt setzt. Ich war kräftig. Warum nutzte ich es nicht aus? Warum half ich mir nicht selbst?

Ja, ich schämte mich und haßte mich. Und ich hatte eine gewaltige Angst, Georg werde sich von mir abwenden, wenn er erführe, was ich mit mir hatte machen lassen. Würde er jetzt nicht auch sagen: «Selber schuld»?

Und was noch schlimmer war: Stimmte es womöglich gar? War ich nicht selber schuld, daß dieser vornehme Fettmolch sich an mich herangemacht hatte? Immerhin hatte ich nur einen Badeanzug angehabt, der, als er naß war, wie eine zweite Haut an meinem Körper klebte. Immerhin war ich Seite an Seite mit ihm geschwommen, hatte eine Wasserschlacht mit ihm gemacht, hatte seine stützenden Hände an meinem Rükken geduldet, als er mir zeigte, wie man – schön die Brust raus – «toter Mann» auf den Wellen spielte. Lachend hatten wir uns naß gespritzt. Als er mich ein paarmal aus dem Wasser hob und wieder fallen ließ, daß es nur so klatschte, hatte ich es als Gaudi empfunden – ja und auch genossen. Ich hatte mir nichts dabei gedacht.

Warum nur merkte ich nichts? Warum klingelten keine

Alarmglocken bei mir? Georg hatte es doch auch gemerkt. Sogar gewarnt hatte er mich. «Die sind blöd!» hatte er gesagt. Und ich Hohlkopf hatte es in den Wind geschlagen. Das Haus war super, der Pool war super, der ganze Tag war super, alles war super. Und ich war super beschränkt.

Wie lange war es schon her, daß Georg zu mir gesagt hatte: «Wir schließen einen Pakt. Wir verbünden uns. Wir müssen Leute finden, die der ganze Dreck hier genauso ankotzt wie uns. Wir müssen uns wehren»? Wie oft hatte er seither gedrängt, ich solle jemandem meine blauen Flecke zeigen, die Striemen, die Narben, die blutig unterlaufenen Bißstellen an meinem Busen und am Bauch?

Wenn ich ihm erzählt hätte, was am Swimmingpool passiert war, dann hätte er mir doch Vorwürfe machen müssen: «Hättest du auf mich gehört! Hättest du dich gewehrt, wäre es nicht passiert. Selber schuld!»

Wie hätte ich weiterbestehen sollen, wenn auch er begonnen hätte, mich zu verachten? Er war der einzige auf der Welt, der bisher alles von mir gewußt hatte und mich trotzdem liebte. Ihn zu verlieren, wäre über meine Kraft gegangen. Nein, es war unmöglich zu reden. Die Angst und die Scham waren das Schloß vor meinem Mund. Lieber hätte ich mir damals die Zunge abgebissen, als Georg in dieses neue Geheimnis einzuweihen.

Mein 16. Geburtstag markiert für mich den absoluten Höhepunkt des Grauens.

Schon seit dem vermaledeiten Wochenende in der Eifel hatte mein Vater, der sich sonst nie um meine Geburtstage geschert hatte, ein großes Brimborium gemacht. Er habe eine Überraschung für mich – und was für eine! Augen werde ich machen, die reinsten Kuhaugen, so toll sei sein Geschenk.

Am Morgen meines Geburtstags lag die ungeheure Überraschung auf dem Frühstückstisch: ein Aufklärungsbuch. Anschaulich bebildert, Seite für Seite. Pfui Teufel!

«Wenn man 16 wird, muß man als junge Frau schon mal an die Zukunft denken», sagte mein Vater salbungsvoll. «Ein junger Mann könnte eines Tages in dein Leben treten, na ja, man weiß doch, wie so was geht, Lena, nicht wahr? Und da gibt es ein paar Sachen, die man einfach wissen sollte. In so einem Buch, dachten wir, ist das alles viel besser dargestellt, als wir es dir erklären könnten. Beschäftige dich in aller Ruhe damit. Es ist so wichtig, ein positives Gefühl für diese Dinge zu entwickeln. Schließlich ist Sex die schönste Nebensache der Welt. Und das ist auch gut so. Nur Kranke oder Verklemmte können Sex nicht genießen ...» Und so weiter, und so fort.

Glaubte dieser Mensch etwa, was er da faselte? «Schönste Nebensache der Welt»! Daß ich nicht lache! «Einziger Lebenszweck», hätte er sagen müssen. Wie konnte man nur so lügen und dabei das unschuldigste Gesicht der Welt machen?

Das Buch, so viel war sicher, würde ich jedenfalls nicht

anrühren. Den Anschauungsunterricht kannte ich. Kein Bedarf mehr bis zum Nimmerleinstag.

Meine Gedanken drifteten ab. Ich hörte nicht mehr, welche Lebensweisheiten mein Vater noch absonderte. Plötzlich aber rissen mich zwei Namen in die Gegenwart zurück. «Theo und Hedi haben uns eingeladen. Ihr neues Büro wird heute eingeweiht. Ein schöner Rahmen für eine festliche Geburtstagsfeier, Monika, nicht wahr?»

«Und wir?» rief Georg, ehe ich antworten konnte. «Was ist mit uns?»

«Ihr bleibt bei Oma Grete und Tante Inge», sagte mein Vater. «Wenn Erwachsene feiern, gehören Kinder ins Bett.»

«Und wer kommt noch?» fragte Georg. «Garantiert Heike, diese alberne Zicke.»

«Nicht schlecht, Herr Specht!» grinste mein Vater. «Schnüffler leben länger, was?»

Zum Glück rettete Stefan die Situation, indem er eine in glänzendes Goldpapier eingewickelte Luftpumpe hinter dem Rücken hervorzauberte und sie mir mit den Worten überreichte: «Heute ist ein idealer Tag für die goldene Luftpumpe; 16 Jahre Panne im Kopf. Herzlichen Glückwunsch, Sie haben gewonnen!»

Alles lachte durcheinander, am lautesten ich. Ich war wirklich glücklich. So ein glänzendes Geschenk hatte ich noch nie erhalten. Typisch Stefan, immer einen netten Gag auf Lager.

Nur Georg konnte das gar nicht witzig finden. «Fies!» schimpfte er. «Mann, ist der gemein!»

«Miesepeter», lachte ich und ließ mir meine Freude über das witzige Geschenk nicht nehmen.

Die Bedeutung von Stefans Spruch ging mir erst Jahre später richtig auf. Panne im Kopf – Stefan hatte es klar erkannt. Vielleicht bedurfte es ernstlich einer goldenen Luftpumpe, um den Schaden zu beheben. 16 Jahre – höchste Zeit, endlich durchzublicken, eine Lösung zu finden, das eigene Leben in die Hand zu nehmen. Pech nur, daß der goldenen Luftpumpe keine Gebrauchsanweisung beilag.

Zumindest an diesem Geburtstag dachte ich nicht weiter, als die Nase lang ist. Theo und Hedi, entfernte Verwandte, waren mir bekannt, auch Heike, ihre Tochter. Wir sahen uns nicht oft. Bisher hatte ich sogar den Eindruck gehabt, mein Vater ginge ihnen bewußt aus dem Weg. Aber vielleicht projizierte ich nur mein eigenes Unbehagen auf ihn. Mir lag nämlich absolut nichts daran, diese Leute wiederzusehen. Theo hatte meinen Vater und mich einmal in ganz eindeutiger Situation überrascht. Was mußte er von mir denken?

Den ganzen Tag über versuchte ich, nicht an den Abend zu denken. Da ich Georg in die Ereignisse des Eifeler Wochenendes nicht eingeweiht hatte, konnte ich meine schwarzen Befürchtungen nicht einmal bei ihm loswerden. Heike würde dabeisein. Heike und ich. Zufall? Heike war 13, kaum älter als Elvira.

«Lieber Gott, mach, daß es nicht passiert!» Im stillen betete ich in jedem ruhigen Moment dieses Tages. Doch da ich selbst mir nicht helfen konnte, half Gott mir auch nicht. Die Lebensweisheit der goldenen Luftpumpe.

Wie absurd, daß Georg und Boris mich um den festlichen Abend glühend beneideten! «Einmal so ein Glück haben wie du und dann sterben!» meinte Boris. Georg widersprach nicht.

Mein Beten konnte die Zeit nicht anhalten. Es wurde schon früh dunkel an diesem zweiten Adventssonntag. Meine Mutter, die eine Ewigkeit im Bad verbracht hatte, sah aus wie eine ausgestopfte Vogelscheuche. Wußte sie, was auf uns zukam?

Als ich mich endlich überwunden hatte, sie zu fragen, was für eine Feier eigentlich geplant sei, verzog sie spöttisch den Mund. «Eine Überraschung. Papas Idee. Du wirst schon noch früh genug mitkriegen, was es ist.»

Mein Magen schmerzte. «Zieh aus!» befahl ich ihm stumm. «Mach dich klein!» Aber er gehorchte nicht. Mir war übel zum Erbrechen.

Georg und Boris brachen gleichzeitig mit uns auf. Wie gern wäre ich mit ihnen zu Tante Inge oder Oma Grete gegangen! Advent wurde bei ihnen mit viel Gepränge begangen. Schließlich waren wir gute Katholiken, die sich mit Ernst und Feierlichkeit auf die Ankunft Jesu vorbereiteten. Selbst mein Vater bekam vor Rührung feuchte Augen, wenn er sich an den festlich leuchtenden Adventskranz setzte und Weihnachtslieder anstimmte.

Bei Theo und Hedi erwartete uns kein Adventskranz. Ich bin nicht einmal mehr sicher, ob wir gemeinsam aßen. Gesprochen wurde auch nicht viel. Mit Heike konnte ich nicht ein einziges Wort wechseln. Die Erwachsenen sorgten dafür.

«Ein frühreifes, durchtriebenes Ding», hatte irgend jemand kürzlich über Heike gesagt. «Hat sogar schon einen Freund, mit 13! Na, wenn das meine wäre!»

Ich sehe das neue Büro noch genau vor mir, ringsum mit beigefarbenem Teppichboden ausgeschlagen. «Schalldicht!» wie Theo stolz verkündete. «Sieht einer noch, daß das hier mal eine Garage war?»

Ja, man sah es: Es fehlten die Fenster. Kein Rausschauen, kein Reinschauen. Absicht?

Die Angst verließ meinen Magen. Vom Nacken aus überzog mich Gänsehaut. Ich war gefangen im Netz der Angst.

«Komplett isoliert... Jede Menge Styropor... Völlig schalldicht... Zieht mal die Schuhe aus, wie weich der Teppich ist...»

Meine Erinnerung ist sehr unvollständig. Ich kann sie nur stückweise zulassen. Ich ertrage sie nicht. Bis jetzt hatte ich alles in mir verschlossen, hinter sieben Siegeln verdrängt. Ich wollte nichts mehr davon wissen. Ich wollte nicht, daß es geschehen ist.

Für dieses Buch mußte ich mich wieder und wieder in die Vergangenheit begeben, ein Siegel nach dem anderen aufbrechen. In Alpträumen verbanden sich das Gestern und das Heute zu Visionen einer schrecklichen Zukunft. Es war schwer, mir nicht nur rational, sondern auch gefühlsmäßig immer wieder klarzumachen, daß die Ereignisse vorbei sind und nie wiederkehren werden. Auf ein Schild schrieb ich in großen Buchstaben «Träume sind Filme im Kopf, keine Wahrheit» und hängte es so an die Wand, daß mein Blick darauf fiel, sobald ich die Augen aufschlug.

Wie dankbar bin ich für das geduldige Zuhören verständnisvoller Leute, zum Beispiel der Notrufzentrale, wenn ich nachts um drei oder vier aus unruhigem Dämmerschlaf auffuhr und mit jemandem über meine Angst sprechen mußte. Wie dankbar bin ich auch meinen Freunden, die mich immer wieder auffingen, trösteten, aufbauten und meine Qual zu der ihren machten. Und wie gut tut es, endlich ein Zuhause zu haben, dessen Tür sich nur öffnet, wenn ich es will, dessen Bett meines ist, dessen vier Wände mir Geborgenheit und Sicherheit vermitteln.

Mich zu erinnern stürzt mich in eine Panik wie die des Fallschirmspringers, dessen Schirm sich nicht entfaltet. Ich zerre hilflos an den Leinen, erlebe verzweifelt den freien Fall, habe meine Vernichtung klar vor Augen – bis der Schirm sich plötzlich doch öffnet. Jedes Erinnern ist ein neuer Absprung, ein neuer Sturz. Und jedesmal stellt sich von neuem diese entsetzliche Angst ein, einmal nicht mehr aufgefangen zu werden und endgültig abzustürzen.

Auch jetzt ist diese Angst da, während ich alle Kraft zusammennehme, mich zu erinnern und dabei dem Grauen standzuhalten, das aus dem Dunkel nach mir greift.

Heike war, wie gesagt, 13, drei Jahre jünger als ich. Sie hatte schon einen Freund. Vielleicht hielt sie heimlich Händchen mit ihm, vielleicht küßten sie sich auch und hielten einander im Arm. Es ist schön, geliebt zu werden und lieben zu können. Theo machte etwas Schmutziges daraus. «Sie treibt sich herum», sagte er. «Benimmt sich wie eine Nutte.»

In dieser Nacht sollte Heike erfahren, was einem Mädchen passiert, das sich mit Kerlen einläßt.

Ich war 16 geworden. Es war also Zeit, daß ich endlich in die hohe Kunst der Liebe eingeweiht wurde. Es war Zeit, daß ich endlich die volle Leistung einer erwachsenen Frau erbrachte.

Der Unterricht begann relativ harmlos – mit der Anprobe

meiner Geburtstagsüberraschung, einer kompletten Ledergarnitur. Mein Vater hatte keine Kosten gescheut, mir diesen seinen sehnlichen Wunsch zu erfüllen. Und da er sowieso schon dabei war, hatte er sich auch gleich selbst was gegönnt: ein Gerät, das ihm, fernab jeglicher gesundheitsschädigender Pillen und Tröpfchen, die ewige Härte verlieh. Es wurde umgeschnallt und über den Pimmel gestülpt. Ob klein oder groß, steif oder weich – was im «Halter» steckte, war immer bereit, eine Frau glücklich zu machen. Da der Vorteil eines solchen Wunderdings jedem Mann von der Art meines Vaters sofort einleuchtete, hatte sich Theo ebenfalls so ein Ding zugelegt.

Zum Vorspiel gab es Schläge. Heike und ich schlugen eher zaghaft – brave Töchter hauen ihre Papas nicht gern –, mein Vater und Theo indessen schlugen uns windelweich. Nieten, Riemen, Schmerzen satt.

«Damit die Hemmungen vergehen», sagte mein Vater. «Damit du lernst, deine Gefühle aus dir herauszulassen. Damit du wie eine Frau reagierst. Der Urschrei muß raus!»

Theo konnte es kaum erwarten, endlich seinen Penishalter zu testen. Mein Vater hatte natürlich Verständnis für seinen Tatendurst. «Er mit dir!» wies er mich an. «Bei den Scheichs in der Wüste erweist man einem Freund so die Ehre. Da ist die Frau noch etwas wert; da ist es eine Beleidigung, wenn man so ein Geschenk ablehnt. Also hab dich nicht so! Er paßt schon auf. Nicht wahr, Theo?»

Theo grinste. «Und sie mit dir», sagte er, während er Heike an den Haaren zu meinem Vater zerrte. «Sie ist noch Jungfrau. Aber da bist du ja Spezialist.»

Sie fesselten uns die Hände aneinander, so daß keine von uns Mucken machen konnte. Zuerst beglückte mein Vater Heike und dann ihr Vater mich. Die widerlichen Instrumente, die sie umgeschnallt hatten, wurden rücksichtslos in uns hineingezwängt. Heike schrie, schrie, schrie. Kleine Robben schreien so, wenn man sie bei lebendigem Leib häutet. Ich sah es einmal in einem Film; ich mußte aus dem Kino rennen und mich übergeben. Aber auch Irre schreien so, wenn sie sich selbst umklammern in ihrer schrecklichen Verlassenheit.

Ich weiß nicht mehr, wie oft sie uns nahmen. Schließlich befahlen sie mir, Fotos zu machen, während sie zu zweit über Heike herfielen.

Ihr herzzerreißendes Schreien, ihr Flehen! Und das Bewußtsein, im Nebenraum, zum Greifen nah, vergnügten sich auf ihre Weise unsere Mütter, die uns geboren, uns diesen Vätern geschenkt hatten – und kamen nicht, halfen nicht, retteten uns nicht!

Zwischen Schmerz und Ekel, inmitten wortlosen Grauens, fiel es mir wieder ein, daß dieser Raum schalldicht war. Unsere Mütter hörten uns gar nicht. Auch wenn sie uns vielleicht wirklich hätten helfen wollen, wenn sie gemerkt hätten, was hier geschah – sie hörten nichts, weder Heikes Schreie noch das perverse Gestöhne der beiden Männer. Niemand hörte, was sich in diesem Teppichsarg abspielte. Und selbst wenn sie uns hier zu Tode liebten, unsere Väter, würde es niemand hören.

Ich funktionierte wie ein Roboter. Fotoapparat am Auge, durch den Sucher geschaut. «Jetzt!» kam der Befehl. Klick – drückte ich ab.

Sie zerrten an Heike herum, verrenkten ihr Arme und Beine, rückten die verborgensten Stellen ihres Mädchenkörpers ins rechte Licht. Ein Toter wird würdiger behandelt.

Heike war nicht tot, nicht im strengen Sinne des Wortes. Sie schrie nicht mehr. Ihr Mund war spermaverschmiert, weit offen rang er nach Luft und atmete wimmernd aus.

Ihre Augen klagten mich an. Nach jedem Blitz ein Telegramm zwischen Gehirnen: Du bist wie sie – Blitz – Machst mit ihnen mit – Blitz – Schändlich, verkommen, gemein...

Und hatte Heike nicht recht? Wie durfte ich mich beklagen, von diesen Schweinen mißhandelt worden zu sein, wenn ich doch offensichtlich selbst voll Eifer bei der Sache war. Die Fotos waren der Beweis. Mein Vater würde sie herumzeigen, in seine dreckigen Alben kleben und prahlen: «Meine Tochter hat sie aufgenommen. Ist ihr Hobby. Macht ihr viel Spaß.»

Wie sollte ich von nun an jemals beweisen, daß ich unschuldig bin? Jeder konnte doch sehen, wie verdorben ich war:

Fotografierte meinen eigenen Vater beim Sex mit einem anderen Mädchen! «Tut man das, wenn man nicht selbst Spaß daran hat?» würde man sagen und mich davonjagen. «Verführt den eigenen Vater! Sie ist eine Hure, eine dreckige kleine Nutte. Nimmt ihrer eigenen Mutter den Mann weg. Sodom und Gomorrha! Zur Salzsäule soll sie erstarren, die Sünderin!»

Und Heike? Niemals wieder würde ich ihr in die Augen blicken können. Nie würde sie mir diese Fotos verzeihen. Nie werde *ich* sie mir verzeihen.

Bisher hatte ich mir mit meiner Feigheit nur selbst geschadet. Doch jetzt war erstmals ein anderer Mensch durch mich zu Schaden gekommen. Nie hätte ich meiner Feigheit nachgeben dürfen! Lieber hätte ich in Kauf nehmen sollen, was mein Vater mir androhte, als ich den Apparat nicht annehmen, die Linse nicht einstellen, den Druckpunkt nicht berühren wollte. Hätte er mich doch totgeschlagen! Er hätte dann Tante Inge und Oma Grete herbestellen und ihnen zeigen können, was ich mit ihm getrieben und wozu ich Theo und Heike gezwungen hatte!

Wie sollte ich Georg unter die Augen treten nach dieser Wahnsinnstat?

«Warum fühlst du dich schuldig?» fragten mich meine Therapeuten und engsten Freunde immer wieder. «Du konntest doch nichts dafür.»

Nein? Konnte ich wirklich nichts dafür? Bin ich unschuldig, obwohl mein Körper im Spiel war?

Meine Eltern und Verwandten haben mir wieder und wieder zu verstehen gegeben, ich sei ein schlechtes Kind. «Du kannst nicht lieben!» warf meine Mutter mir vor. «Du kannst nichts von dir hergeben, nicht teilen. Du bist ein Egoist!» – «Du bist schuld, daß ich dir nicht widerstehen kann!» klagte mein Vater mich an. «Wenn du unser Geheimnis verrätst, sperrt man dich ein.» – «Du bist ein undankbares, verlogenes Ding!» schimpfte Tante Inge. «Wer so häßliche Dinge über seinen Papa sagt, kommt in die Hölle.» – «Das tut nur der Mann im Busch», sagte Oma Grete. «Wie kannst du dir nur so schmutzige Lügenmärchen ausdenken!»

Und plötzlich soll ich daran glauben, daß ich unschuldig bin? Die Menschen, die es mich glauben machen wollen, wissen ja nicht mehr von mir als das, was ich mir abgerungen habe, ihnen zu erzählen.

Können Sie ermessen, wie schwer mir dieses Umdenken und Umfühlen fällt? Ich bin 25 Jahre alt und beginne eben erst zu erkennen, daß ich ein Recht auf Leben habe, auf Freiheit und Unversehrtheit meiner Person, ein Recht auf ein Leben ohne Mißbrauch.

«Was hättest du tun können?» Auch dies ist eine Frage, die mich spaltet. Wenn es um irgendein fremdes Schicksal und nicht um mein eigenes ginge, würde ich antworten: «Dieses Mädchen, dieser Junge war ein Kind. Ein Kind kann nichts tun. Es kann sich nicht wehren.» Doch da ich es bin, um die es geht, habe ich keine Antwort. Mein Bewußtsein, als Kind hilflos gewesen zu sein, steht noch auf ganz wackligen Füßen.

«Ich hätte vielleicht schreien können», antwortete ich, als mir die Frage, was ich hätte tun können, erstmals von meinem Therapeuten gestellt wurde, und dachte an Georg, der mich so oft dazu aufgefordert hatte.

«Hast du es versucht?»

Ich wußte nicht, ob ich den Kopf schütteln oder nicken sollte. «Nicht so direkt. Ich hab's zu erzählen versucht.»

«Hat es was gebracht?»

«Nein», sagte ich. «Keiner hat es geglaubt. Nicht einmal meine Mutter.»

«Warum nicht?»

Solche Fragen rühren an Wunden. Ich wußte keine Antwort.

«Nimm deine Mutter in die Zange», sagte mein Therapeut. «Frag sie, warum sie dir nicht geholfen hat. Stell sie zur Rede!»

19 Jahre mußte ich werden, ehe ich, nachdem ich mir genug Mut angetrunken hatte, die entscheidende Frage an meine Mutter stellte – eine Frage, die mir seit meinem 16. Geburtstag das Zusammensein mit dieser Frau unerträglich gemacht hatte.

In dieser Zeit hatte ich angefangen, alles zu lesen, was mir über Inzest in die Hände fiel. Das Buch «Väter als Täter» von Kavemann und Lohstöter las ich zuerst. Dabei stieß ich auf eine Passage, in der beschrieben wird, wie ein Vater über seiner Tochter kniet und sein Wasser auf ihr abläßt. Dies zu lesen war damals eine ungeheure Erleichterung für mich. Zu erfahren, daß nicht nur ich von meinem Vater immer wieder angepinkelt wurde, war ungefähr so, als entdeckt man plötzlich, kein Marsmensch zu sein.

Ich kam irgendwie auf die Idee, die Textpassage rot anzustreichen und meiner Mutter vorzulegen. Vielleicht könnte ich sie damit aus der Reserve locken. Zunächst aber mußte ich geschickt einen Gesprächsbeginn finden, der meine Mutter nicht gleich an die Decke gehen ließ.

Sie lag mal wieder mit einem ihrer Romanheftchen auf dem Sofa. Mein Vater war nicht zu Hause und würde auch nicht so rasch zurückkommen. Die Gelegenheit war günstig. Ich versuchte, so kühl und unaufgeregt zu wirken wie möglich.

«Du, was ich immer schon mal wissen wollte: Wie hast du das damals mit den Losen angestellt? Ich meine, weil du doch wolltest, daß ich zu Papa reinging, und dann auch der Zettel mit meinem Namen gezogen wurde.»

Meine Mutter legte alarmiert das Heft zur Seite. «Ganz einfach für jemand mit Grips.» Sie grinste. «Drei Zettel, ein Name.»

«Und wieso gerade meiner?» fragte ich, das Buch hinter dem Rücken versteckt.

«Bist du seine Beste oder nicht?» fragte meine Mutter zurück.

«Quatsch!» antwortete ich heftig. «Du bist seine Beste.»

«Ach ja?» Meine Mutter funkelte mich wütend an. «Darum bringt er dir ständig was mit? Darum schenkt er dir dauernd Klamotten? Darum geht er mit dir in die Kneipe, ins Kino, zum Eisessen, überallhin – weil ich seine Beste bin, ja?»

«Was bist du für eine Mutter, wenn du eifersüchtig auf deine Tochter bist?» Ich fing an zu schreien. «Kapierst du denn nicht, daß ich meinen Vater als Vater mag, aber nicht deinen Mann als meinen Mann? Wenn er mir Zeug schenkt, dann doch bloß, weil ich noch kein eigenes Geld habe, um mir etwas zu kaufen. Du hast welches. Wenn du dich für ihn schön machen willst, kannst du es dir selber kaufen.»

«Ich?» Meine Mutter lachte unecht auf. «Ich habe sowenig Geld wie du. Hast du vergessen, wie es ist, wenn ich mir mal etwas nehme? Und außerdem kann ich mich nicht einfach so schön machen. Für andere, da kann ich alles, doch für mich kann ich nichts. Nicht einmal meinen Mann kann ich für mich haben!»

«Aber du hast ihn doch!» rief ich. «Du bist doch mit ihm verheiratet!»

«Ja», sagte meine Mutter, «aber ins Bett will er lieber mit dir – was weiß ich, weshalb. Bin ja nicht dabei. Vielleicht kannst du irgendwas, das ich nicht kann. Außerdem hast du eine tolle Figur. Ich bin bloß noch fett, hab's ja auch dauernd an der Schilddrüse gehabt und zuviel gefressen. Er behauptet immer, er steht auf dicke Frauen; und ich wollte ihm gefallen. Ich wollte echt gut für ihn sein – besser als du, damit er dich in Ruhe läßt und mir gehört. Aber ich hab's nicht geschafft. Nichts habe ich geschafft, ganz egal, was.»

«Und trotzdem hast du das mit den Losen gemacht und mich zu ihm geschickt?» rief ich. «Hast du auch gewußt, was er mit mir machen würde? Du hast es immer gewußt, nicht wahr?» Jetzt hatte ich sie! «Lies!» Ich hielt ihr das Buch vor die Augen. «Das Rote! Hast du gewußt, daß er das mit mir macht? Daß er mich zum Anpinkeln gern hat? Und daß er mir Arme und Beine am Tisch festbindet, weil er mich dann so toll im Griff hat, daß er mich besoffen ankotzen und dann stundenlang in seinem Zeug sitzen lassen kann – damit ich kapiere, wie das für ihn ist, wenn er mein Rückwärtsessen ertragen muß? Hast du das gewußt? Und der Töchtertausch, das mit Heike? Warum hast du nichts gemacht? Warum hast du das erlaubt?»

Meine Mutter preßte die Hände vor den Mund. Keine Antwort ist auch eine Antwort. Aber ich war noch nicht fertig.

«Bildest du dir ernstlich ein, daß so ein dreckiger Scheiß schön ist, daß ich das gern mitmache? Mensch, ich weiß aus

Büchern und aus der Therapie, daß 95 Prozent aller Prostituierten auch mal so angefangen haben. Aber du mußt es ja aus eigener Erfahrung wissen. Guck doch, wozu die Spielchen deines Vaters geführt haben! Und ist ein Callgirl, oder wie immer du dich nennst, etwa keine Nutte?»

Meine Mutter begann zu weinen – mit starrem Gesicht, mit derselben toten Miene, die ich selbst oft aufsetze. «Doch», flüsterte sie. «Ich bin einfach nie da rausgekommen. Ich hab' gekämpft. Ich wollt' nicht in so einem Loch wie hier landen. Ich wollt' so viel. Nichts ist daraus geworden. Ich hab's nicht geschafft.» Auf einmal blickte sie mir ins Gesicht. «Ich hab's nicht einmal für dich geschafft. Ich hab's versucht, irgendwie. Und du schaffst es auch nicht. Am Anfang vielleicht, wenn du hier raus bist, aber später, ich bin sicher, da hast du das Problem auch. Da kommst du nicht raus. Solche wie wir erreichen nichts im Leben.»

Meine Mutter stand auf und verschwand in der Küche. Wir sprachen nie wieder in ähnlicher Weise miteinander. Es hätte ein Traum gewesen sein können. Aber wir wußten beide, daß es diese kurze schmerzhafte Begegnung wirklich gegeben hatte.

Mehr denn je sah meine Mutter mich nach diesem Gespräch als ihre Feindin an. Ich glaube, sie litt daran, daß ich ihr auch in punkto Vergangenheitsbewältigung überlegen war. Ich hatte es geschafft, eine Therapie zu beginnen, Bücher zu lesen, mich zu informieren und vor allem über meine Probleme zu reden. Ich lernte, nein zu sagen. Ich war mit meinen 19 Jahren schon viel weiter aus unserem gemeinsamen Abgrund herausgekrochen, als sie es je für möglich hielt. Wieder war sie die Versagerin.

Vielleicht fragen Sie sich, warum ich meine Mutter nicht unmittelbar nach meinem 16. Geburtstag, nach der schlimmsten Erniedrigung meines Lebens, zur Rede stellte. Warum ich drei Jahre brauchte, bis ich den Mut hatte, sie mit meinen Fragen zu konfrontieren.

Ganz einfach, ich war mit 16 noch ein völlig unreifes Kind.

Noch immer lutschte ich am Daumen, schlief mit meinem Plüschtier im Arm, hatte Angst im Dunkeln und ein absolut gestörtes Verhältnis zu meinem Körper. Ich sah aus wie 16, hatte jede Menge Sexerfahrung und eine Abtreibung hinter mir, doch innerlich war ich irgendwie noch immer das kleine Mädchen von vier Jahren, dessen Seele einen solchen Schock erlitten hatte, daß sie wie gelähmt war. Ich war damals, mit 16, unfähig, jemanden zur Rede zu stellen. Ich konnte nicht einmal mit Georg reden. Was konnte ich überhaupt?

Dennoch mache ich ihr Vorwürfe, der Monika mit 16. «Du warst doch kein kleines Kind mehr! Du wußtest doch genau, was geschah! Hättest du dich doch nur umbringen lassen! Oder hättest du dich wenigstens gewehrt! Nichts wäre schlimmer gewesen als deine absolute Untätigkeit.»

Werde ich jemals das Gefühl überwinden, ich sei schuld an Georgs Tod, weil ich ihn im Stich ließ, als er mich bat, mit ihm gemeinsame Sache zu machen und mich zusammen mit ihm zu wehren? Werde ich mir jemals verzeihen, daß ich schwieg?

Die Zeit zwischen meinem 16. Geburtstag und Ostern 1984 war ein einziges Chaos. Unsere Wohnung schien nur noch aus Sexmagazinen, Sexfilmen, Sexkassetten und dergleichen zu bestehen. Schon längere Zeit hatte Boris immer interessierter zugeschaut, wie Stefan sich selbst befriedigte. Es schien ihm zu gefallen. Allmählich wurde aus Zugucken Anfassen. Und plötzlich betrieben sie ihre Onanie zu zweit.

Georg und ich mußten zwangsläufig mit ansehen, mit anhören, was passierte. So oft wie irgend möglich flüchteten wir zu Verwandten und versuchten es so einzurichten, daß wir dort auch übernachten konnten. Georg besuchte meist Oma Grete, während ich häufiger bei Tante Susanne war, der Schwester meiner Mutter, die Lehrerin geworden war.

Da sie und Onkel Oskar endlich das lange vergeblich gewünschte Kind bekommen hatten, bot sich für mich immer wieder Gelegenheit, Babysitter zu spielen. Ich freute mich immer sehr auf das Baby. Wie schön es war, einen so kleinen, zarten Körper zu pflegen und zu streicheln. Zärtlichkeit ohne Bezahlung – ich war so glücklich, daß so etwas möglich war!

Mit offenen Augen und Ohren verfolgte ich es, wenn Tante Susanne Schulanekdötchen zum besten gab, Onkel Oskar von seiner Tätigkeit als Richter erzählte und beide sich natürlich über ihr Kindchen unterhielten. Sie tauschten Erfahrungen aus, lachten zusammen, trösteten und beruhigten einander. Es war schön für mich und traurig zugleich.

Zwischendurch radelte ich zu Tante Inge, sooft ich auch nur

ein halbes Stündchen erübrigen konnte. Tante Inge war nämlich krank. Brustkrebs. Daran konnte sie sterben. Mein Vater war außer sich, als er davon erzählte.

«Weißt du, wovon man Krebs bekommt?» schrie er mich an. «Wenn man sich aufregt. Und über wen hat sie sich aufgeregt?»

Niemand wagte ein Wort. Alle starrten mich an.

«Natürlich über unsere Alte!» schrie mein Vater und schlug mit der Faust auf den Tisch. «Hätte die sich an die Spielregeln gehalten und nicht lauter Lügen verbreitet, die Tante Inge alle mit anhören mußte, wäre der Krebs nie ausgebrochen.»

Ich konnte nichts dazu sagen. In mir war alles kalt und seltsam verhärtet. Krebs — was war das, wenn man daran sterben konnte? Etwas wie Malaria oder die Pest? Ansteckend?

Wenn Tante Inge sterben mußte, wollte ich auch sterben. An genau derselben Krankheit. Dann würden sie uns nebeneinander in ein Grab legen. Da wären wir nie mehr allein. Doch sooft ich Tante Inge, die langsam wieder von der schweren Operation genas, auch besuchte – ich wurde nicht krank.

Tief unglücklich gestand ich Tante Susanne ein, warum ich in letzter Zeit so selten zu ihr kam. «Papa sagt, ich bin schuld, daß Tante Inge Krebs hat. Er sagt, ich bringe die Leute dazu, krank zu werden. Deshalb besuche ich sie jetzt so oft wie möglich.»

Tante Susanne bekam vor Zorn finstere Augen. «Einen solchen Unsinn hat ja die Welt noch nicht gehört», sagte sie. «Keiner ist schuld daran. Und du schon gar nicht. Krebs bekommt man auch nicht aus Ärger.»

Ich hätte so gern erleichtert aufgeatmet. Aber sagte Tante Susanne die Wahrheit? Oder wollte sie mich nur davon abbringen, Tante Inge so oft zu besuchen?

«Tante Inge hat mir von deinem Herzenswunsch erzählt», sagte Tante Susanne. «Möchtest du wirklich so gern nach Berlin?»

Berlin! Während meiner Kur hatte ich ein Mädchen aus Berlin kennengelernt und mich ein wenig mit ihr angefreundet. Wir schrieben eifrig Briefe. Zu meinem Geburtstag hatte sie mir die Einladung geschenkt, sie für ein paar Tage zu besuchen.

«Hast du deine Eltern denn schon gefragt?» wollte Tante Susanne wissen.

«Ja», sagte ich und hatte Tante Inge für einen Moment völlig vergessen. «Aber er hat's noch nicht erlaubt.»

«Soll ich bei ihm ein gutes Wort für dich einlegen?» Tante Susanne lächelte.

So kam es, daß mein Vater mir einige Tage später erlaubte, nach Berlin zu reisen. Allerdings nur unter einer Bedingung: «Du mußt brav sein bis zu deiner Abreise. Mach mir nur einmal Ärger, und die Chose platzt. Also, du hast die Wahl!»

Brav sein, das bedeutete, die Ledersachen wurden ausgiebig genutzt. Ich war brav und machte alles mit: Töchtertausch, Sexclubbesuche, fremde Männer, die für mich bezahlten. Ich war brav und weigerte mich nicht, schrie nicht, weinte nicht.

Ich war schreckhaft und übernächtigt. In keiner Nacht mehr Ruhe, nur Panik. Ich hatte auf Stefans Nachttisch ein Sexmagazin gefunden, dessen Titelstory von einem 16jährigen Mädchen handelte, das nach der Schule Gruppensex machte und abends in dem Club, den auch ich mit meinem Vater besuchte, auf Männerfang ging. Von Angst getrieben, zerriß ich das Heft und ließ es im Müll verschwinden. Wer hatte es schon gelesen? Stefan, Boris, mein Vater?

Ich klammerte mich förmlich an Georg, nachts, wenn es überall zu stöhnen begann. Wie, wenn das verfluchte Heft Ideen geweckt hätte? Wenn sie verlangten, ich solle es nachmachen?

Meine Freß- und Brechsucht nahm kaum noch finanzierbare Ausmaße an. Meine Schulleistungen sackten in den Keller wie noch nie. Da ich nicht weinen durfte, war es wegen meiner Wutanfälle nicht mehr auszuhalten mit mir.

Ich begann mich zu kratzen, wo ich nur ging und stand. Es juckte und brannte überall auf meiner Haut. Mir war, als müsse ich faßweise Spülmittel über mich gießen, um einmal wieder sauber zu werden. Mein Magen übernahm es, um Hilfe zu schreien. Resultat war ein merkwürdiges anhaltendes Aufstoßen, das ich weder bei Tisch noch im Gespräch unterdrükken konnte. Ich hatte wohl zuviel hinuntergewürgt, das nun unverdaulich im Magen lag.

Tante Susanne sprach mich eines Tages darauf an. «Was ist dir denn zu Hause so zuwider, daß du es kaum noch bei dir behalten kannst? Willst du mir nicht verraten, was bei euch los ist?»

Das Geheimnis! Ich redete von zuviel Arbeit im Haushalt, erzählte, wir würden nie gelobt, keine Anerkennung finden. Aber von dem, was mir ernstlich im Magen lag, verlor ich kein Wort.

«Ich verstehe dich nur zu gut», sagte Tante Susanne. «Bei uns zu Hause ging es ähnlich zu. Wir mußten auch immer Leistung bringen und funktionieren, ohne daß wir mal ein Lob bekamen. Das tut weh. Deine Mutter hat diese Dinge wohl am schlimmsten erlebt. Sie hatte es nicht leicht. Glaub mir, auf ihre Weise hat sie euch alle lieb. Sie kann es nur nicht so zeigen.»

Das böse Lachen, zu dem ich ansetzen wollte, schluckte ich hinunter.

«Ich mach' dir einen Vorschlag, Monika», fuhr Tante Susanne fort. «Schreib doch einmal alles ganz genau auf, was dich so stört. Nach ein paar Tagen prüfst du deine Liste, damit du dir darüber klar wirst, ob du nicht manches vielleicht zu eng gesehen hast. Und dann legen wir die Liste gemeinsam deinen Eltern vor. Ich rede mit ihnen. Du wirst sehen, alles wird gut.»

Bevor ich antworten konnte, kam Gott sei Dank Onkel Oskar nach Hause. Warum umarmte er Tante Susanne so ganz anders als mein Vater meine Mutter?

«Stell dir vor, wir hatten heute einen Fall von Inzest vor Gericht», sagte Onkel Oskar und zog Tante Susanne mit sich. Er hatte mich anscheinend noch gar nicht entdeckt. «Wie kann ein Mann seinem eigenen Kind nur so etwas antun?»

Inzest. Das, was Papa mit mir tat, hatte also einen Namen. Und es stimmte, was Georg mir mal gesagt hatte: Wer so etwas tat, kam vor Gericht und wurde bestraft.

Tante Susanne sah krank aus. «Diese Kopfschmerzen», klagte sie leise und drückte die Finger an die Schläfen. «Ich habe das Gefühl, sie werden von Tag zu Tag schlimmer.»

Arme Tante Susanne! Wie mitgenommen sie plötzlich aussah, als sie ins Badezimmer ging, um eine Tablette zu schlukken.

Onkel Oskar blickte ihr besorgt hinterher. Jetzt erst fiel sein Blick auf mich. «Ach, du bist da. Guten Tag, Monika. Wie geht's? Bißchen grün um die Nase. Dir ist doch nicht schlecht?»

Ich schüttelte den Kopf. «Du, Onkel Oskar», sagte ich, «wenn da ein Mädchen ... ich meine, aus unserer Stadt, aber das ich nicht kenne ... Wenn also so eine mit ihrem Vater Dinge tun muß, die sie nicht will, bist du dann da auch der Richter?»

Mein Onkel sah mich merkwürdig prüfend an. Was wußte er? Was ahnte er? Warum fragte er nichts? War es die Schande, die ihn schweigen ließ? Die Schande, daß seine Frau vielleicht auch mißbraucht worden war als Kind? Oder daß sein Kind aus einer Familie stammen könne, die perverse Männer und seelisch zerstörte Frauen hervorgebracht hatte?

«Nein», sagte er nach einer langen Pause. «Was in deiner Stadt passiert, geht mich nichts an, da bin ich nicht zuständig. Da müßtest du schon jemand anderen um Rat bitten.»

Ich konnte nicht antworten. Wie Moorblasen quoll es aus meinem Bauch herauf. Ein neuer Versuch, das alte Pech. Ich würde Georg nichts davon erzählen. Warum auch? Es war ja nichts geschehen.

Weihnachten ging vorüber. Bescherung, Christmette, wir waren eine wunderbare Familie. Kurz vor Silvester erhielt ich zum ersten Mal Beruhigungstabletten verschrieben. Kurz nach Neujahr nahm ich eine Überdosis davon.

«Du hast versprochen, daß du es nie wieder versuchst», warf Georg mir vor. «Du hast versprochen, du läßt mich nicht im Stich.»

«Wollt' ich ja auch nicht», sagte ich. «Ich wollte nur, daß ich nichts mehr mitkriege, daß Schluß ist mit allem. Kapierst du das nicht?»

«Von mir aus. Mach doch, was du willst», erwiderte Georg. «Ich bin sowieso bald nicht mehr, dann ist es eh egal.»

«Ach, Schorschi.» Ich nahm ihn nicht ernst. «Jetzt spiel nicht die beleidigte Leberwurst. Ich bin ja da. Komm, laß den Quatsch, ja?»

«Vergiß es», sagte Georg, «das Leben geht weiter. Aber bilde dir bloß nicht ein, ich heule, wenn du bei dem Scheiß mal hopsgehst, du blöde Kuh!»

Er nahm mich in die Arme.

Nur ein paar Zentimeter fehlten noch, dann wäre er so groß wie ich.

«Du bist schon gar kein kleiner Bruder mehr», murmelte ich und löste mich aus seinen Armen.

Boris war mir eingefallen. Er war 14. Er fing an, das zu tun, was Männer tun. Wenn Stefan sich selbst befriedigte, spielte er mit. Es schien beiden zu gefallen. Manchmal kam ein ungutes Gefühl in mir hoch, wenn Boris mir gute Nacht sagte. Seine Hände streichelten irgendwie anders als früher. Nicht mehr nur lieb. Sein Streicheln erinnerte mich daran, wie es mit meinem Vater begonnen hatte. Mein Busen und mein Bauch schienen auf Boris eine magnetische Anziehungskraft auszuüben. Und immer öfter beobachtete ich, wenn er sich abwandte oder zu Georg ins Bett warf, daß er eine Erektion bekommen hatte. Da meine Brüder nackt schliefen, konnte er es nicht verbergen.

Ich schämte mich meiner Angst. Boris war mein Bruder. Noch nie hatte er mehr versucht, als mich zu streicheln. Wie konnte ich ihm nur böse Absichten unterstellen. Pfui, Monika, er ist jünger als du, er ist ein Kind!

Ich mußte an Stefan denken, an Boris – und jetzt auf einmal auch an Georg. Er war zwölf. Ich dachte daran, was mir mit zwölf widerfahren war. Auch Elvira war zwölf gewesen. Waren auch Jungen mit zwölf alt genug, um ...

Georg spürte, was in mir vorging. «Ich werde nicht so», sagte er. «Ich nicht. Verlaß dich drauf!»

«Ich weiß!» sagte ich. Mir war merkwürdig zumute, irgendwie zum Weinen und zum Um-mich-Schlagen, zum Wegrennen und zum Brüllen. Ich hätte gern mehr gesagt. Nur wie? Mir war, als gäbe es da etwas zwischen Georg und mir, woran ich nicht rühren dürfe, sonst würde es zerbrechen.

In diesen düsteren, verzweifelten Winterwochen des neuen Jahres waren Berlin und die Aussicht auf ein paar Tage ohne Mißbrauch die Hoffnung, die mich am Leben erhielt.

Georg beneidete mich glühend. «Du kriegst alles», sagte er. «Für dich macht der Alte immer Geld locker. Und wir, wir gucken in die Röhre.»

«Für drei Wochen Urlaub in Berlin würde ich mich auch von ihm abfummeln lassen», fügte Boris hinzu.

Mit einem Wutschrei stürzte ich mich auf ihn. Den Nachbarn unter uns muß die Lampe von der Decke gefallen sein, so hoch ging es her bei uns. Aber schließlich bekam ich einen solchen Tritt ans Schienbein, daß ich umfiel wie ein nasser Sack und erst einmal genug hatte. Ein furchtbarer Bluterguß am Bein, eine kaputte Bluse – Boris hatte bewiesen, wer der Boß war.

Als er abends in mein Bett kam, um mir gute Nacht zu sagen, dachte ich, es sei eine seiner stummen Entschuldigungen. Wir hatten uns oft miteinander versöhnt, indem wir uns im Bett aneinanderkuschelten.

«Vertragen wir uns wieder?» fragte er.

Ich wußte, wie schwer es ihm fiel, solche Worte auszusprechen. Wäre Georg oder Stefan im Kinderzimmer gewesen, hätte er es nie fertiggebracht. Aber Georg war bei Oma Grete, und Stefan übernachtete schon lange nicht mehr regelmäßig zu Hause.

Um Boris zu zeigen, daß ich mich mit ihm aussöhnen wollte, legte ich den Arm um ihn. «Von mir aus. Ich hab' ja angefangen.»

Boris grinste. Seine Finger krabbelten über meinen Bauch zum Mund. «Kommt ein Bär, der tappt so schwer», sagte er dabei. «Kommt eine kleine Maus, schlüpft in ihr Haus.» Das

Haus war mein Ohr. Ein Kleinkinderspiel. Es war süß. Wir mochten es alle.

«Weißt du was?» Boris kicherte. «Jetzt spielen wir Mama und Papa.»

Ich dachte mir nichts dabei. Wir hatten schon oft Mama und Papa gespielt, früher.

«Du bist Mama», sagte Boris und drückte mir ein Pornoheft in die Hand. «Guck dir das ganz genau an.»

«Bist du verrückt?» schrie ich, wütend und ängstlich zugleich. «Hast du sie nicht mehr alle?» Ich versuchte, Boris abzuschütteln. Er lachte nur. Er war stark, viel stärker als ich. Seine Hände waren dreist, aber nicht brutal. Meine Mutter hatte ihn gründlich angelernt.

«Hör auf!» schrie ich und trommelte mit den Fäusten auf ihn ein. «Ich sag's Papa!»

Boris lachte, während er über mir kniete und zurückzuschlagen begann. «Du willst was sagen, ausgerechnet du? Wer ist hier älter, du oder ich? Seit wann verführt einer, der jünger ist, eine, die älter ist? Wenn du das Maul aufreißt, sage ich, wie's wirklich war – nämlich daß du mich gezwungen hast. Dann wollen wir doch mal sehen, wem dein heiliger Papa wohl eher glaubt.»

«Du lügst!» schrie ich. «Papa weiß genau, daß ich keinen zwinge. Er schlägt dich zusammen. Er macht dich fertig. Hau ab! Laß mich in Ruhe!»

«Was, du zwingst mich nicht?» keuchte Boris. «Meinst du, ich bin aus Stein, oder was? Liegst hier nackt rum und machst mich an. Wer hier wohl wen verführt! Dir zeig' ich's! Halt still!»

Mit den Händen drückte er meine Arme zurück, während er in mich eindrang. Es machte ihm nichts aus, daß ich mich unter ihm wand und drehte. Es schien ihm zu gefallen. Weinend hielt ich still und versuchte nur noch, seinen Lippen auszuweichen. Wenigstens küssen sollte er mich nicht – nie mehr!

«Wenn du die Klappe aufmachst», sagte er hinterher und benutzte meine Hand, um sich zu streicheln, «sorge ich dafür, daß du beim nächsten Besuch, den unsere Alten haben, keine freundliche Einladung mehr zu ihren Spielchen bekommst, sondern eine Zwangsumsiedlung. Wenn Mama erst spitzkriegt, daß du's nicht bloß mit Stefan treibst, sondern auch mit deinem kleinen Bruder, kannst du sicher sein, daß die Freundlichkeit aufhört. Du kannst dir vorstellen, was ich meine, oder?»

Und ob ich mir das vorstellen konnte!

Boris' zweiter Versuch fiel weit häßlicher aus als der erste. Er tat mir entsetzlich weh. Aber ich wehrte mich nicht. Ich ließ alles geschehen, hoffte nur, es möge schnell vorüber sein.

Wie hatte ich nur so dumm sein können? Wie hatte ich nur auf sein Liebes-Schwesterchen-Gehabe hereinfallen, ihn in mein Bett lassen, ihn streicheln und umarmen können? Warum hatte ich die Warnsignale nicht erkannt?

Wieder war etwas geschehen, das ich nicht einmal mit Georg teilen konnte. Ich wußte, wie gern er Boris hatte. Würde er nicht viel eher Boris glauben als mir? Und würde er dann nicht aufhören, mir überhaupt noch zu vertrauen? Müßte er nicht Angst bekommen, ich werde mich auch an ihn noch heranmachen?

Nein, ich mußte diesen Vorfall mit mir allein ausmachen. Dummheit mußte bestraft werden. Aber eine neue Gelegenheit wollte ich Boris nicht bieten, ich schwor es mir.

Natürlich fiel Georg sehr bald auf, daß irgend etwas nicht stimmte. Kein Wunder, schließlich ging ich nicht mehr ohne Schlafanzug ins Bett und bat jeden Abend, in seinem Arm schlafen zu dürfen.

«Ist etwas?» fragte er. «War was?»

«Nö», sagte ich. «Was soll sein?»

Aber so leicht war Georg nicht zu täuschen. «Ich krieg's raus», versprach er. «Und wenn ich dich jeden Tag löchere.»

Da gab es eine neue Angst.

Berlin. Nichts anderes mehr hatte Platz in meinem Kopf. Ich fieberte den Osterferien entgegen.

Vielleicht hätte mein Vater sein Versprechen, mich zur Belohnung für mein Stillhalten nach Berlin reisen zu lassen, nie gehalten, wenn nicht zwei Ereignisse eingetreten wären, die es ihm geraten erscheinen ließen, mich für eine Weile aus dem Verkehr zu ziehen.

Das erste Ereignis war ein Anruf vom Gesundheitsamt. Meine Mutter nahm ihn entgegen. Ihr wurde mitgeteilt, daß ich eine schwere Pilzinfektion habe und unbedingt zum Arzt gehen müsse. Ich erfuhr davon nur, weil meine Mutter meinen Vater davon in Kenntnis setzte und ihn hämisch fragte, ob er nicht auch schon etwas an sich bemerkt habe.

Da ich nicht zum Arzt ging, rief das Gesundheitsamt noch zweimal bei uns an. Einmal nahm Georg, einmal ich selbst den Hörer ab. Nun mußte ich mir also selbst anhören, daß ich einen Pilz im Genitalbereich habe, der auf alle möglichen anderen Organe übergreifen werde, falls ich weiterhin nichts dagegen unternehme. Damit nicht genug, stellte die Frau am anderen Ende der Leitung plötzlich die unmöglichsten Fragen. Bei wem ich mich angesteckt haben könne? Ob ich regelmäßig Geschlechtsverkehr habe? Ob ich vielleicht vergewaltigt worden sei?

Ich hing ein. Das Geheimnis! Meine Scham.

Das Telefon klingelte noch mehrmals. Jedesmal legte ich auf, sobald die Stimme zu reden begann.

«Wer war das?» fragte Georg. «Was wollen die denn dauernd?»

«Falsch verbunden», sagte ich und konnte ihm nicht in die Augen sehen.

Meine Mutter brachte mir einige Tage später Zäpfchen aus der Apotheke mit und irgendeine Creme. Mein Vater sorgte eigenhändig dafür, daß ich die Medikamente richtig und regelmäßig anwandte. Er versorgte sich selbst gleich mit. Zum Arzt gingen wir beide nicht.

Das zweite Ereignis war ein überraschender abendlicher Besuch von Tante Susanne und Onkel Oskar. Obwohl ich die vereinbarte Kummerliste nicht geschrieben hatte, machten beide sich ernstlich Sorgen um mich. Was anläßlich dieses Besuches zwischen ihnen und meinen Eltern besprochen wurde, weiß ich nicht. Wir Kinder durften nicht ins Wohnzimmer kommen. Georg, der einmal kurz in den Flur schlich, um zu lauschen, wußte nur zu berichten, daß Tante Susanne aufgeregt war und unserer Mutter Vorwürfe machte. Genaueres verstand er jedoch nicht.

«Hast du's ihnen gesteckt?» wisperte er mir ins Ohr, als er ins Bett zurückgeschlüpft war.

«So ungefähr», flüsterte ich.

«Und?»

«Nichts, sie haben's nicht gecheckt. Nur so halb. Sie können nichts machen.»

«Ruhe, verdammt!» sagte Boris und warf sich ärgerlich im Bett herum. «Ich will schlafen!» Mit ihm war nicht gut Kirschen essen, wenn er müde war. Georg und ich beendeten unser Gespräch lieber.

Die Tatsache, daß sowohl das Gesundheitsamt als auch Tante Susanne mit ihrem Richter-Ehemann in unserer Familie herumzuschnüffeln begonnen hatten, brachte meinen Vater in Harnisch. Tagelang schrie und zeterte er mit meiner Mutter herum und spielte den gekränkten Ehemann. In Wirklichkeit aber hatte er Angst. Zwar glaubte er mittlerweile sicher zu wissen, daß ich nicht reden würde. Doch zwei voneinander unabhängige Parteien hatten entdeckt, daß irgend etwas mit mir nicht stimmte. Wieder einmal bestand unmittelbare Gefahr, entdeckt zu werden. Mich für eine Zeitlang aus dem Verkehr zu ziehen, wäre also das Beste. Die Einladung nach Berlin war plötzlich wie ein Geschenk des Himmels. Die drei läppischen Wochen würde er schon auf mich verzichten können.

So kam es, daß ich tatsächlich die Erlaubnis erhielt, nach Berlin zu reisen. Ein paar Tabletten und die Vorfreude auf den Urlaub – mit keiner Droge hätte ich die Wirklichkeit besser verdrängen können.

Georgs unglückliches Gesicht verfolgte mich noch, als ich längst bei meiner Freundin eingetroffen war. Ich hatte so ein schlechtes Gewissen, ihn inmitten der ganzen perversen Bande allein gelassen zu haben. Obwohl meine Freundin und deren Eltern sich riesig Mühe gaben, mir den Aufenthalt in Berlin schön und erlebnisreich zu gestalten, konnte ich meine Sorgen nicht ablegen. Ob Wannsee, die Mauer und Checkpoint Charly, ob Ku'damm, diverse Museen oder Disco – ich kam von meinen Gedanken nicht los.

Mehrmals rief mein Vater an, ich solle vorzeitig zurückkommen, meine Mutter sei krank und brauche mich. Jedesmal war ich der Mutter meiner Freundin unendlich dankbar, daß sie mich nicht postwendend zurückschickte, sondern meinem Vater klarmachte, so einfach sei die Sache nicht, ich könne nicht mir nichts, dir nichts zurückreisen. Schließlich habe sie die Reise bezahlt und ein Recht darauf, daß ihre Großzügigkeit gewürdigt werde. Solche Töne verstand mein Vater.

Nur einen Tag gab es in diesen drei Wochen, an dem ich nahe daran war, alles hinzuschmeißen und von mir aus vorzeitig nach Hause zurückzukehren. Ein Brief von Georg war eingetroffen. Sehr unglücklich teilte er mir mit, Stefan sei aus dem Haus geschmissen worden. *Schreib mir! – Schreib mir! – Schreib mir!* Quer über das ganze Briefblatt liefen die Worte. Es war wie ein Schrei: Komm zurück!

Nachts erwachte ich von meinen eigenen Schreien und weckte die Familie gleich mit. Hätte meine eigene Mutter nur einmal mit einem solchen Gesichtsausdruck nach mir geschaut wie diese fremde Frau! Hätte sie mich nur einmal mit so liebevoller Besorgnis an sich gedrückt!

«Was hast du denn? Träumst du oft so schlecht? Du wirst doch keine Angst bei uns haben?»

Wie gern hätte ich mich dieser Frau in diesem Augenblick anvertraut! Ich spürte instinktiv, daß sie mir glauben und helfen würde. Doch ein Rest Unsicherheit war da und warnte mich. Hatte ich mich nicht auch in Tante Inge und Oma Grete getäuscht? Wie sicher war ich gewesen, sie würden gar nicht anders können, als mir zu glauben.

Nein, ich würde nichts erzählen! Es war leichter, allein mit meinen Problemen zurechtzukommen, als noch einmal die Gefahr einzugehen, daß ein Mensch, den ich gern hatte, mir nicht glaubte und mich wegen meiner angeblichen Lügen verachtete.

Die letzten Ferientage verbrachte ich in dumpfer Angst. Was würde zu Hause auf mich zukommen? Welche neuen Spielchen hatte mein Vater sich in der Zwischenzeit ausgedacht? Am liebsten wäre ich schwer krank geworden, um nicht zurückreisen zu müssen. Ernstlich wägte ich das Für und Wider eines selbst herbeigeführten Unfalls ab. Die Verlokkung war groß, doch meine Befürchtungen überwogen. Ich wußte, wie beglückt mein Vater war, wenn ich wehrlos ans Bett gefesselt war.

Die letzten Tage verrannen. Ich weiß nicht recht, ob meine Freundin eher traurig oder eher erleichtert darüber war, daß der Abschied nahte. Ich hatte es ihr nicht immer leicht gemacht. Anders als heute merkte ich damals noch nicht, wenn ich aus mir wegzugleiten begann. Es konnte mitten in einem Gespräch geschehen. Für jemanden, der damit nicht vertraut ist, ist so eine Situation unbegreiflich, und er wird sie oft sogar als beleidigend empfinden.

«Du bist vielleicht komisch!» hatte meine Freundin oft gesagt. Ihre Mutter hatte es nur gedacht. Ich konnte es fühlen.

Dennoch hatten beide beim Abschied Tränen in den Augen. Es tat mir gut. Ich sah, daß es Menschen gab, die mich gern hatten, ohne Bezahlung dafür zu verlangen. Ohne meine Freundin aus Berlin hätte ich es in jenen Jahren vielleicht nie erfahren.

Als ich aus Berlin zurückkam, stand Georgs Freude, mich endlich wiederzuhaben, ihm so deutlich ins Gesicht geschrieben, daß die Heuchelei meiner Mutter und die kaum gezügelte Erwartung meines Vaters wenig Bedeutung für mich hatten.

Leider ließ sich diese innere Distanz nur für wenige Stunden aufrechterhalten. Wie nicht anders zu erwarten, wollte mein Vater so schnell wie möglich seine Besitzrechte an mir wieder wahrnehmen.

Leder, Riemen, Handschellen, die Faust – jedes Mittel war ihm und seinen sogenannten Freunden recht. Töchtertausch – ob im Quartett oder Duett – blieb die meistgeliebte Spielart. Neu war allerdings, daß sehr bald die Mädchen auch untereinander aktiv sein mußten. Es gab nur die Wahl, sich blutig schinden zu lassen oder zu gehorchen. Meist kam es zu beidem. Freiwillig tat es keine von uns, doch irgendwann, wenn der Schmerz alles war, was wir noch von uns selbst wahrnahmen, setzte der Selbsterhaltungstrieb ein. Stets war er mächtiger als der Wille, lieber zu krepieren als zu gehorchen.

Tiefer als in jenen Stunden fiel ich in meiner Selbstachtung nie. Es gab nichts – weder die erste Vergewaltigung noch die Schwangerschaft, noch das Verkauftwerden –, was schlimmer für mich war. Hatte diese Bestie von Vater verstanden, wie abscheulich mitschuldig ich mich fühlte, wenn ich erzwungenermaßen mit dem Fotoapparat festhielt, wie meine Geschlechtsgenossinnen benutzt und geschunden wurden?

Brauchte er es, daß ich auf die teuflischste Art gedemütigt wurde? Er zwang mich, selbst zu mißbrauchen, selbst die ekelhaften, widerwärtigen Gemeinheiten an Kindern durchzuführen, mit denen ich innerlich zerstört worden war. Er zwang mich, seine Rolle zu spielen. Brauchte er meine Mitschuld, um sich sicher fühlen zu können? War seine Angst vor dem Entdecktwerden mittlerweile schon so stark wie seine sexuelle Abartigkeit?

Alkohol wurde mein Freund. Die Tabletten halfen mir, vieles in einer Art Halbschlaf über mich ergehen zu lassen. Selten war ich völlig klar im Kopf. Noch seltener wünschte ich, es zu sein.

Zu seinem 15. Geburtstag schenkte Vater Boris ein Wochenende in der Eifel. «Du erinnerst dich doch noch an die Leute, die das Superhaus mit dem Swimmingpool und den Reitpferden haben?»

Bei mir klingelten alle Glocken Alarm. Auch Georg begriff sofort. «Dürfen wir mit?» fragte er. «Alle?»

Mein Vater lachte. «Und ob! Sind wir eine Familie oder nicht?»

«Muß ich da echt mit?» mäkelte Boris. Wir alle starrten ihn an. Er wagte es, aus der Reihe zu tanzen, Papa sein Geburtstagsgeschenk um die Ohren zu hauen?

«Hast du etwas Besseres vor?» Die Stimme meines Vaters klang sanft, gefährlich sanft. Oder deutete ich sie nur falsch? War es wirklich freundlich gemeint? Verstand er vielleicht sogar, was in seinem Sohn vorging, der ihm ja angeblich im Wesen so ähnlich war?

«Stefan hat mich ins Kino eingeladen», sagte Boris. «Schließlich ist er mein Bruder, rausgeschmissen oder nicht.» Er hielt dem Blick meines Vaters stand, die Fäuste trotzig in den Hosentaschen.

Langsam begann mein Vater zu grinsen. «Nee, Freund», sagte er und schlug Boris auf die Schulter. «Diesmal kommst du mit. Ich garantiere dir, du kommst voll auf deine Kosten. Den Film mit Stefan ziehst du dir ein andermal rein. Okay?»

Kein Krach, keine Schläge. Warum nur gelang es *mir* nie, Papa gegenüber so aufzutreten? Bewundernd schaute ich Boris an. Als er meinen Blick bemerkte, blinzelte er mir zu. Ich fühlte einen Stich ins Herz und Schmetterlinge im Bauch.

In mein Tagebuch schrieb ich: «Ich glaube, ich liebe ihn, und das nicht zu knapp. Meinen eigenen Bruder! O lieber Gott, bin ich wahnsinnig, oder was?»

Diesmal riß uns das Haus am Berg nicht mehr zu Bewunderungsrufen hin. Der Swimmingpool hatte alle Anziehungskraft auf mich verloren, obwohl es sommerlich heiß war. Lieber zog ich mich in den Schatten zurück und achtete mißtrauisch darauf, dem feisten Hausherrn aus dem Weg zu gehen.

Boris hielt sich wie ein Wachhund in meiner Nähe auf. Der fette Schleimer schien ihm noch weniger zu gefallen als mir.

«Gehen wir zu den Pferden?» rief er plötzlich und zog mich an der Hand aus dem Gras hoch. «Mal sehen, ob die Gäule echt was drauf haben oder bloß olle Klepper sind.»

Kaum hatten wir die Hausecke in Richtung Pferdestall hinter uns gelassen, blieb er stehen und nahm mich heftig in den Arm. «Merkst du eigentlich nicht, was hier gespielt wird?» rief er und schüttelte mich. «Oder macht dir das etwa Spaß mit der Schweinebacke?»

Ein paar Tränen quollen plötzlich aus meinen Augen. Wütend schüttelte ich den Kopf.

«Ich will nicht, daß der dich anrührt», sagte Boris wild. «Ich will nicht! Hast du verstanden? Du sagst nein! Kapiert? Nein!»

Trotz allen Kummers mußte ich lachen. «Mensch, Boris, du bist ja eifersüchtig. Du bist nicht mein Macker, du bist mein Bruder, vergiß das nicht!»

«Na und?» Boris hielt mich so fest an den Armen, daß es schmerzte. «Was macht das? Ist Papa etwa nicht dein Vater? Ist das etwa erlaubt, was ihr macht?»

Der Schlag saß. Ich mochte den Kopf nicht mehr heben.

«Ich liebe dich», sagte Boris sehr leise und sehr schüchtern. «Nicht weil du meine Schwester bist. Ich will nicht mehr dein

Bruder sein. Ich will dich für mich, anders, als Frau, verstehst du?»

«Aber du bist mein Bruder», sagte ich und wußte, wie weh ich ihm damit tat.

Boris stieß mich so heftig zurück, daß ich taumelte. «Dann nicht, liebe Tante!» schrie er und stürmte quer über den Hof davon. «Dann treib's doch mit dem Schlappsack. Wirst schon sehen, was du davon hast!»

Ich weiß nicht, wie lange es dauerte, bis ich es fertigbrachte, wieder zum Haus zurückzugehen. Georg und Elvira spielten Fußball, rangelten im Gras. Zwei Kinder. Es tat mir weh, ihnen zuzusehen.

Was Boris über den Fettwanst gesagt hatte, stimmte natürlich. Schon während des Mittagessens sprachen seine Blicke Bände. Auch mein Vater hatte diesen öligen Ausdruck in den Augen, wenn er Elvira zufällig berührte. Mich grauste.

«Wie wär's mit einem Mittagsschläfchen, Freunde?» schlug der Fette vor, nachdem das Mahl beendet war. «Nach dem Essen sollst du ruh'n oder tausend Schritte tun. So heißt es doch, wenn ich mich recht erinnere. Ich für mein Teil ziehe bei dieser Affenhitze die Ruhe vor. Und ihr?»

«Einverstanden», sagte mein Vater. «Das gilt auch für euch, Kinder. Wir hatten eine anstrengende Fahrt. Etwas Ruhe kann nicht schaden. Komm, Monika, ich bringe dich zu Bett. Georg, du gehst mit Mama. Und Nadja zeigt Boris, wo er schläft. Habe ich das richtig behalten, Raimund?»

Der Fette grinste. «Jedem das Seine, mir das Feine.» Und dabei sah er mich an, daß ich eine Gänsehaut bekam.

«Na, dann schlaft gut!» lachte mein Vater und zeigte Boris einen aufgereckten Daumen. «Genießt, was das Haus zu bieten hat. So toll kriegen wir es lange nicht wieder, was, Georg?»

«Ja, Papa.» Georg sah keinen dabei an.

Wie brav er war! Stimmte etwas nicht? Oder fiel er tatsächlich auf das süße Gesäusel herein?

War dieses gehorsame Bürschchen derselbe Junge, der mir

noch vor ein paar Stunden gesagt hatte: «Diesmal kriege ich raus, was hier läuft!» und der nicht von seinem Plan abzubringen gewesen war? Ich wußte nicht, was ich von diesem Wandel halten sollte. Ich versuchte ihn mit meinen Augen zu erreichen. Ahnte er es? Er blickte mich nicht ein einziges Mal an, bis meine Mutter mit ihm davonzog. Was hatte er vor? Hatte er überhaupt etwas vor? Die Sorge um ihn drängte die Angst vor dem Mittagsschlaf in den Hintergrund.

Boris und Nadja, die Gastgeberin, verschwanden irgendwo in einem Nebentrakt. Wir Mädchen teilten uns diesmal ein Doppelbett in einem der Gästezimmer. Was immer für uns geplant war – es sollte uns nicht in getrennten Betten widerfahren, so viel stand fest. Für Georg stand Elviras Kinderzimmer zur Verfügung. Die Eltern würden sich im Schlafzimmer vergnügen; darüber mußte kein Wort verloren werden.

Erleichtert stellte ich fest, daß das Kinderzimmer und unser Gästezimmer relativ weit voneinander entfernt lagen. So schien keine Gefahr zu bestehen, daß Georg mein schlimmstes Geheimnis lüften würde. Schließlich wußte er so gut wie ich, daß es bei strengster Strafe verboten war, sein Zimmer zu verlassen, wenn Schlafen angesagt war. Ich versuchte, mich zu beruhigen: Nichts würde geschehen.

Elvira war wie gar nicht anwesend. Wortlos hatte sie sich in ihre Betthälfte verkrochen. Die Decke bis zum Hals, lag sie da wie eine Mumie. Keine von uns blickte die andere an. Was wir voneinander wußten, was wir gemeinsam erdulden und eine der anderen antun mußten, vertrug keine Blicke. Bis in die Tiefe der Seele hinein waren wir beschämt und verletzt. Weder verziehen wir der anderen noch uns selbst. Und was geschehen war, würde sich wiederholen. Wir wußten nur nicht, ob jetzt gleich oder erst am Abend. Angespannt lauschten wir in den Flur hinaus.

Plötzlich Geschrei. Elvira kreischte vor Schreck gleich mit. Ich aber gab keinen Ton von mir. Georg! Wer sonst sollte es sein?

Eine Frau zeterte, meine Mutter. Die Stimme des Fetten klang aufgeregt. Mein Vater war der Lauteste. «Was fällt dir ein? Wer hat dir erlaubt, hier herumzuspionieren! Dir werd ich's zeigen!»

Es klatschte zweimal. Ohrfeigen. Tonlos steckte Georg sie ein. Er war Schlimmeres gewöhnt. Dann zornige Schritte, Türenschlagen, wieder Ruhe.

«Lieber Gott», betete ich, «laß ihn in seinem Zimmer bleiben. Mach, daß ihn keiner mehr hört. Laß ihm bitte nichts passieren.»

Ich weiß nicht, warum ich immer noch betete. Gott hatte mir nie einen Anlaß gegeben, an seine Hilfe zu glauben. Wahrscheinlich fing ich nur deshalb immer wieder damit an, weil ich keinen einzigen Menschen hatte, den ich um Hilfe bitten konnte. Dieser unbarmherzige, an mir desinteressierte Gott war die einzige Adresse, bei der ich es zumindest versuchen konnte, auch wenn die Chance, von ihm erhört zu werden, etwa so groß war wie die eines Millionengewinns im Lotto.

Vielleicht hatte Gott mich diesmal wirklich erhört. Wahrscheinlicher allerdings ist, daß Georg aus besserer Einsicht in seinem Zimmer blieb. Er hatte in Erfahrung gebracht, was er fürs erste wissen wollte. Da in dieser Nachmittagsstunde die Post zwischen den Erwachsenen abging, war für ihn nicht zu erwarten, daß anschließend auch noch etwas mit uns Mädchen lief. Folglich hätte er seine Haut unnötig riskiert, wäre er trotz des Verbots zum zweiten Mal auf Lauschposten geschlichen. Weit sinnvoller würde er sein detektivisches Gespür zu einem vielversprechenderen Zeitpunkt einsetzen.

Elvira schien ebenfalls begriffen zu haben, daß uns zumindest vorerst niemand belästigen würde. Als ich mich kurz nach ihr umwandte, schlief sie, wie ein Igel eingerollt, selbst das Gesicht fast zur Gänze unter der Decke vergraben. Ich konnte nicht schlafen. Ich mußte unablässig daran denken, daß der Abend immer näher rückte.

Und der Abend kam. Elvira mit Papa; der Fette mit mir; zwei Männer nacheinander mit nur einer von uns; gefesselt und geschlagen werden; Fotos, Videofilm; Elvira und ich; die Väter mit ihren Töchtern; Elviras Weinen, mein stummes Grauen und hilfloses Erdulden – alles bis zum Erbrechen bekannt. Was war so faszinierend an diesem immer gleichen Ritual, diesem immer gleich entsetzlichen Vernichtungsspiel?

Als plötzlich die Tür aufsprang und das Gesicht zu uns hereinstarrte, von dem ich am allerwenigsten so erblickt werden wollte, schlug ich schreiend die Hände vor mich. «Geh weg!»

Dann hörte ich es nur noch klatschen, schreien, wimmern und immer wieder klatschen. Ich grub den Kopf in das Kissen, preßte die Zipfel auf die Ohren, um nichts zu hören. Doch das Geräusch der Schläge hörte nicht auf. Nichts anderes spürte ich mehr als Georgs Not und meine Schuld. Das grunzende Schwein auf mir nahm ich nicht mehr wahr.

Ich weiß nicht, wer Georg von der Tür wegtrug, vor der unser Vater ihn mit einem Gummiknüppel zusammengeschlagen hatte.

Als ich ihn am nächsten Tag am Frühstückstisch wiedersah, brachten mich sein verquollenes Gesicht und die blutunterlaufenen, teilweise aufgesprungenen Striemen an Beinen und Armen zum Weinen. Was machten mir die Backpfeifen aus, die ich dafür einfing? Was waren sie gegen den Schmerz, der meinen kleinen Bruder wie ein Fragezeichen zusammenkrümmte?

Boris saß da mit verkniffenem Mund, auch er bleich wie eine frisch gekalkte Wand. Sein Brötchen rührte er nicht an.

Sogar meine Mutter und unser Gastgeber hatten Mühe, so zu tun, als sei der Anblick eines verprügelten Kindes etwas Alltägliches. Nur mein Vater schien damit keine Probleme zu haben.

«Wer nicht hören will, muß fühlen», stellte er zur Begrüßung lakonisch fest und forderte Georg auf, ihm doch schnell mal die Butter zu reichen. Daß dieser vor Schmerz kaum den Arm heben konnte, war unserem geliebten Erzeuger offensichtlich völlig egal.

Während der Heimfahrt wechselten wir drei auf der Rückbank kein Wort. Boris hielt Georg im Arm und gab sich Mühe, ihn zu stützen. Trotzdem brach diesem der Schweiß aus, wenn mein Vater wie üblich um die Kurven schoß oder voll auf die Bremse stieg.

Mein schlechtes Gewissen war kaum zu ertragen. Warum nur hatte ich nicht auf Georg gehört, hatte mich nicht gewehrt? Die Scham drückte mich nieder. Vor Angst, in seinen Augen nur noch Haß und Verachtung zu lesen, wagte ich Georg nicht anzusehen. Mein Drang, mich aus dem fahrenden Auto zu stürzen, wurde immer unwiderstehlicher.

Dann aber schlug meine Verzweiflung in Wut um. Wie konnte dieser Lümmel es wagen, herumzuschnüffeln und sich dabei auch noch erwischen zu lassen! Was, wenn Papa jetzt auf die Idee käme, ihn in die Mangel zu nehmen, und herausfände, daß ich mit Georg über alles gesprochen und unser Geheimnis verraten hatte? Wie ich danach aussehen würde, konnte ich an Georg ablesen. Dieser Schwachkopf. *Er* mußte ein schlechtes Gewissen haben, nicht ich. Ich konnte schließlich nichts dafür, daß Papa so ausgerastet war. Hatte ich Georg nicht immer gewarnt und ihn zu bremsen versucht? Wenn jetzt alles aufflöge, auch das mit den Kassetten, die wir heimlich aufgenommen hatten – womöglich jagte Papa mich dann tatsächlich davon und wollte nichts mehr von mir wissen. Oder er spielte allen Leuten, die wir kannten, die Kassetten und Videos vor und zeigte ihnen die Fotos, damit sie erfuhren, was für eine ich war.

Doch meine kunstvoll gezüchtete Wut konnte meine Schuldgefühle nicht übertönen. Im Gegenteil, unter der Kruste brodelten diese nur immer stärker. Georgs scheckiges Gesicht mit den fiebrig glänzenden Augen und das Zittern, das ihn wieder und wieder überfiel, ließen sich nicht verdrängen. Trotz der Wut tat er mir so leid. Und gerade weil dies so war, mußte ich meine Wut immer höher puschen. Ein Kreislauf, aus dem ich keinen Ausstieg fand.

Selbst abends im Bett brachte ich es nicht über mich, Georg eine gute Nacht zu wünschen. Ich überließ es Boris, ihn mit Salbe einzuschmieren, welche die Blutergüsse abschwächen sollte. Ich zog mich total in mich selbst zurück, um mir dieses schwer atmende, vor Schmerzen schwitzende Kind zu ersparen. Nicht einmal sein Schluchzen im Schutz der Nacht rührte mich an. Ich verbot mir hinzuhören, stieg aus mir aus.

Boris zischte mich an, daß ich ja wohl einen an der Waffel hätte, mich so bescheuert anzustellen. Schließlich wäre das alles nur passiert, weil ich so scharf auf den Fettsack gewesen sei. Ohne mein Rumgemache mit dem wäre Georg nichts passiert. Aber jetzt die Beleidigte zu spielen – typisch Monika. Das hätte ich genauso voll drauf wie meine Mutter.

In jeder anderen Situation wäre ich Boris für eine derartige Unverschämtheit an den Hals gegangen. In dieser nicht. Ich hatte keine Energie mehr übrig, auch noch auf Boris wütend zu sein.

Montags war ich noch immer nicht ansprechbar. Da Ferien waren, hatte ich den ersten Job meines Lebens angenommen und war tagsüber nur in der Mittagspause zu Hause. Wie hatte ich immer unter der Lieblingsstrafe meiner Mutter, dem schweigenden Ignorieren gelitten – und jetzt wandte ich sie selbst an, ausgerechnet gegenüber Georg. Ich ertrug seinen Anblick nicht. Jeder der mittlerweile blaurot unterlaufenen Flecke schrie mir meine Schuld entgegen.

Erst abends, kurz vor dem Zubettgehen, hielt Georg mich am Arm zurück. «Warum bist du eigentlich so tierisch geladen?» fragte er. «Meinst du nicht, ich hätte mehr Grund?»

«Und wieso wohl?» schnappte ich. «Soll ich mich noch bedanken, daß du mir nachschnüffelst?»

«Hör schon auf mit deiner doofen Geheimnistuerei», sagte Georg. «Ich hab' echt keinen Bock mehr darauf.»

«Was für eine Geheimnistuerei?» fragte ich und tat so, als wüßte ich wirklich nicht, was er meinte.

«Für wie blöd hältst du mich eigentlich? Meinst du echt, ich kriege den ganzen Töchtertausch und alles nicht mit? Bin ich von gestern, oder was?»

«Und was hast du jetzt davon?» schrie ich ihn an. «Geht's dir jetzt besser mit dem Buckel voll Kloppe?»

Georg schüttelte traurig den Kopf. «Und von dir hab' ich mal gedacht, wir wären Verbündete.»

Wortlos ließ ich ihn stehen. Er sollte meinen Panzer nicht durchdringen. Schwäche zu zeigen hieß verletzlich sein. Mit Georg zu weinen wäre Schwäche gewesen.

Der Dienstag kam. Schon früh eilte ich aus dem Haus. Der Ferienjob war mir wichtig. Ich war stolz, erstmals Geld zu verdienen, beweisen zu können, daß etwas in mir steckte. Mittags kam ich zum Essen zurück. Boris hatte gekocht. Abräumen, die Geschirrspülmaschine füllen, die Töpfe schrubben und alles an seinen Platz stellen mußte ich. Ein Blick auf die Uhr. Ich war spät dran. Ohne Hilfe würde ich zu spät zur Arbeit kommen.

«Georg», sagte ich und zwang mich, freundlich zu sein, «sei so gut und hilf mir, ja? Ich muß doch weg. Ohne dich packe ich es nicht mehr rechtzeitig.»

Georg lächelte. Eine Weile sah er mich an, als hätte er etwas Besonderes zu sagen. «Soll ich dir echt helfen?» fragte er dann. «Du meinst, so ganz richtig helfen?»

«Jetzt halt keine Volksreden», sagte ich unwirsch. «Hilfst du mir jetzt oder nicht?»

«Ja», sagte Georg und zog Boris mit einem Arm zu sich heran, während er mir die Hand entgegenstreckte. «Ich mach's, ich helf' dir. Aber nur, wenn wir uns jetzt vertragen.»

Schon wieder zwei Minuten vertrödelt! Ich mußte los, der Job war weg, wenn ich nicht pünktlich wäre.

«Von mir aus», sagte ich, nur um endlich Ruhe zu haben. «Wir vertragen uns, alles paletti, wieder gut. Bist du jetzt zufrieden, du Nervensäge?»

«Gut!» sagte Georg und schüttelte ernsthaft meine Hand. «Wir haben uns wieder vertragen, vergiß es nicht. Jetzt helfe ich dir. Kannst dich darauf verlassen!»

«Ehrenwort?» fragte ich, schon halb in der Haustür.

«Ehrenwort!» sagte Georg. «Aber du hast noch etwas vergessen.»

«Und was?» rief ich. «Etwa noch eine Bedingung?»

«Du hast dich noch nicht von mir verabschiedet», sagte Georg.

Mit einem ungeduldigen Seufzer hastete ich zu ihm zurück, nahm ihn in den Arm und küßte ihn, wie wir es immer vor dem Einschlafen taten, auf die Wangen, die Augen, den Mund. «Tschüs», sagte ich dann. «Jetzt zufrieden?»

«Mhm», machte er und winkte mir vom Balkon so lange nach, bis ich verschwunden war.

Zwei Stunden später war Georg tot. Gestorben, um mir zu helfen. Freiwillig, auf Ehrenwort.

Mein Vater holte mich gemeinsam mit Boris von der Arbeit ab. «Georg ist tot», sagte er. «Von der neuen Autobahnbrücke gestürzt, die wir gerade bauen.»

Ich weiß nicht mehr, ob ich schrie oder zusammenbrach. Georg tot? Ich wollte es nicht glauben. Eben hatte ich ihn doch noch gesehen, ihn im Arm gehalten, seine Haut gespürt. Eben war er mir doch so nah. «Ich helfe dir!» hatte er gesagt.

Warum hatte ich nicht begriffen, was er mir da versprach? Warum hatte ich nichts bemerkt, nichs geahnt, nichts gefühlt? Warum, warum, warum?

«Ich helfe dir!» Nie werde ich vergessen, wie er es sagte, in diesem ernsten Ton, das blau und grün geschlagene Gesicht zu einem Lächeln verzogen. «Ich helfe dir!»

Boris, der mit ihm bis zuletzt zusammengewesen war und auch den zerschmetterten Leichnam nach dem Sturz in 16 Meter Tiefe gefunden hatte, erzählte mir in vielen kummervollen Gesprächen, was geschehen war.

Kurz nachdem ich das Haus verlassen hatte, war der einzige Freund bei uns vorbeigekommen, den Georg je hatte. Es war ein etwas zu dick geratener, oft gehänselter Bursche, dem es nichts ausmachte, daß auch Georg – dank seiner Familie – ein Außenseiter und Einzelgänger war. Selbst unsere heruntergekommene Wohnung, die keines von uns B.-Kindern jemals anderen Kindern vorzuführen gewagt hätte, störte ihn nicht. Georg war sein Freund, alles andere spielte keine Rolle.

Während Georg wie versprochen meine Hausarbeit erledigte, berieten sie zu dritt, was sie mit dem angebrochenen Nachmittag anfangen sollten. Georg schlug vor, auf der Rinderbachtal-Brücke zu spielen, die noch eine Baustelle war.

«Nee, nee», wandte Boris ein. «Du weißt doch genau, daß die Bullen da dauernd aufkreuzen, seit wir neulich den Scheiß mit den Gitterrosten fabriziert haben. Wenn die uns noch mal am Arsch kriegen, rastet Papa total aus. Er hat's verboten, Mann! Wir gehen da nicht hin.»

«Ich will aber», sagte Georg. «Wenn du Schiß hast, bleibst du eben weg!»

«Papa nagelt dich durch, ich sag's dir!» mahnte Boris erneut.

«Na und?» Georg verzog das Gesicht. «Schlimmer als heute kann ich ja nicht mehr aussehen, oder?»

Boris gab nach. Zu dritt zogen sie los. Unterwegs sprachen sie über die Streiche, die sie der Polizei in letzter Zeit gespielt hatten. Zum Beispiel hatten sie eine Stahltür geknackt, die in eine etwa einen Meter breite Kluft zwischen den beiden Betonfahrbahnen der Brücke führte. Kaum hatten Polizisten die aufgebrochene Tür bemerkt und neu gesichert, kannten meine Brüder und ein paar ihrer Kumpane kein schöneres Spiel, als das Schloß erneut zu knacken. Weil die Gelegenheit günstig war, ließen sie Werkzeuge und Materialien mitgehen, die sie anschließend für ein paar Mark verkauften. Zu guter Letzt kamen sie auf die Idee, einige der Roste, die zwischen den Stahlträgern in der Kluft der Fahrbahnteile angebracht waren, herauszuheben und in die Tiefe zu schmeißen. Niemand hatte Ersatzroste angebracht. Die Jungen kontrollierten es von Zeit zu Zeit genau.

Irgendwann zwischen drei und vier Uhr gelangten die drei Jungen schließlich bei der Brücke an. Zusammen mit Georgs Freund durchstöberte Boris sogleich das Gelände nach Brauchbarem. Sie achteten nicht darauf, was Georg unterdessen trieb. Nicht einen Moment lang kam es Boris in den Sinn, daß Georg die Stahltür ohne fremde Hilfe öffnen und zu den Sicherheitsrosten der Brücke hinaufklettern könne.

Plötzlich vernahmen sie von irgendwoher eine Stimme:

«Boris!» Es war Georgs Stimme – aber von wo war sie gekommen?

Sein Freund entdeckte ihn zuerst. «Da ist er!» rief er aufgeregt und zerrte Boris am Arm. «Da!»

Jetzt sah Boris ihn auch. «Mensch, laß den Mist!» schrie er. «Komm da weg, du fällst!»

In diesem Moment blieb Georg ganz ruhig stehen und wandte den Kopf in Richtung der anderen. Als er mit Boris Blickkontakt hatte, hob er kurz die Hand, als wolle er ihm zuwinken. Einen winzigen Moment später stürzte er durch die wegen der fehlenden Roste ungesicherte Kluft zwischen den Fahrbahnstreifen in die Tiefe.

Die Fallhöhe betrug 16 Meter.

«Er ist nicht ausgerutscht, Monika», sagte Boris und erschrak selbst vor dem, was er damit ausdrückte. «Wenn einer das Gleichgewicht verliert, dann rudert er mit den Armen und hampelt herum und versucht, wieder Fuß zu fassen. Aber Georg, der hat nichts dergleichen getan. Er hat mir zugewunken, so als wollte er ‹Ciao für immer› sagen, und dann hat er sich fallen lassen. Einfach so, wie ein Stein. Das hat er mit voller Absicht gemacht, Monika, das war kein Unfall. Er hat ‹Ah!› geschrien, aber kein ‹Hilfe› und kein Gezappel. Das Schreien hörte gar nicht mehr auf. Bis plötzlich nichts mehr war. Da habe ich gewußt, jetzt ist er tot, jetzt liegt er unten und ist nicht mehr. Und ich hatte doch die Verantwortung, irgendwie, weil ich doch älter bin und ihn nicht davon abgehalten hab' und alles.»

Bilder zogen an mir vorbei: Georg, der auf Boris Pferdchen spielte; Boris, der eine saftige Tracht Prügel von Mama einsteckte, weil er den Kleinen, der Unsinn gemacht hatte, nicht verpetzen wollte. Pat und Patachon – wer hatte die beiden so genannt? Das letzte Bild fiel mir ein: Georg, den Arm um Boris gelegt, mir die Hand reichend: «Ich helfe dir, aber nur, wenn wir uns wieder vertragen.»

Mich mit Boris zu vertragen, ihn liebzuhaben, für ihn dazusein – war dies Georgs Vermächtnis, sein letzter Wunsch an uns, an mich?

Arm in Arm saß ich da mit Boris. Zum ersten und letzten Mal in unserem Leben ließen wir gemeinsam unseren Tränen freien Lauf.

Meine Mutter brach mit einem wahren Tobsuchtsanfall zusammen, als sie die Nachricht von Georgs Tod erfuhr.

Solange er lebte, war er das unerwünschteste ihrer unerwünschten Kinder gewesen. Jetzt, da er nicht mehr kommen konnte, führte sie sich auf, als wolle sie ohne ihn nicht mehr leben.

«Ihr habt ihn auf dem Gewissen!» schrie sie Boris und mich an. «Ihr hattet als Ältere die Verantwortung. Ihr solltet auf ihn aufpassen. Ihr Versager! Ihr hättet wissen müssen, wie gefährlich diese Brücke ist. Aber nein, ein paar lausige Kröten für einen Ferienjob und irgendeine vergammelte Dreckschippe von irgendeinem dämlichen Bauhilfsarbeiter – alles war euch wichtiger als mein Kind. Wegen euch ist er tot. Ihr, ihr seid schuld!»

Boris sah aus, als wolle er am liebsten auch von der Brücke springen. Sogar meinem Vater, der bisher nur stumm den Kopf in die Hände gestützt hatte, fiel sein Gesichtsausdruck auf.

«Mama meint es nicht so», sagte er und drückte ihren Kopf an seine Schulter. «Sie ist ungerecht, weil sie unglücklich ist. Das müßt ihr verstehen. In Wirklichkeit weiß sie natürlich, daß ihr nicht für Georgs Tod verantwortlich seid. Es war ein tragischer Unglücksfall. Keiner von uns kann etwas dafür. Georg wollte unbedingt zu dieser Brücke. Nicht einmal ich hätte ihn davon abhalten können. Er wollte es so. Wir müssen uns damit abfinden. Und jetzt kein Wort mehr darüber. Helft mir lieber, Georgs Sachen wegzuschaffen. Ich will nicht, daß unsere Wohnung eine Art Museum wird, und besuchen kann ihn jeder von euch auf dem Friedhof. Das Leben geht weiter. Und damit ihr seht, wie ernst es mir damit ist, fahren wir gleich morgen früh in die Eifel. Ein paar Tage abschalten, das tut uns allen gut.»

So kam es, daß alles, was Georg je gehört hatte, noch am Tage seines Todes aus dem Leben meiner Eltern verschwand. Kleider, Schuhe, Spielsachen, Bücher – alles ab in die Kiste. Heimlich rettete ich Kleinigkeiten, ein unvollendetes Knüpfbild, einen Stift, den er gern benutzt hatte. Selbst die Fotoalben mit Bildern von ihm verschwanden in irgendeinem Schrankversteck. Nirgendwo sollte Georg uns mehr begegnen.

Wie leer und verlassen uns das Kinderzimmer plötzlich vorkam. Kahle Regalböden, in denen eben noch ungeordnet Schmusetiere, Autos, ein paar Bücher und allerlei Krimskrams gelegen hatten. Wie nie benutzt der Kleiderschrank, in dem gestern noch Pullis, Hemden, Unterhosen kreuz und quer auf allen Ablagen vermixt waren. Nicht einmal mehr Bleistiftspäne auf Georgs Schreibtisch. Statt dessen ein paar Kisten, Kartons, Plastiktüten in der Ecke. Ausverkauf eines Lebens.

«Glaubst du, er sieht das?» fragte Boris mich.

Ich wollte nicht darüber nachdenken. Wieviel schöner war es doch, mir vorzustellen, er sei verreist, für drei Wochen oder von mir aus auch acht Wochen. Nein, Georg war nicht tot. Er war in Kur, mehr nicht. Er würde wiederkommen, eines Tages, lachend, ohne grünblaue Flecke.

Die Flecke. «Hat man die Striemen gesehen, Boris?» Ich wagte kaum zu flüstern.

Alles still. Keine Antwort. Warum sagte Boris nichts?

Er weinte, die Augen weit offen. Als ich mich näher zu ihm beugte, schossen seine Arme vor und hielten mich fest. «Warum hat er das getan?» flüsterte Boris. «Weil Papa ihn so verprügelt hat? Darum?»

Ich hätte die Wahrheit sagen müssen. «Georg hat sich getötet», hätte ich herausschreien müssen, «weil er wollte, daß die verdammte Geheimnistuerei hier bei uns aufhört. Er hat sich getötet, weil er haßte, was mit mir hier passiert. Er wollte mir helfen, damit es aufhört. Er wollte, daß sein Tod untersucht wird. Polizei sollte kommen. Der Sexschrott sollte entdeckt werden. Das war es, was Georg wollte. Darum hat er es getan, einzig darum.»

Aber ich blieb stumm. Boris tat mir so leid. Wie grauenvoll

mußte Georgs Anblick im Sturz und später unter der Brücke für ihn gewesen sein! Nein, ich konnte ihm die Wahrheit nicht sagen.

«Vertragt euch, vertragt euch», schien Georgs Stimme mir zuzuwispern.

Da mußte ich Boris schonen. Er sollte glauben, Georg habe sich durch seinen Freitod nur an seinem Vater rächen wollen.

Wie ein kleines Kind schlief Boris in meinen Armen ein.

Am Morgen nach Georgs Tod reisten wir in die Eifel. Bis zum Tage seiner Beerdigung wohnten wir in der Protzvilla, tummelten uns auf den hauseigenen Pferden, wanderten. Boris, Elvira und ich tollten lachend herum, kein Graben war zu breit, kein Hang zu steil.

Urlaub ohne Georg. Er war nicht tot, nur fort, zur Kur. Urlaub als Flucht. Für mich nur Flucht vor der Wirklichkeit; für Boris Flucht vor der Erinnerung, die ihm in Alpträumen auf den Fersen war, aus denen er laut «Aua!» schreiend erwachte, um sich in meinen Armen zu verstecken. Er schlief bei mir in diesen Tagen. Mein Vater hatte es ihm großzügig gewährt, nachdem Boris in einem Ton, der ihn aufhorchen und nachgeben ließ, darum gebeten hatte.

Vielleicht gab es deshalb keinen Töchtertausch mehr?

Je länger ich darüber nachdenke, desto deutlicher erkenne ich, daß vor allem mein Vater in diesen Urlaub geflohen war. Er hatte Angst. Die Polizei schnüffelte in seinem Privatleben herum. Georgs Tod hatte Fragen der Sicherheit am Bau aufgeworfen – einem Bau, den mein Vater als Stadtratsmitglied mitgeplant und mitzuverantworten hatte. Die Staatsanwaltschaft hatte sich eingeschaltet. Es sollte zu einem Verfahren kommen, das später allerdings eingestellt wurde, weil der für die Bausicherheit Verantwortliche der Baufirma gekündigt hatte.

Auf jeden Fall muß mein Vater panische Angst gehabt haben. Was würde die Polizei herausfinden? Konnte man trotz der zerschmetterten Glieder erkennen, wie übel Georg kurz vor seinem Tod zugerichtet worden war? Wenn ja, würde man Verdacht schöpfen? Flog jetzt alles auf?

Ich weiß nicht, ob die Flucht in die Eifel meinen Vater tatsächlich schützte. Jedenfalls ließ die Polizei uns unbehelligt. Kein Verhör, das meine Eltern in irgendeine Zwickmühle gebracht hätte, keine Wohnungsdurchsuchung, keine Entdekkung der Pornos, kein Verdacht.

Heimkehr zur Beerdigung. Der Sarg unter all den Blumen.

«Georg! Wenn Gott Tote erwecken kann, warum erweckt er dich nicht?» Immer wieder gingen mir solche Gedanken durch den Kopf.

Oma Grete am offenen Grab, weinend. «Warum er, warum nicht ich?»

Boris und Stefan, Schulter an Schulter, halbe Brüder nur. Ich wußte es noch nicht lange. Erst ein paar Wochen zuvor hatte ich in irgendeiner Schublade unseren Familienpaß aufgestöbert und mich als erstes Kind darin eingetragen gefunden. Stefan war nur das Kind meiner Mutter. Plötzlich erhielt etwas bisher Unverständliches einen Sinn. «Er ist trotzdem mein Bruder», hatte Georg gesagt. «Er gehört trotzdem zu uns.»

Ich starrte meinen Vater an. Er stützte seine leidgeprüfte, vor Kummer gebrochene Frau. Sein Gesicht war verzerrt. Tropfen liefen aus seinen Augen. Tränen? Mein Vater weinte?

Vor Entsetzen erstarb mein eigenes Weinen. Mein Vater, der jedes seiner Kinder hemmungslos verprügelt hatte, wenn es einmal zu weinen wagte, der sich zur Strafe für meine Tränen vergaß und auch dann mit mir schlief, wenn ich meine Tage nicht hatte, dieser Mann weinte. Warum tat die Erde sich nicht auf? Warum blieb die Sonne am Himmel?

Fühlte Papa meinen Blick? Starrte er deshalb plötzlich zurück? Als hätte ich ihm einen Schlag versetzt, wischte er sein Gesicht ab. Ich konnte von seinen Lippen ablesen, was er zu sich selbst sagte: «Schluß jetzt, Manfred, reiß dich zusammen. Das Leben geht weiter.»

Sein Gesicht war trocken, streng, gefaßt, als er das Taschentuch wegsteckte.

Meine Tränen versiegten nicht so schnell. Ich glaubte, nie mehr mit Weinen aufhören zu können. Dies war wieder der Vater, den ich kannte. *The show must go on* – nach der Beerdigung würde er kommen und sein Ding in mich stecken. Zum Trost für sich, zur Strafe für mich.

Mich schauderte. «Georg, bist du dafür gestorben?»

«Erde zu Erde.» Nein, ich konnte keine Erde auf Georg werfen. Meine Erde sollte nicht auf ihn drücken. Ich konnte auch keine Blumen in die Erde seines Grabhügels pflanzen, später, als die Kränze und Sträuße verwelkt waren und meine Mutter das Totenlicht verlöschen ließ, um mich zu strafen.

Doch die Show ging weiter – ich hatte es gewußt.

Leder, Riemen, schlagen und geschlagen werden, fremde Typen auf mir und in mir, immer öfter der Club – alles wie gehabt. Einzig der Töchtertausch unterblieb.

Hatte mein Vater zuviel Angst? Konnte selbst er nicht vergessen, daß er Georg deswegen in den Tod geprügelt hatte? Spürte er etwa sein Gewissen?

Vor allem in der ersten Zeit nach Georgs Tod kam mein Vater oft sinnlos betrunken zu mir. «Du mußt deinen armen Papa trösten», lallte er dann und schluchzte vor sich hin, bis mir vor Mitleid ganz mulmig wurde. Doch kaum bildete ich mir ein, diesmal werde er wirklich nur gut mit mir und wie ein Vater sein, verwandelte er sich auch schon in das wilde Tier, das über mich herfiel. Die Arme und Beine gespreizt und an Tischbeinen festgebunden, war ich ihm und seiner betrunkenen Wüstheit wehrlos preisgegeben. Der Alkohol hob ihm den Magen und senkte die Potenz. Erbrochenes und Urin vermischten sich auf meinem Körper. Stundenlang gefesselt, bis zum Morgen, bis dieses Monster endlich in meinem Bett erwachte und sich lange genug vor Lachen über mich stinkendes Stück Leben ausgeschüttet hatte.

Einmalig blieben derartige Exzesse nicht. Mein wunderbarer Vater entdeckte voll Lust und Wonne, wie sehr er mich damit demütigen konnte, daß er mich nicht unter die Dusche ließ. Wie oft zwang er mich, noch spermabekleckert mit ihm eine Sportsendung zu sehen, ihn oder einen anderen während der Sendung mit dem Mund zu befriedigen. Schmutz in mir, an mir. Noch heute muß ich stundenlang unter die Dusche, und das Wasser muß so heiß sein, daß es mir die Haut fast ablöst.

Georg, hatte es ihn je gegeben? Größere Anschaffungen wie die noch immer neuen Möbel aus seiner Ecke unseres Kinderzimmers gingen in Stefans Besitz über. Da dieser eine neue Lehrstelle in einer Bäckerei angenommen hatte, konnte er sich nun endlich eine eigene kleine Wohnung leisten und freute sich über jedes Möbelstück. Damit ihm nicht alles gleich weggepfändet wurde, quartierte mein Vater Boris bei Stefan ein und gab vor, die Möbel stammten aus dessen Besitz. Georgs nagelneues Fahrrad erbte ich. Ich wußte, er hatte nichts dagegen.

Nichts in unserer Wohnung war von Georg geblieben. Sein Name durfte kaum erwähnt werden. Die einzige Erinnerung an ihn war ein übergroßes Knüpfbild mit seinem Porträt, das mein Vater, ein begeisterter Hobbyknüpfer, persönlich in stundenlanger Fleißarbeit anfertigte. Das Bild konnte sich sehen lassen, es war makellos geknüpft. Trotzdem gelang es mir nicht, dieses rauhe Wollfadengesicht, unter dem stets ein rotes Friedhofslicht brennen mußte, mit meinem Bruder in Verbindung zu bringen.

Wären nicht meine stundenlangen Gespräche mit Boris gewesen, die sich fast alle um Georg und seinen Tod drehten, dann hätte sich mein Verstand wohl ebenso verwirrt wie der von Tante Susanne. Tuschelnd trug man sich in der Verwandtschaft zu, daß die Ärmste den erst jüngst zurückliegenden Tod ihres verehrten Schwiegervaters und den schrecklichen Unfall Georgs nicht verkraftet habe. Man habe sie in eine Anstalt bringen müssen, hieß es. Splitternackt und laut schreiend sei sie durch die Straßen gerannt. Die Polizei habe sie eingefangen und wegen Erregung öffentlichen Ärgernisses nach Hause schaffen müssen. Der arme Mann – Richter und dann so eine Frau.

Wie gern hätte ich Tante Susanne damals besucht! Aber es wurde mir verboten, und zwar strengstens. «Eine Irre in der

Familie reicht!» sagte mein Vater, und meine Mutter fügte hinzu: «So eine ist ja eine Gefahr für die Kinder.»

«Und du?» wollte ich schreien. «Du bist wohl keine Gefahr für die Kinder?» Aber ich schrie nicht. Noch immer nicht.

Boris schien den leeren Platz in meinem Leben, den Georg hinterlassen hatte, immer vollkommener auszufüllen. Er nahm mich, wie früher Georg, in den Arm, ohne mir dafür Bezahlung abzuverlangen. «Ich liebe dich», sagte er, und ich wußte, daß es so war. Seine Verzweiflung über Georgs Tod und die bitteren Vorwürfe, die er sich immer wieder machte, weil er nicht gut genug aufgepaßt hatte, rührten mich tief an.

Manchmal, wenn ich im Bett über ihm lag und am Wackeln des Gestänges merkte, daß er sich selbst befriedigte, legte ich mich neben ihn. Nicht aus Lust, nicht weil ich mit ihm Sex haben wollte, nein, zum Trost und weil ich wollte, daß er zur Ruhe käme.

Anfangs streichelte Boris mich in solchen Moment nur, war mit wenig zufrieden. Seine Zärtlichkeit war schön. Auch wenn sie sich allmählich immer mehr von dem unterschied, was Georg und mich verbunden hatte.

Mir ist, als hätte ich damals wie in Trance gelebt und in gewisser Weise gar nicht gemerkt, daß Boris nicht Georg war. Ich wollte, daß er Georg war. Es war leicht, mich selbst zu täuschen. Zum einen deshalb, weil ich gewohnt war, Unangenehmes zu verdrängen, zum anderen aber auch, weil Boris Georg äußerlich so sehr ähnelte.

Es war Oktober geworden, bevor ich aus diesem Traum erwachte. Es war nicht Georg, wäre nie Georg gewesen, der mich in Papas Lederklamotten, mit Handschellen und nietenbesetzter Peitsche vergewaltigte. Es war Boris.

Jetzt erst war mir wirklich bewußt, daß Georg tot war.

Wie oft habe ich schon unter Einsamkeit gelitten! Aber verlassener als nach der Erkenntnis, daß Georg nicht nur vorübergehend, sondern für immer aus meinem Leben verschwunden war, habe ich mich nie gefühlt.

Der Friedhof wurde mein liebster Platz. Ganz automatisch war mir von Anfang an die Aufgabe zugefallen, mich um das Grab zu kümmern. So wunderte sich niemand, daß ich oft bis tief in die Nacht hinein dortblieb. Im Schutz der Dunkelheit gewöhnte ich mir an, lange Gespräche mit meinem toten Bruder zu führen. Alles, was ich ihm während der letzten Monate seines Lebens verschwiegen hatte, erzählte ich ihm jetzt.

Ich erzählte ihm, daß wir Kinder unseren Vater seit der Beerdigung mit dem Vornamen anreden mußten, weil er künftig unser Kumpel und Freund sein wolle, dem wir voll vertrauen könnten. Ich erzählte davon, daß Boris und ich wie ein Ehepaar lebten.

Und ich erzählte ausführlich von den Nächten im Club. Von diesen Nächten, in denen mein Vater mich, nicht aber meine Mutter mitnahm und in denen er gemeinsam mit fünf, sechs anderen Männern und deren Partnerinnen zum Wettkampf antrat, wer von ihnen seine Frau als erster zum Orgasmus brachte. Wie wütend mein Vater war, daß er nie gewann! Wie er sich meiner schämte! Wie ich ihn blamierte, immer und immer wieder!

Dann sein Entschluß, es mit mir im Glaskasten vor aller

Augen zu treiben. Zur Strafe und damit die Frauen der anderen Wetteilnehmer mir beibringen konnten, was ich von meinem lieben Vater partout nicht lernen wollte. Da Georg nie in dem Club gewesen war, beschrieb ich ihm den Glaskasten genau; die Schauwände mit den Gaffern ringsum, die Mikrofonanlage, die Geräusche von innen nach außen und von außen nach innen übertrug.

Am liebsten wäre ich gestorben, zu Georg geflüchtet. Er würde mich verstehen. Er kannte mich. Er wußte wie kein anderer, daß ich keine Chance hatte, nein zu sagen. Wie mit Magneten zog mich seine Brücke an, aber nachts, als ich davon träumte, wie es wäre, mich hinunter und in seine Arme zu stürzen, schien Georg mich anzusehen und den Kopf zu schütteln. «Du mußt kämpfen», sagte er, und ich hörte seine Stimme sehr klar. «Oder ich bin umsonst gestorben.»

Die Brücke zu meiden, war meine Art, den Kampf aufzunehmen. Das wußte ich damals aber noch nicht.

Das erste Weihnachtsfest ohne Georg ging irgendwie vorüber. Meine Familie tat, als hätte es nie einen schlaksigen blonden Jungen von fast 13 Jahren mit diesem Namen bei uns gegeben. Ich aber weinte um ihn und um mich, und es war mir gleich, wie viele Ohrfeigen ich dafür einfing. Blumen kaufte ich von meinem Weihnachtsgeld und Kerzen – doch die Blumen erfroren auf dem Grab, und die Kerzen wärmten nicht. Wie eisig mußte es in der Erde sein!

Mir ist, als hätte ich damals, zwischen Spätsommer 1984 und Frühjahr 1985, nichts anderes empfunden als Georgs Tod. Was bedeuteten im Vergleich dazu meine Schulprobleme oder die immer häufiger und brutaler werdenden Übergriffe meines Bruders, der Sex mit meinem Vater und seinen Clubfreunden, die gemeinen Erpressungsmanöver meiner Mutter? Was bedeutete es, daß es mittlerweile ein ganzes Fotoalbum von mir und den perversesten Sexvarianten gab?

Vielleicht erhoffen Sie sich, lieber Leser, für dieses Buch ein Happy-End. Doch das Buch *kann* keines haben – so wie mein Leben allenfalls in sehr ferner Zukunft eine gewisse Normalität wird erreichen können. Wer sich – so wie ich mittlerweile – mit Lebensläufen in der Kindheit mißbrauchter Frauen beschäftigt hat, weiß, daß man das Ende des eigenen Mißbrauchs nicht einfach beschließen und von heute auf morgen durchziehen kann, so wie etwa ein Raucher sein Laster aufgibt.

Georgs Tod war zwar ein Vermächtnis, ein Befehl: «Wehr dich!» – und ich hörte seine Worte ständig, es gab für mich kein Verdrängen, kein Ausweichen mehr. Je intensiver ich um ihn litt, je heftiger mir meine innere Einsamkeit zusetzte, desto drängender und unerbittlicher wurde seine Aufforderung.

Doch natürlich wurde meine zerstörte Persönlichkeit durch Georgs Freitod oder durch den Schock, den ich durch ihn erlitt, nicht wie durch Wunderkraft geheilt. Wo sollte ich nach meiner lebenslangen Vergewaltigung die Kraft, den Mut, das Selbstbewußtsein hernehmen, mich mir nichts, dir nichts von meinem Vater und aus meiner subtilen Abhängigkeit von ihm zu befreien?

Dies war um so weniger möglich, als mein Vater durch nichts zu stoppen gewesen wäre. Was hätte ich tun sollen? Ihm wildentschlossen ein «Nein» entgegenschleudern – um dafür im Grab oder bestenfalls in einer Unfallklinik zu landen? Von zu Hause ausreißen und mit Polizeischutz zurückkehren – um nur abermals feststellen zu müssen, daß mein Vater am längeren Hebel saß, daß ich keine Möglichkeit der Gegenwehr hätte, wenn er mich als geisteskranke Verleumderin hinstellte?

Erst nach Jahren erfolgloser Abwehrkämpfe begriff ich, daß ich nur eine einzige Chance hatte, meinen Vater von mir fernzuhalten: nämlich ihn hinter Gitter zu bringen. Doch viele, viele glückliche Zufälle waren nötig, bevor ich selbst soweit war, zu diesem schwersten aller Geschütze – und dem für mich einzig wirkungsvollen – zu greifen.

Vielleicht hätte ich meine Angst noch lange nicht überwunden, wäre ich noch lange in meiner Erstarrung verharrt, wenn am 14. März 1985 nicht jene Fernsehsendung im ZDF gelaufen wäre. Ich war allein zu Hause, als ich den Titel «Die Zeit blieb stehen» in der Programmzeitschrift las und den Apparat einschaltete. Das Thema der Sendung des Magazins «Kontakte» war der plötzliche Tod von Kindern und wie man mit der Trauer umgehen könne.

Wie schmerzlich nahe Georg mir plötzlich wieder war! Zum ersten Mal seit seinem Tod erfuhr ich, daß Schmerz und Trauer um einen geliebten Menschen normal sind, daß nicht nur Irre – wie Tante Susanne – trauerten und dafür in eine psychiatrische Anstalt eingeliefert werden mußten, sondern alle Menschen, die einen solchen Verlust erlitten.

War mein Leiden also kein Zeichen dafür, daß ich verrückt war? Und wenn ich nicht verrückt war: Würde man mir glauben, wenn ich sprach? Würde man mich nicht sofort hinter Gitter stecken, bis ans Ende meines Lebens? War diese Drohung nur eine weitere der Lügen, die mein Vater und nun auch Boris mir auftischten?

Schreib mir! Diese Worte standen – dreimal – auf dem einzigen aller Briefe Georgs an mich, die ich vor der Vernichtungswut meines Vaters gerettet hatte.

Wie unter Zwang begann ich zu schreiben. Die Worte füllten die Zeilen, Zeilen die Seiten. Ich dachte nicht darüber nach, warum ich es tat. Es mußte sein. Da gab kein Überlegen mehr und keine Angst.

Natürlich bedeutete dieser erste Brief an die Kontaktstelle Fernsehen in Mainz noch längst nicht das Ende aller Probleme. Ein langer Weg lag vor mir und noch eine lange Zeit schlimmsten, brutalsten Mißbrauchs. Neben meinem Vater und meinem Bruder stampften fremde Männer über mich hinweg, beschmutzten und benutzten mich, als hätten sie nicht nur die Macht, sondern auch das Recht dazu. Ich begann, meinen Körper zu zerstören, indem ich ihm Wunden und Narben zufügte, die mich retten und schützen sollten, weil es keine andere Möglichkeit gab, mich zu verweigern.

Nein, ein Ende meiner Not bedeutete dieser erste Brief an die Kontaktstelle Fernsehen wahrhaftig nicht. Aber die daraus erwachsende Korrespondenz und der immer persönlicher werdende Kontakt zu einem Mitarbeiter dieser Kontaktstelle bedeuteten mir viel, ja alles. Sie waren für lange Zeit meine einzige echte Verbindung zur Außenwelt, waren der einzige Beweis dafür, daß man mich wahrnahm, daß es einen Menschen auf der Welt gab, der mich nicht als Sexobjekt betrachtete, sondern ernst nahm.

In der ersten Zeit schrieb ich kein Wort von Mißbrauch. Das Geheimnis meines Vaters verschloß mir immer noch den Mund. Aber ich schrieb über Georg, meinen Schmerz, die Trauer und erfuhr, daß es normal ist zu trauern. Auf dieser Basis gelang es mir, immer öfter von meinem Alltag zu schreiben. Fast ohne es selbst zu merken, begann ich aus der totalen Gewalt meines Vaters auszubrechen. Ich trug Geschehnisse an die Außenwelt, die sich in unserer Familie abspielten und nach dem Verdikt meines Vaters für andere tabu zu sein hatten.

Als meine Eltern die Antwortbriefe lasen und meinen Briefpartner am Telefon gegen mich einzunehmen versuchten, erlebte ich zum ersten Mal im Leben, daß ihre Macht zur Ohnmacht wurde. Mein Briefpartner hielt zu mir! Er glaubte mir nicht nur, er munterte mich auch auf, mich zur Wehr zu setzen. Ganz offen ergriff er Partei für mich.

Zum allerersten Mal kam mir der Gedanke, daß ich ja vielleicht doch etwas wert sein könne, daß mich ja vielleicht wirklich ein Mensch gern haben könne.

Einige Zeit später kam ich wegen Stimmversagens in ärztliche Behandlung. Heute weiß ich, daß meine Stimme immer dann versagt, wenn ich über Erinnerungen sprechen will oder sprechen soll, die mir verboten sind. In weniger einschneidenden Fällen oder wenn ich seelisch gefestigt bin, verwandelt sich meine Stimme nur in ein Flüstern oder ein heiseres Krächzen, das von einem bellenden Husten unterbrochen wird, welcher an eine schwere Bronchitis erinnert. Im schlimmsten Fall verweigert sie mir vollkommen den Dienst. Damals handelte es sich um einen schweren Fall; ich verstummte für Monate. Ohne die sprachtherapeutische Behandlung bei einer Logopädin hätte ich meine Stimme vermutlich nie wiedererhalten.

Meine Eltern, die mich schließlich zum Arzt bringen mußten, erklärten diesem wortreich, daß der Stimmverlust eine

Folge des Unfalltodes meines Bruders sei, den ich nicht verkraften könne. So gelangte ich erstmals in eine Psychotherapie.

Das Gespräch mit meinem ersten Therapeuten ließ sich schwer an. Ich durfte ja nicht reden. Aber ich sollte reden, und irgendwie wollte ich es ja mittlerweile auch. Die Erfahrung mit meinem Briefpartner von der Kontaktstelle Fernsehen brachte mich endlich auf die Idee, wie ich reden könne, ohne zu sprechen: Ich begann zu schreiben. Hunderte von eng beschriebenen Seiten füllten im Laufe der Zeit mehrere Ordner. Meine Kindheit, meine Jugend, mein Leben ist in ihnen aufgeschrieben, abgeheftet, zu den Akten gelegt. Diese Aufzeichnungen sind fast nichts, gemessen an dem, was ich inzwischen unter Kämpfen mündlich preisgegeben habe.

Zwei Jahre lang schrieb ich meinem Therapeuten kein Wort über den sexuellen Mißbrauch durch meinen Vater. Aber immer öfter ließ ich anklingen, daß es da etwas gegeben habe und immer noch gebe. Da der Therapeut merkte, daß ich über bestimmte Dinge nicht reden konnte, begann er, auf der Basis dessen, was er aus meinen Briefen wußte, Fragen zu formulieren, die ich nur mit ja oder nein zu beantworten hatte.

Da ich stark selbstmordgefährdet war, schickte man mich erstmals in eine psychosomatische Klinik. In Bad Dürkheim nahm man weniger Rücksicht auf meine Angst zu reden, als ich es von meinem Therapeuten her gewöhnt war. Die bohrenden Fragen brachten mich vollkommen durcheinander und näher an den Rand des Todes als je zuvor. In meiner Bedrängnis fing ich aber schließlich tatsächlich zu reden an. Ich erzählte von Boris. Dieses Geheimnis preiszugeben, erschien mir unbedenklicher, als einzugestehen, was mir seitens meiner Eltern und vor allem meines Vaters widerfahren war.

Man lud Boris zu einem Gesprächstermin nach Bad Dürkheim ein. Er erschien tatsächlich. Von den Ärzten zur Rede gestellt, leugnete er zunächst jede sexuelle Beziehung zu mir, gab dann aber doch zu, mich mißbraucht und vergewaltigt zu haben. Dieses Eingeständnis reute ihn jedoch schon sehr bald. In einem Brief, den er mir später einmal schrieb, klagte er mich heftig an, ihn damals zu einer Lüge verleitet zu haben. Nie habe er mich vergewaltigt. Er habe dies einzig und allein zugegeben, um mich zu schützen und vor einer Einweisung in die geschlossene Psychiatrie zu bewahren. Erst vor Gericht gab er auf eingehendes Befragen unsere sexuelle Beziehung zum zweiten Mal zu.

Ich weiß nicht, ob es gut und richtig war, daß ich die Behandlung in Bad Dürkheim auf eigene Verantwortung abbrach. Damals hatte ich jedoch die innere Gewißheit, es dort nicht länger aushalten zu können und vor den immer massiver werdenden Fragen nach meiner Vergangenheit fliehen zu müssen.

Mein erster Therapeut nahm die Therapie wieder auf. Wieder schrieb ich Brief um Brief. Zwei Jahre nach dem ersten Kontakt zu ihm war ich endlich imstande, über meinen Vater und mich zu reden.

Endlich war ich innerlich auch soweit, von zu Hause ausziehen zu können. Nach kurzer Zeit in einem Kinderheim fand ich eine eigene Wohnung und wagte den ersten Versuch, auf eigenen Füßen zu stehen. Da ich noch minderjährig war, war mein Vater unterhaltsverpflichtet. Erst als ich eine Anwältin einschaltete, bequemte er sich, tatsächlich den Mindestsatz zu leisten.

Als sei meine Wohnung sein zweiter Wohnsitz, ging er bei mir ein und aus. Wie zuvor benutzte er meinen Körper nach Lust und Laune. Schließlich bezahle er mich ja fürstlich dafür, sagte er zu mir; oder ob ich mir einbilde, er habe Geld zu verschenken?

Meinem Therapeuten blieb diese Geschichte nicht verborgen. Von ihm vor die Wahl gestellt, entweder die Therapie als sinnlos abzubrechen oder mich endgültig von meinem Vater loszusagen, entschloß ich mich, einen Schlußstrich unter das traurige Kapitel Familie zu ziehen. So entstand im Juni 1987 ein langer Brief, in dem ich mich endgültig von meinen Eltern lossagte.

Ich benötigte Tage, diesen Brief zu verfassen. Immer wieder

zerriß ich die Seiten, weil mir das Geschriebene zu hart erschien, zu deutlich, zu offen, weil ich es nicht ertrug, das so lange gehütete Geheimnis zu lüften. Nichts wagte ich in seiner vollen Tragweite zu formulieren, selbst die nichtssagendsten Anklagen schienen mir ein Verbrechen gegen meinen Vater zu sein.

Als ich mir die Seiten endlich abgerungen und in meinem saubersten Deutsch zum x-ten Male abgeschrieben hatte, brachte ich es nicht über mich, den Brief in den Kasten zu werfen. Als es mir schließlich gelang, legte ich mich mit gefalteten Händen zu Bett und erwartete, auf der Stelle an meiner Schlechtigkeit zu sterben.

Von meinen Eltern kam keine Antwort. Oder war es nur eine andere Form der Antwort, als alle möglichen Leute mich plötzlich anriefen und mich am Telefon beschimpften? Ich sei ja wohl total übergeschnappt und verrückt geworden, meinen guten, wunderbaren Vater so zu verleumden und zu beleidigen! Oma Grete, Tante Inge, alle, die ich geliebt hatte, wandten sich nun empört von mir ab.

Nur meine Mutter schien etwas begriffen zu haben. Sie, die bis dahin meine schlimmste Feindin gewesen war, begann auf einmal, meine Verbündete zu werden. Sie versprach mir, mich telefonisch vorzuwarnen, sobald mein Vater das Haus verließ und sich ganz offensichtlich auf den Weg zu mir machte.

Natürlich weiß ich, daß es für meine Mutter allenfalls ein Nebeneffekt war, daß sie mich vor meinem Vater warnte. Ihr Hauptbeweggrund aber war, daß sie ihn für sich selbst behalten oder zurückgewinnen wollte. Gelang es ihm nicht, meiner habhaft zu werden, würde er mit meiner Mutter vorliebnehmen, so hoffte sie.

Meine Gegenleistung war, daß ich den Mund hielt, als meine Mutter meine Unterschrift fälschte und Geld von meinem Konto abhob. Auch half ich ihr im Haushalt, wenn mein Vater nicht zu Hause war, und kaufte für sie ein.

Meinen Vater hielten wir beide mir damit jedoch nicht vom Hals. Ein Umzug schien die einzige echte Chance, ihm zu entkommen. Das Kaufhaus, in dem ich mittlerweile eine

Lehre als Einzelhandelskauffrau begonnen hatte, war mir behilflich. Ich erhielt die Chance, meine Lehre in einer anderen Niederlassung der Kaufhauskette fortzusetzen.

Der Verlust meiner Freunde, die Einsamkeit an meinem neuen Wohnort, wo ich zunächst im Frauenhaus lebte, um wenigstens ein Dach über dem Kopf zu haben, die Umstellung in meinem Beruf – alles zusammen machte mir schwer zu schaffen.

Es schien mir so sinnlos weiterzukämpfen. Wofür denn? Für mich? Wer oder was war ich denn? Ein Körper, zum Mißbrauch geboren. Lohnte es sich, dafür zu leiden, zu kämpfen?

Es kam der Tag, an dem mein Vater meinen neuen Wohnsitz ausfindig gemacht hatte und mir vor dem Kaufhaus auflauerte. Meine Mutter, die mir versprochen hatte, mir zu helfen, wenn ich ihm nur deutlich genug sagte, ich wolle ihn nicht, ließ mich im Stich. Wieder einmal. Ich war es ja nicht anders gewohnt. Doch es tat noch immer weh.

Welche Zuflucht blieb mir noch? Die Klinik – sicher hinter einer Tür, die mich zwar ein-, aber andere auch ausschloß. So kam ich erneut in intensive psychotherapeutische Behandlung. Aber ich war nicht verrückt. Hinter verschlossenen Anstaltstüren war ich fehl am Platz. Ich wußte es ja. Nur wußte ich nicht, wohin sonst.

«Ich zeige ihn an», sagte ich zu meiner Mutter, als sie eines Tages gemeinsam mit meinem Vater in Mannheim auftauchte, wo ich Zuflucht gesucht hatte. «Sag ihm, daß ich ihn anzeige, wenn er mich nicht in Ruhe läßt. Ich halt's nicht mehr aus. Ich tu's, sag's ihm!»

«Das darfst du nicht», sagte sie. «Du darfst ihm so etwas nicht antun. Ich helfe dir ja. Aber allein schaffe ich es nicht. Du mußt ihm selbst sagen, daß er nicht mehr kommen soll.»

Dann die Anrufe meines Vaters. «Ich will, daß du mich verwöhnst. Was kostet eine Nacht mit dir?»

War ich denn niemals mehr vor ihm sicher?

In äußerster Verzweiflung, voll Angst um meine Sicherheit und um mein Leben und in dem Gefühl, daß sich alle anderen

Möglichkeiten erschöpft hatten, zeigte ich meinen Vater wegen sexuellen Mißbrauchs an.

Gleichzeitig beschloß ich, meine Geschichte öffentlich zu machen, weil Öffentlichkeit das ist, was mein Vater immer am meisten gefürchtet hat. Es war nicht Rachsucht, die mich dazu bewog. Es war weit eher die Hoffnung, ihm damit Angst einzujagen, so viel und so große Angst, daß er mich endlich in Ruhe lassen, mir endlich aus dem Weg gehen würde. Ich wollte leben. War das zuviel verlangt?

Als mein Brieffreund von der Kontaktstelle Fernsehen mich darauf ansprach, daß für einen Film Opfer sexuellen Mißbrauchs gesucht würden, erklärte ich mich spontan mit einer Aussage vor laufender Kamera einverstanden. Ich hatte nicht einmal Bedenken, mein Gesicht offen zu zeigen. Mein Vater sollte den Schreck seines Lebens bekommen. Er sollte wissen, daß mit mir nicht mehr zu spaßen war. Er sollte die Finger von mir lassen.

Dann aber, als die ersten Aufnahmen vorüber waren, überkam mich doch Angst. Wie sollte ich damit leben? Der zuständige Regisseur der Sendung, die später im ZDF lief, gab mir die Anschrift und Telefonnummer seiner Koregisseurin, mit der ich über meine Zweifel sprechen sollte. So lernte ich Karin Jäckel kennen. Wir haben uns seither nicht mehr aus den Augen verloren und sind Freundinnen geworden.

Den Prozeß gegen meinen Vater erlebte sie von Anfang an mit. Über vier Jahre schleppte er sich hin. Verhöre, oft stundenlang, nur von einem Schokoladenriegel unterbrochen, Gutachter, die meine Glaubwürdigkeit und geistige Gesundheit testeten, erneute Verhöre, Fragen nach jedem Detail. Meine Stimme, die sich immer wieder verabschiedete, die Vernichtungsgedanken, das schlechte Gewissen, die Angst, meinem Vater im Gerichtssaal wiederbegegnen zu müssen. Woher nahm ich die Kraft, dies alles durchzustehen? Viele Faktoren kamen zusammen, immer aber hielt mich der Gedanke aufrecht, es für Georg zu tun.

Wenn ich zusammenzubrechen und mich aus diesem Leben

und damit auch aus dem Prozeß fortzustehlen drohte, fingen Therapien, wechselnde Wohngruppen, Kliniken, Freunde und Freundinnen mich auf. Ich war nicht allein, jedenfalls nicht äußerlich.

Doch in der Tiefe meiner Seele sitzt eine Einsamkeit, die mir heute noch keiner nehmen kann. Da sitze ich und bin ein mutterseelenallein gelassenes, ungeliebtes, verstoßenes und für wertlos befundenes Kind. Keine Freundschaft kann dieses unglückliche Kind in mir erreichen und trösten. Nur Liebe könnte es. Aber wird dieses Kind in mir jemals wieder bereit und imstande sein, Liebe anzunehmen und zu vertrauen?

Einmal, noch bevor ich vor meinem Vater nach Mannheim fliehen mußte, hatte ich für kurze Zeit das Gefühl, mich auf eine echte Beziehung einlassen zu können. Ich hatte eine Frau kennengelernt, die mir Nähe schenkte und mich respektierte. Es war wunderschön, abends nach der Arbeit mit Freude und Ungeduld erwartet zu werden, zu einem anderen Menschen zu gehören, ihn zu lieben und wiedergeliebt zu werden. Ich bekam eine Ahnung davon, wie es sein könnte, wenn ich mich öffne und für einen anderen Menschen bereit bin.

Aber ich habe auch gelernt, daß selbst ein Mensch, der mich gern hat oder sogar liebt, mit meiner Vergangenheit und deren bis heute anhaltenden Folgen Probleme hat. Davor habe ich Angst. Denn nichts wäre heute für mich schlimmer, als einen Menschen zu verlieren, dem ich mich anvertraut habe. Deshalb will ich es nicht ausprobieren. Obwohl mir im Kopf längst schon klar ist, daß ich es wagen muß, wenn ich nicht das einsame Kind bleiben will.

Werde ich es wagen? Ich weiß es nicht. Aber ich habe Hoffnung.

Am 3. Februar 1992 wurde mein Vater «auf seine Kosten wegen sexuellen Mißbrauchs von Kindern in Tateinheit mit sexuellem Mißbrauch von Schutzbefohlenen und Beischlaf zwischen Verwandten zu einer Freiheitsstrafe von acht Jahren verurteilt». So steht es im Urteil. Ich habe es oft schon gelesen.

Es gibt mir Kraft, weil es der Beweis dafür ist, daß die Welt mir glaubt und nicht meinem Vater.

Die am 24. Juni 1992 beim Landgericht Wuppertal eingegangene Revision gegen das Urteil wurde am 14. September 1992 durch einen Vertreter der Generalbundesanwaltschaft beim Bundesgerichtshof in Karlsruhe «als unbegründet zu verwerfen» bewertet. Wörtlich heißt es: «Die Revision des Angeklagten, mit der er die Verletzungen formellen und materiellen Rechts rügt, hat keinen Erfolg.»

Gemeinsam mit meiner Anwältin und allen Freunden hoffe ich seitdem zuversichtlich, daß die Revision bald endgültig verworfen wird und das Urteil damit voll in Kraft tritt.

Über ein Jahr sitzt mein Vater nun schon im Gefängnis. Da er immer noch mit aller Verbissenheit gegen mich antritt, um seine Lügen als Wahrheit zu verkaufen, muß ich annehmen, daß er noch immer das unmenschliche Monster ist, das er mit den Jahren selbst aus sich gemacht hat.

Sein Versuch, die eigene schmutzige Haut zu retten, ist zugleich auch der Versuch, mich, seine Tochter, zu vernichten.

Aber ich lebe. Mein Leben gehört mir. Mein Körper gehört mir. Nie mehr werde ich hinnehmen, daß ein anderer ihn benutzt. Diese Gewißheit ist noch neu und noch schwach, eine aufkeimende Hoffnung über dem Schutt meines alten Lebens.

Eines Tages wird aus dem Keim ein Baum geworden sein, stark und fest. Die Kraft, die es dazu braucht, habe ich von dir, Georg. Ich kann sie spüren. Sie ist die Garantie für mein neues Leben.

Anhang

Auszug aus dem Urteil des Landgerichts Wuppertal in der Strafsache gegen Manfred B.*

I.

[...]
Am 30. 6. 1966 heiratete der Angeklagte. Seine Ehefrau wurde zu jener Zeit von ihren Eltern geächtet, weil sie am 28. 1. 1964 von einem nichtehelichen Kind, ihrem Sohn [Stefan], entbunden worden war. Der Angeklagte nahm ihn in den gemeinsamen Haushalt auf und verlieh ihm mit behördlicher Genehmigung seinen Nachnamen. Aus der Ehe gingen drei Kinder hervor: Monika, geboren am 7. 12. 1967, [Boris], geboren am 8. 7. 1969, sowie Georg, der am 24. 8. 1971 geboren wurde. [...]

Der Angeklagte ist bisher strafrechtlich nicht in Erscheinung getreten.

II.

1972 reiste der Angeklagte mit seiner Ehefrau und den vier Kindern während der Osterzeit zu einem Ferienaufenthalt in die Eifel. Als er dort eines Abends seine Tochter Monika in der Zwei-Zimmer-Ferienwohnung zu Bett brachte, beschlichen ihn über seine rein väterliche Zuneigung hinaus sexuelle Gefühle. Angetan vom kindlich unschuldigen Erscheinungsbild seiner nur mit einem Nachthemd und Schlüpfer bekleideten Tochter stimulierte ihn die Vorstellung, von seiner Tochter mit dem Mund sexuell befriedigt zu werden. Mit einer seiner Hände glitt er unter ihr Nachthemd und streichelte sie am ganzen Körper. Dabei griff er unter ihrem Schlüpfer auch zwischen die Beine und steckte einen seiner Finger

* Zum Schutz der betreffenden Personen wurden in diesem Buch sämtliche Eigennamen (auch die Vornamen der Mitglieder der Familie B. mit Ausnahme von Monika und Georg) geändert bzw. (dies gilt für den Familiennamen B. sowie die im Urteil genannten psychologischen Zeugen und Sachverständigen) auf den Anfangsbuchstaben reduziert.

ein Stück in ihre Scheide, was sie als äußerst schmerzhaft empfand. Vor ihrem Bett stehend öffnete er sodann seine Hose und entblößte sein Glied. Seine im Bett liegende Tochter forderte er auf, seinen Penis in den Mund zu nehmen und an ihm zu beißen. Monika, die sich der Bedeutung dessen, was geschah, nicht bewußt war, kam seinem Ansinnen nach. Sie spürte, wie sein Glied in ihrem Mund steif wurde. Nach einiger Zeit ließ er von ihr ab und gab ihr mit der Begründung, es sei ihr gemeinsames Geheimnis, auf, von dem Erlebten nichts zu erzählen. Ob er zum Samenerguß gekommen war, konnte in der Hauptverhandlung nicht aufgeklärt werden.

Dieses sexuelle Erlebnis regte den Angeklagten so nachhaltig an, daß er noch während dessen Vollzugs spontan den Entschluß faßte, es bei jeder sich bietenden günstigen Gelegenheit zu wiederholen und zu variieren. Er schreckte auch nicht vor dem Gedanken zurück, mit Monika, sobald sie körperlich weit genug entwickelt sei, geschlechtlich zu verkehren. [...]

Entsprechend seinem vorgefaßten Entschluß wartete der Angeklagte, nachdem er mit seiner Familie nach [Hause] zurückgekehrt war, unter dem nachwirkenden Eindruck des Geschehens in der Eifel Gelegenheiten ab, sich seine Tochter sexuell zunutze zu machen. Wenn seine Frau außer Haus war, holte er Monika in das eheliche Schlafzimmer und ließ, nachdem er ihren Körper gestreichelt und mit dem Finger in ihre Scheide eingedrungen war, in der vorbeschriebenen Weise von ihr den Oralverkehr an sich vornehmen. Im Laufe der Zeit setzte er sich über die Anwesenheit seiner Ehefrau und seiner übrigen Familie in der Wohnung hinweg und näherte sich Monika sexuell auch im Kinderzimmer, das sie mit ihren Geschwistern teilte. Dabei ging er dazu über, mit seiner Zunge an der nackten Scheide des Mädchens zu manipulieren [...]. Seit der Rückkehr aus der Eifel kam es dazu in Abständen von zwei Monaten. Oftmals ließ sich der Angeklagte dabei bis zur Ejakulation von seiner Tochter befriedigen. Entweder ließ er dann den Samen in ihren Mund fließen oder auf das Bett. Obschon Monika diese Handlungen als ekelerregend empfand, leistete sie äußerlich keinen Widerstand. Ihr Vater war für sie eine Respektsperson, dessen Wünsche man unwidersprochen Folge zu leisten habe. Zudem gewann sie das Gefühl, daß das Verhalten ihres Vaters normal sei. Sich ihm zu widersetzen, verbot sich nach ihrer Vorstellung nicht zuletzt auch deshalb, weil ihr Vater ihr immer wieder einschärfte, daß sie das gemeinsame Geheimnis niemandem preisgeben dürfe.

1976 hielt der Angeklagte die Zeit für gekommen, mit seiner Tochter den Geschlechtsverkehr auszuüben. [...] Nachdem er mit einem seiner Finger in ihrer Scheide «herumgespielt» hatte, legte er sich auf sie und drang mit seinem erigierten Glied in die Scheide bis zum Vorhof ein, in dem er es kurze Zeit hin und her bewegte. Ob er bis zur Ejakulation in der Scheide blieb, war in der Hauptverhandlung nicht aufzuklären. [...]

1981, im Alter von etwa 13½ Jahren, hatte Monika ihre erste Regelblutung. [...] Dies war für den Angeklagten das Signal, nunmehr endgültig mit ihr regelmäßig geschlechtlich zu verkehren, war sie dem Kleinkindalter doch entwachsen und zu einer geschlechtsreifen jungen Frau geworden, die ihm nunmehr als Geschlechtspartnerin «gehöre». Diese Vorstellung übte auf ihn einen zusätzlichen sexuellen Reiz aus. [...]

Er wartete jeweils ihre Periode ab, um zu verhindern, daß sie schwanger wurde. In den meisten Fällen spielte sich das Geschehen abends im Kinderzimmer ab; war seine Frau außer Haus, holte der Angeklagte Monika zu den unterschiedlichsten Tageszeiten ins eheliche Schlafzimmer. Obwohl Monika das Verhalten ihres Vaters widerwärtig fand, ließ sie es eingedenk des Gespenstspiels eine zeitlang widerstandslos über sich ergehen, zumal sie für dessen Vorgehen keine andere Erklärung als die wußte, daß dies in allen Familien so üblich sei. [...]

Wie nachfolgend noch ausgeführt wird, wurde Monika dem Angeklagten sexuell hörig. Wenngleich sie weiterhin jeglichen sexuellen Kontakt mit ihm aus dem Wege zu gehen versuchte, überkamen sie während des Geschlechtsverkehrs allmählich Lustgefühle, die in Stöhnen ihren Ausdruck fanden und im Orgasmus kulminierten. [...]

Im Laufe des Jahres 1983 setzte bei Monika die Regelblutung aus. Da der Angeklagte befürchtete, seine Tochter könne schwanger sein, fuhr er mit ihr, ohne sie zu fragen, kurzerhand zu einem Bekannten [...]. Der Bekannte ihres Vaters führte einen von ihr als solchen bezeichneten Löffel mit einem langen Stiel in ihre Scheide ein und schabte diese aus. [...] Bereits eine Woche nach dem Eingriff nahm der Angeklagte den Geschlechtsverkehr mit Monika wieder auf. Wegen ihres geschwächten Zustandes empfand sie dieses Verhalten als geradezu brutal. In der Folgezeit verkehrte der Angeklagte weiterhin – nunmehr einmal wöchentlich – mit Monika sexuell. [...]

Etwa ein halbes Jahr nach dem Tode ihres Bruders [Georg] traten bei Monika erstmals – bis heute andauernde – Sprachstörungen auf [...]. Auf Anraten der sie behandelnden Ärzte suchte sie am 29. 3. 1985 [eine psychologische Beratungsstelle] auf, die unter der Leitung des Diplom-Psychologen Dr. K. steht. Da sie zu dem Zeugen Dr. K. auf Anhieb Vertrauen faßte und dieser seinerseits beim Erstgespräch den Eindruck gewann, daß Monika dringend einer intensiven therapeutischen Betreuung bedürfe, vereinbarte man für die Folgezeit Therapiegespräche im Wochenrhythmus, die von Monika in Erwartung einer Befreiung aus ihrer Situation gewissenhaft wahrgenommen wurden. Ihr war allmählich zu Bewußtsein gekommen, daß das sexuelle Verhalten ihres Vaters keineswegs in allen Familien so üblich, sondern anomal war. Andererseits quälten sie tiefe Schuldgefühle, hatte sie doch alles, ohne sich zu wehren, über sich ergehen lassen – mehr noch: sie bedrückte der Gedanke, mittlerweile dem Geschlechtsverkehr mit ihrem Vater Lustgefühle abzugewinnen und diese auch durch stöhnende Laute zu erkennen zu geben, einhergehend mit der Vorstellung, ihren Vater dadurch zum Geschlechtsverkehr geradezu zu verführen. Darin fühlte sie sich gestärkt durch die wiederholt ausgesprochene Drohung des Angeklagten, daß er im Falle der Einschaltung der Polizei durch sie dieser plausibel zu machen wisse, daß sie es gewesen sei, die ihn zum Geschlechtsverkehr gezwungen habe. [...]

Um die Jahreswende 1985/1986 öffnete sich Monika Dr. K. erstmals insoweit, als sie berichtete, seit Jahren mitzubekommen, daß ihre Eltern in der Wohnung Paare empfingen, mit denen sie im Partnertausch sexuell verkehrten. Auch erzählte sie von Pornoheften, die sie entdeckt habe. Seine Nachfrage, ob auch sie von den sexuellen Handlungen betroffen (gewesen) sei, verneinte sie. [...]

Am 26. 6. 1986 begab sich Monika – vermittelt durch Dr. K. – in die psychosomatische Fachklinik Bad Dürkheim. [...]

Am 18. November 1986 wurde Monika aus der Klinik entlassen. Die Entlassungsdiagnose lautete: Psychogene Disphonie, psychosomatische Funktionsstörungen des oberen Verdauungstraktes sowie Kniescheibendysplasie. Psychotische Auffälligkeiten waren nicht festgestellt worden. Ihr wurde dringend eine ambulante psychiatrische Nachbehandlung empfohlen. Daraufhin nahm Monika ihre Besuche bei Dr. K. wieder auf, der die Therapiestunden auf nunmehr zwei pro Woche erhöhte. [...] Schließlich rang sie sich dazu durch, sich hinsichtlich des sexuellen Fehlverhaltens ihres Vaters zu offenbaren. [...] In ihren Gefühlen sei sie hin- und hergerissen: Einerseits wolle sie die Beziehung zu ihrem Vater beenden, andererseits brauche sie dessen Zuwendung, seien mit dieser auch sexuelle Handlungen verbunden. [...]

Nach der Rückkehr aus Bad Dürkheim bezog Monika eine Wohnung [...]. Bei der Renovierung und Einrichtung war ihr der Angeklagte in dem Bestreben behilflich, alsbald den sexuellen Kontakt wieder aufzunehmen, den er ohnehin nicht hatte aufgeben wollen. [...]

Er suchte Monika im Dezember 1986 mehrfach auf und übte mit ihr in mindestens zwei Fällen den Geschlechtsverkehr aus. Anfang Januar 1987 [...] ließ sie sich von ihm gutgläubig zur elterlichen Wohnung fahren. [...] Ihr schallte das ihr wohlbekannte sexuelle Stöhnen ihrer Mutter entgegen. Der Angeklagte war offensichtlich betroffen, dabei leer auszugehen, und suchte sie als Ersatzpartnerin. Angewidert versuchte sie im Treppenhaus, sich abzuwenden, wurde jedoch vom Angeklagten daran gehindert. [...] Nachdem der Angeklagte im Wohnzimmer mit ihr geschlechtlich verkehrt hatte, kam es zum Partnertausch. Während der Angeklagte nunmehr mit seiner Frau den Geschlechtsverkehr ausübte, war sie dem Sexualpartner ihrer Mutter ausgeliefert, den sie zunächst manuell und sodann oral befriedigte. Dafür erhielt sie von diesem einen geringen Geldbetrag, den sie annahm, wenngleich sie Ekelgefühle empfunden hatte und sich erniedrigt fühlte, weil sie den Eindruck erweckt hatte, sich der Prostitution hinzugeben. Anschließend fuhr sie der Angeklagte wortlos nach Hause.

Erschüttert über dieses Erlebnis, von dem sie an einem der folgenden

Tage Dr. K. berichtete, befielen sie Suizidgedanken, die sie ihm gegenüber deutlich zu erkennen gab. Dieser veranlaßte daraufhin am 23. 1. 1987 ihre Einweisung in die psychiatrische Abteilung [eines] Klinikums [...], in dem sie bis zum 27. 2. 1987 behandelt wurde. [...]

In ihre Wohnung entlassen, ließ der Angeklagte nicht lange auf sich warten, um in altbewährter Manier mit Monika den Geschlechtsverkehr fortzusetzen. Zu diesem Zweck suchte er sie jede zweite Woche auf. [...] In Anspielung auf ihre sexuellen Gefühlserregungen, die sie in der Vergangenheit zu erkennen gegeben hatte, hielt er ihr vor, sie solle sich nicht so anstellen, sie habe doch selbst Spaß dabei.

Aus dem Gefühl heraus, aus dem Teufelskreis: Suche nach Zuwendung – Ablehnung des Vaters als Sexualpartners nicht mehr herauszukommen, beschlichen sie erneut Selbstmordgedanken, die sie im Juli 1987 schließlich in ihrer Verzweiflung in die Tat umsetzte: Sie schluckte ihren gesamten Vorrat an Antibabypillen, etwa 1 ½ Packungen, sowie ca. 50 Schlaftabletten und brachte sich am linken Unterarm – oberflächliche – Schnittverletzungen bei [...].

In Anknüpfung an den von ihr akzeptierten Vorschlag des Zeugen Dr. K., sich um einen Wohnortwechsel zu bemühen, nahm sie mit ihrer Abteilungsleiterin Kontakt auf, der es gelang, sie ab Januar 1988 in die Filiale Mannheim zu vermitteln. [...]

Auf sich allein gestellt [in Mannheim], suchte sie alsbald in Anknüpfung an die Gespräche mit Dr. K. den Kontakt zu einem Psychiater, der wegen ihrer psychisch äußerst angespannten Situation eine Behandlung im Zentralinstitut für seelische Gesundheit in Mannheim für angezeigt hielt. Dessen Rat folgend, suchte sie dieses erstmals am 7. 1. 1988 auf und wurde in der Folgezeit ambulant betreut. Daran schloß sich eine stationäre Behandlung in der Zeit vom 5. 2. bis zum 19. 2. 1988 an, der im Wechsel ambulante therapeutische Gespräche und weitere stationäre Aufenthalte bis zum 8. 8. 1989 folgten. [...] Einweisungsgrund waren massive Verletzungen, die sich Monika zugefügt hatte: Ihr Körper wies bis zu 80 Brandmale auf, die sie sich – auch innerhalb des Genitalbereichs – mit Zigaretten beigebracht hatte. [...]

Sich vor ihrem Vater sicher wähnend, befiel sie eine panische Angst, als sie am 7. 5. 1988 nach Arbeitsschluß ihrer Mutter begegnete – ging sie doch davon aus, daß ihr Vater in der Nähe sein müsse. Dies bewahrheitete sich jedenfalls am 16. 5. 1988, als sie der Angeklagte abends vor [ihrer Arbeitsstätte] abfing. In beiden Fällen lief sie fluchtartig davon, ohne daß ihre Mutter bzw. ihr Vater sie ausfindig zu machen vermochten. [...]

Um endgültig von ihrem Vater befreit zu werden, erstattete sie gegen ihn unter Einschaltung einer Rechtsanwältin Ende Mai 1988 bei der Mannheimer Polizei Strafanzeige, in der sie den sexuellen Mißbrauch durch ihn seit ihrem vierten Lebensjahr niederlegte. [...]

III.

[...]
Die Zeugin Monika B. [...] hat in für die Kammer zweifelsfrei glaubhafter Weise das Tatgeschehen, soweit es ihr eigenes Erleben betrifft, entsprechend den unter II. niedergelegten Feststellungen bekundet.

Im Hinblick auf das bei ihr diagnostizierte Borderline-Syndrom steht kein Anlaß, ihre Aussagefähigkeit in Zweifel zu ziehen. Insoweit hat der uneidlich zunächst als Zeuge und dann als Sachverständiger vernommene Dr. O. ausgeführt: Eine Borderline-Störung sei dadurch gekennzeichnet, daß sie im Grenzbereich zwischen einer – durch reaktiv bedingte seelische Verstimmungen – Neurose liege und einer Psychose mit manischen Depressionen, die geeignet seien, Wahnvorstellungen zu erzeugen. Solche seien bei Monika jedoch nicht feststellbar gewesen. Sie habe stets einfühlsam zu erklären gewußt, was mit ihr sei. Die von ihr geschilderten sexuellen Erlebnisse seien nachvollziehbar. Die von ihr beschriebenen «Dämmerzustände», einhergehend mit Befehlen ihres Vaters, seien als Pseudo-Halluzinationen zu bewerten, denen kein psychotischer Krankheitswert zukomme, weil Monika sie als solche erkannt habe. Im übrigen fehle es auch an typischerweise Psychopathen eigenen Verhaltensweisen.
[...]

Auch die Diplom-Psychologin L. hat keinerlei Zweifel an der Wahrheit der Aussagen Monikas. Sie hat hierzu überzeugend ausgeführt: Das gesamte psychische Erscheinungsbild Monikas – insbesondere das Borderline-Syndrom, die Pseudo-Halluzinationen, die Bulimie, die Ambivalenz im Verhalten gegenüber dem Vater und die gravierenden suizidalen Gefährdungen – entspreche geradezu lehrbuchhaft langjährigem sexuellen, insbesondere inzestiösen Mißbrauch. [...] Hinzu kämen ihre Selbstverletzungen: Ihre Schmerzunempfindlichkeit sei Folge einer seelischen Abspaltung vom Körper, die typischerweise inzestiös bedingt sei. Die Seele trenne sich vom Körper, um trotz dessen Mißbrauchs überleben zu können; zudem würden über ihn die seelischen Qualen abgeleitet. Im übrigen sei häufig zu beobachten (wie auch in der Fachliteratur beschrieben), daß Autoaggressionen Ausdruck des Bedürfnisses seien, sich einerseits auf der Suche nach einem Schutz vor dem Vater zu entstellen und andererseits für das eigene Verhalten zu bestrafen. [...]

IV.

Nach den getroffenen Feststellungen hat sich der Angeklagte der im Urteilsausspruch genannten Straftaten schuldig gemacht: nämlich in der Zeit von Ostern 1972 bis zum 6. 12. 1981 des sexuellen Mißbrauchs von Kindern gemäß § 176 Abs. 1 StGB in mindestens achtzig Fällen, weiterhin gemäß § 174 Abs. 1 Nr. 3 StGB des sexuellen Mißbrauchs von Schutzbefohlenen in der Zeit von Ostern 1972 bis zum 6. 12. 1985 in mindestens zweihundert Fällen sowie schließlich in jedenfalls einhundertfünfzig Fällen des Beischlafs zwischen Verwandten gemäß § 173 Abs. 1 StGB. [...]

V

[...]
Straferschwerend mußten sich die lange Dauer des von ihm betriebenen sexuellen Mißbrauchs, dessen Vielzahl sowie die Variationsbreite der jeweiligen sexuellen Handlungen auswirken. Zur Befriedigung seiner eigenen sexuellen Bedürfnisse schreckte er nicht vor Monika demütigenden Handlungen (Sexualverkehr von hinten) zurück und bezog sie darüber hinaus in einen Partnertausch ein. Ohne Rücksicht auf sie nahm er ihr ihre «Jungfräulichkeit». [...] Hinzu kommt, daß Monika hinsichtlich des Verstoßes gegen § 174 Abs. 1 StGB und § 176 StGB zu Beginn der Handlungen altersmäßig weit unter der Schutzgrenze dieser Vorschriften lag. Ihm fällt weiterhin zur Last, durch sein ungehemmtes Vorgehen [Stefan] und [Boris] dazu verleitet zu haben, sich ebenfalls sexuell an Monika zu vergehen. Ganz erheblich fallen die tiefgreifenden seelischen Schädigungen ins Gewicht, die er Monika durch sein Verhalten beigebracht hat und unter denen diese nachhaltig leidet. Ob sie sie jemals zu verwinden vermag, entzieht sich der Sachkunde der Kammer. Nicht zuletzt war zu berücksichtigen, daß der Angeklagte durch sein Fehlverhalten gegen drei Strafgesetze verstoßen hat. [...]

Nach Abwägung aller für und gegen den Angeklagten sprechenden Umstände unter Berücksichtigung aller in § 46 StGB normierten Strafzumessungsgrundsätze hält die Kammer eine Freiheitsstrafe von 8 – acht – Jahren für tat- und schuldangemessen. Diese Strafe wird dem Unrechtsgehalt der Taten und der Persönlichkeit des Angeklagten gerecht. Sie ist erforderlich, aber auch ausreichend, um dem Angeklagten sein strafbares Verhalten deutlich vor Augen zu führen und ihn sowie auch andere zukünftig von der Begehung gleicher oder ähnlicher Straftaten abzuhalten. Sie erfüllt alle Zwecke staatlichen Strafens.

Az. 24 KLs 7 Js 802/88 – 7/90 IV –